陕西省教育厅科学研究计划项目（18JK0485）

U0740524

吕园 ◎ 著

区域城镇化

空间格局演化过程及其响应研究

以陕西为例

中国财经出版传媒集团

经济科学出版社

Economic Science Press

图书在版编目（CIP）数据

区域城镇化空间格局演化过程及其响应研究：以陕西
为例/吕园著. —北京：经济科学出版社，2018.9
ISBN 978 - 7 - 5141 - 9693 - 1

Ⅰ.①区… Ⅱ.①吕… Ⅲ.①城市化 - 研究 -
中国 Ⅳ.①F299.21

中国版本图书馆 CIP 数据核字（2018）第 200990 号

责任编辑：周国强
责任校对：王苗苗
责任印制：邱　天

区域城镇化空间格局演化过程及其响应研究
——以陕西为例
吕　园　著
经济科学出版社出版、发行　新华书店经销
社址：北京市海淀区阜成路甲 28 号　邮编：100142
总编部电话：010 - 88191217　发行部电话：010 - 88191522
网址：www. esp. com. cn
电子邮件：esp@ esp. com. cn
天猫网店：经济科学出版社旗舰店
网址：http://jjkxcbs. tmall. com
固安华明印业有限公司印装
710×1000　16 开　15.5 印张　280000 字
2018 年 9 月第 1 版　2018 年 9 月第 1 次印刷
ISBN 978 - 7 - 5141 - 9693 - 1　定价：82.00 元
（图书出现印装问题，本社负责调换。电话：010 - 88191510）
（版权所有　侵权必究　打击盗版　举报热线：010 - 88191661
QQ：2242791300　营销中心电话：010 - 88191537
电子邮箱：dbts@ esp. com. cn）

前　　言

　　城镇化研究是近年来学者们持续关注的焦点。随着我国传统城镇化发展带来的空间发展失衡、城乡差距扩大、生态环境恶化等问题的日渐凸显，城镇化研究逐步转向以谋求区域城镇空间和社会、经济、生态环境和谐发展为诉求的新型城镇化研究。城镇化从城镇空间层面向区域城镇群体空间层面的延伸是一个视野不断拓展、认识逐步深化的过程。从区域尺度研究城镇化空间发展问题，对整合区域空间资源、提升区域战略地位、解决区域内部失衡等问题意义深远。同时，在当前全面推进以各领域协调共进为重要内涵的新型城镇化的时代背景下，基于区域城镇化空间演变规律，探究经济、社会、生态环境等领域的响应，对于丰富新型城镇化的实践路径具有重要意义。

　　为此，本书立足于区域城镇化发展，以"空间"为切入点，以陕西省为研究区域，以探索城镇化发展规律、引导城镇化健康发展为目标，按照"格局—过程—机理—响应—路径"的思路，采用统计分析、探索性空间分析、GIS 可视化表达、遥感影像解译等多种方法，试图从人地关系角度揭示城镇化发展格局、过程及其内在机制，探究其与经济、社会、生态环境等领域的反馈响应，进而提出调控路径，建立了综合性的城镇化空间研究范式以丰富和完善城镇化空间研究框架体系。通过对区域城镇化空间格局、过程及其响应的系统性研究，在理论层面上为丰富城镇化质量内涵、构架城镇化空间研究范式进行了有益尝试；实践层面上以城镇化发展格局与过程的深入分析为城镇化空间政策的制定提供理论依据，以城镇化空间响应及其调控路径的探讨拓宽城镇化推进渠道。

目　录

第一章
绪　　论

　　目前，我国城镇化发展处于机遇和挑战并存的关键时期：一方面，我国城镇化发展进入社会经济发展转型升级的关键时期，面临巨大的历史机遇；另一方面，城镇化发展面临空间失衡、城乡差距扩大、生态恶化等严峻挑战。因而，新时期我国城镇化发展肩负着紧抓机遇、实现转型发展与解决空间发展矛盾的双重使命。在我国全面践行新型城镇化战略的大背景下，如何根据区域城镇化空间格局及其演变过程，探寻出经济、社会、生态环境等多维度与城镇化的互动响应路径，是切实构建多层面统筹协调的新型城镇化的重要方面，也是新时期下合理推进新型城镇化的重要议题。

第一节　研究背景

　　城镇化研究肩负着理论与实践的双重需求。在理论上，城镇化空间研究趋向区域与城镇的有机整合，研究内容转向内涵与外延并举，且城镇化过程的研究亟须多学科学者的共同探究；在实践上，以往过快的城镇化发展带来了一系列空间问题，而当今我国进入了由出口拉动向扩大内需转变的新时期，国家政策方针体现了对新型城镇化的发展诉求，这就需要对过往城镇化过程进行总结与反思，从而指导今后城镇化的健康发展。因而，对区域城镇化空间格局、过程与响应的研究顺应了当今城镇化的研究趋势，能够进一步丰富城镇化理论研究体系，并致力于对城镇化过程及其影响进行全面研究与评价，对解决以往城镇化发展中出现的实际问题大有裨益。

一、理论背景

（一）城镇化空间研究呈现区域层面与城镇层面有机整合的趋势

城市与区域发展是人文地理学研究的重要内容之一。其中，区域城镇化研究是近年来学者们最为关注的领域之一。伴随全球分工体系的日益深化，传统意义上以国家为单元的地域分工格局逐渐被打破，区域层面的发展更加受到各界关注。从近些年国家西部大开发、中部崛起、东北老工业基地振兴等多个区域发展战略可看出，区域层面的城镇化战略在我国社会经济发展中的地位正日益提升。随着相关学者视野不断拓展、认识逐步深化，空间研究开始从个体城市空间拓展至区域城镇群体。

城镇化是区域发展的重大课题，它是产业结构不断调整和升级、城乡社会结构转型、居民生产生活方式的城市化转变并依赖设施和环境支撑的长期过程。就城镇来研究城镇化极易进入以点概面、以偏概全的误区，不能科学的判定城镇化的综合内涵，也不能在更高的角度上合理判定城镇化的发展阶段，易造成城市的空间无序蔓延，也极易导致相关研究成果缺乏可操作性。

基于区域视角的城镇化研究有助于解决快速城镇化过程中出现的一系列问题。区域由若干不同等级、不同规模的城镇组成，区域与城镇相互依存。城镇是要素聚集的场所，城镇与外围区域以各种要素流的形式发生着各种各样的联系，城镇以要素的聚集成为中心，外围地区为中心提供城镇发展所需要的要素，可以说城镇依托区域发展，区域以城镇这一中心而兴起。芒福德曾说过，"区域是整体，城市是区域的一部分"。只有站在区域的高度，才能准确明晰区域的城镇化发展进程，有效统筹协调各城市发展过程中由于"搭便车①""恶性竞争"等行为而出现的各种区域性问题。因而城镇化研究在基于城镇自身空间发展探讨的基础上，应将视线转向更大范围的空间——区域。在城镇化的持续发展中也应融入更多区域层面的理念，城镇问题的解决需要

---

① "搭便车"是指不付成本而坐享他人之利。

从区域层面寻求解决问题的顶层设计。

（二）城镇化研究向内涵与外延并举的阶段转变，呈现出对经济、社会、生态、政策等多个方面与城镇化的互动反馈进行研究的趋势

20 世纪伊始，城市化俨然已经成为影响人类社会发展的重要事件之一。综观国内外相关研究，从经济学、社会学、人口学、生态学到历史学，城市化一直是学术界讨论的热点和焦点问题。改革开放以来，我国有关城市化的研究集中于是否实行城市化、中国城市化道路争端、城市化作用机制的探讨等，对城市化理论的探讨则仅限于城市规模理论、对城市体系概念的抛砖引玉（崔功豪，1989）。到 20 世纪 90 年代，城镇化的研究重心转向小城镇、农村城镇化、不同类型和不同区域城镇化发展、城镇发展动力机制、体制政策等方面（费孝通，1996；仇保兴，1999；段杰、李江，1999；崔功豪、马润潮，1999）。

21 世纪以来，城镇化研究进入了高潮时期，研究领域不断拓展。随着工业化的加速发展，针对城镇化与工业化的滞后与超前关系（李文，2001）成为研究的主要内容且日渐成熟；城市化水平研究愈加丰富，从单一指标测度逐渐过渡到综合指标体系的衡量（陈明星等，2007）；城市化动力机制研究全面展开（吴莉娅，2008）；城市化影响因素研究愈加深化（徐红梅、李钒，2010）。

随着我国进入以城市为主体的发展阶段，过往快速城镇化带来的诸如农业转移人口公共服务缺失、城市盲目蔓延、空气污染加剧、生态环境破坏等问题，逐步成为社会各界关注的焦点，进而反逼人们转变发展意识，注重城镇化质量提升。因而城镇化理论研究开始从外延式拓展向内涵式与外延式并重转变，研究重点转向以城乡统筹、产城互动、节约集约、生态宜居、和谐发展为内涵的研究。此类研究以"以人为本、空间公正"（王兴中、常芳，2013）为切入点，从城镇化的城镇空间转型、产业转型、"三大差距"①、异地城镇化、资源节约、人居环境和政策体制改革等方面展开。

---

① 三大差距指区域差距、城乡差距、贫富差距。

（三）城镇化过程研究亟须多学科领域的共同探究

城镇化理论内涵非常丰富，涉及人口、社会、经济、生态、空间、制度、政策等诸多方面。城镇化在不同发展阶段面临不同的问题，不同时期背景侧重亦不同，因而城镇化过程是动态变化的。涉及领域的多面、多样性与过程的动态性导致整个城镇化系统呈现出鲜明的复杂性。因此，城镇化过程的理论研究不仅需要注重城镇化动态性以及自身系统的多面性，同时也需要地理学、城乡规划学、人口学、社会学、经济学、生态学等多领域学科的共同探究，切实将多学科的相互渗透落实到理论研究中，为进一步丰富城镇化理论研究体系增砖添瓦。

二、实践需求

（一）传统城镇化发展带来了空间失衡、城乡差距扩大、生态恶化等一系列问题

以往城镇化发展带来了一系列空间发展问题，忽视了城镇化的发展质量，城镇化空间发展亟须具体问题的解决机制。具体问题表现为：

1. 城乡差距扩大趋势不减

城乡居民在收入水平和发展机会上的差距仍在扩大。在我国城镇化快速发展的同时，城乡间发展不平衡问题也日益突出，城乡收入差距持续扩大。城乡居民家庭人均可支配收入由 1978 年的 2.2∶1 上升到 2017 年的 2.7∶1，城镇居民人均消费水平是农村居民的 3～4 倍①。若把基础教育、公共医疗、社会保障等公共服务领域的差距考虑在内，我国城乡居民的实际收入差距更大。收入差距的扩大加剧了社会矛盾，使工业化和城镇化发展的收益越来越多地被巨大的社会成本所抵消，对城镇化及社会的协调均衡发展构成潜在的威胁。

---

① 《中国统计年鉴》。

2. 城镇化空间发展失衡问题突出

城镇化空间发展失衡问题主要表现为半城市化问题突出、大城市过度膨胀、小城镇发展缓慢等方面。

城乡差距的不断扩大导致了大量农村人口向城镇快速流出，而户籍制度及其相关联的社会保障制度又阻碍着农村转移人口的完全城镇化。现实中，农民虽已在城镇就业、生活，但其在劳动所得、子女教育、社会保障和住房（如保障房）、政治权利等诸多方面尚未享受城镇居民待遇，并未真正融入城镇社会，从而导致城镇内部出现新的二元结构，制约了城镇化在扩大内需和结构升级方面的推动作用。此外，以往城镇化空间发展对土地城市化模式的盲目追逐，造成城市建设大肆圈地的无序扩张，忽视非农产业的同步跟进与公共服务的完善配套，造成土地的过度浪费和城市形态的畸形发展。

大量人口向行政级别高的大城市快速聚集，导致大城市人口、用地和产业过度膨胀。由于大城市聚集了政治、经济、文化、科技等多方面资源，存在较大的规模比较利益和更多的发展机会，故吸引了大量的劳动力。以北京、上海、广州等大城市为例，过去三十多年，这些大城市人口增长 1 倍，建成区面积增加接近 4 倍，城市"摊大饼"式扩张严重，新城、新区、开发区和工业园区占地过多，耕地面积不断减少。大量人口的涌入和产业的集中，使这些大城市人口密度过高，甚至超出了其承载能力。

小城镇发展相对缓慢。目前，我国 2 万个左右建制镇建成区平均人口仅7000 多人，多数小城镇的规模较小，还有的镇人口不足 5000 人[①]。多数小城镇普遍缺乏非农产业支撑，工业基础比较薄弱，没有发展非农产业特别是加工制造业的条件。由于缺乏合理的规划，资金和土地浪费现象严重，公共服务资源缺乏并难以得到有效配置，严重制约了人口和产业的集聚。

3. 生态环境形势日益严峻

全球市场争夺、资源供求矛盾和环境压力加剧使以往高投入、高消耗、重污染的工业化发展模式面临严峻挑战。目前我国已成为全球第一大能源消

---

① 李克强. 推进城镇化需要深入研究的重大问题 [EB/OL]. [2013. 2. 19]. http：//theory. peo-ple. com. cn/n/2013/0219/c352499 – 20529750. html.

费国，2017 年全球能源增量的 1/3 来自中国①。我国人均资源占有量少，开发难度大，在前一阶段高速度发展中，高强度地利用资源造成的环境污染和资源破坏问题已经比较严重。据环保部数据显示，我国 90% 的城市地下水不同程度地遭受污染，雾霾污染迅速席卷全国多个区域和城市，许多大、中城市被垃圾困扰，部分县城垃圾处理设施陷入运转成本过高而停止运行的窘境。工业化和城镇化建设面临着巨大的资源环境压力。

（二）国家新型城镇化战略的提出亟须深入、系统的实践探讨

全球经济再平衡和产业格局再调整使我国出口拉动型的经济增长不可避免地面对外需下滑的影响。随着美国次贷危机和欧债危机的陆续爆发，以消费型经济为主的发达国家和以低端制造业为主的发展中国家的国际分工格局不断发生着变化：一方面，全球经济失衡调整，发达国家通过产业回流来实现国内产业结构调整，并通过设置各种贸易壁垒来保护本国经济复苏；另一方面，伴随着经济危机的产生，欧美发达国家消费需求明显下降。作为全球最大的出口型国家，过去出口拉动型的经济增长模式已经难以再适应我国经济发展，扩大内需成为经济发展的明确转向。扩大内需的最大潜力在于城镇化，城镇化进程表现为人口向城镇聚集，人口的聚集与就业的非农化转向使得转移人口收入水平提高，进而导致对城镇基础设施、公共服务产生巨大需求，这就需要对区域城镇布局、规模及其功能进行优化、提升或重构。而考虑到传统城镇化带来的空间失衡、城乡差距、环境污染、资源损耗等问题，我国提出了新型城镇化战略。

新型城镇化是质量提升的城镇化。2012 年中央经济工作会议提出城镇化发展要与资源环境承载能力相适应，构建科学合理的城市空间格局；有序推进农业转移人口市民化进程；把生态文明理念全面融入城镇化全过程之中。中共十八大对城镇化质量提出了具体的要求，即要科学规划城市群，大、中、小城市的规模和布局，与区域产业格局紧密衔接，增强中小城市和小城镇产业发展以及公共服务、吸纳就业和人口集聚功能；加快户籍制度改革，把有序推进农业转移人口市民化作为重点，努力实现城镇基本公共服务覆盖全部

---

① 《世界能源统计年鉴（2018）》。

常住人口；要加大统筹城乡力度，逐步缩小城乡差距，促进城乡共同繁荣；把生态文明全面融入城镇化中，走集约、智能、绿色、低碳的新型城镇化之路，实现工业化和城镇化良性互动、城镇化和农业现代化相互协调的"四化"同步发展目标。2013年底召开的中央城镇化工作会议提出今后我国城镇化发展的六大任务：推进农业转移人口市民化，将解决好该问题作为新型城镇化的关键；以严守底线、盘活存量、严控增量、优化结构为原则，提高城镇建设用地的使用效率；以完善地方税务体系、建立债券发行制度等途径构建多元化、可持续的资金保障机制；优化城镇化布局和形态，在中西部地区逐步发展若干城市群，引领区域发展；以尊重自然为原则，弘扬传统文化，加强城市特色塑造，提高城镇建设水平；以国家城镇化规划为统领，建立空间规划体系，倡导公众参与，加强对城镇化的管理。

可见，国家政策方针已切实体现了新型城镇化的内涵转向和与传统城镇化的本质区别，其制定与实施将有效指引今后城镇化的发展方向和主要任务，对解决以往城镇化发展中的问题也将形成明确的宏观导向，为优化城镇空间布局、以人为本推进城镇化提供了发展导向和政策支撑。

第二节　研究目的与意义

一、研究目的

以探索城镇化研究范式、引导城镇化健康发展为目标，运用人文地理学、城乡规划学等学科的理论与方法，以城镇化"空间格局—演变过程—作用机理—多维度响应—调控路径"为研究思路，在明确陕西城镇化自身地域特征的基础上，解析城镇化格局、演变过程及演变机理，探究城镇化的多维度空间响应，并提出城镇空间发展及各维度响应的具体调控路径。本书主要解决以下三个问题：

（1）从探索城镇化发展规律角度出发，分析城镇化空间格局及其演变过程。

（2）明晰城镇化格局和演化过程的影响要素及其机理，并探究城镇化对经济、社会和生态环境的作用机制。

（3）以引导城镇化健康发展为出发点，从经济、社会、生态环境方面研究城镇化过程中的空间响应，并提出城镇空间发展及各维度响应的调控路径。

二、研究意义

城镇化虽然是一个传统研究课题，但社会经济发展阶段的演进总是赋予其新的时代内涵，使得城镇化理论研究也在不断跟进与创新。本书以城镇化空间格局、过程及其响应为研究内容，旨在对过往快速城镇化引发的一系列问题进行反思。同时，考虑到国家区域发展战略的不断调整，西部地区将是未来我国城镇化发展的重要区域。根据区域城镇化发展特征及其演变过程，构建经济、社会、生态环境等多维度的城镇化响应调控系统，对广大西部地区具有一定的借鉴意义。

（一）理论价值

1. 进一步完善城镇化理论研究体系框架

以往城镇化研究多注重"非空间"内容，如城镇化水平评价、动力机制、发展模式等，且对城镇化的理解更多地停留在"人口城镇化"上。本书在此基础上，整合以往有关城镇化空间研究成果，从以往注重城镇化空间静态格局、差异的研究向城镇化"格局（静态）—过程（动态）—机理—响应—路径"的全方位、系统动态的研究思路转变。通过城镇化发展格局与过程的分析，研究城镇化的空间响应，试图从人地关系角度揭示城镇化发展格局、变化与经济、社会发展以及生态环境的内在作用机理，进而提出相应的调控路径，试图建立综合性的城镇化空间研究范式，丰富和完善城镇化空间研究体系框架。

2. 进一步丰富和阐释城镇化质量内涵

根据《中国城市发展报告 No. 5》，2011 年我国城镇化率达到 51.27%，首次超过 50%，标志着我国已经结束了以乡村型社会为主体的时代，正式进入城市型社会。从乡村型社会向城市型社会的转变意味着"四化"——农业现代化、工业化、城镇化、信息化的联动互促，体现了社会进步、经济发展和现代化步伐的加快（吕园等，2014）。因而，城镇化不能再以水平的高低来评判其发展质量。本书将产业结构优化升级、社会进步、生态环境良好等方面的内容纳入城镇化内涵之中，进一步丰富和阐释城镇化质量内涵，为今后城镇化质量研究提供理论借鉴。

3. 进一步推动多学科互动、交叉发展

通过研究城镇化格局、过程以及与经济、社会、生态环境中响应要素间的相互作用机制，可以实现自然科学与社会科学的有机联系，为从多学科综合角度研究城镇化发展奠定基础，特别是对城市地理学、区域经济学、人口学、社会学以及生态学等学科的交叉发展具有重要意义。

（二）实践意义

从区域角度探索城镇化格局、过程及其响应，能够为相关部门制定决策并选择实施路径提供依据。

1. 通过城镇化格局与过程的深入分析，为区域城镇化空间政策制定提供理论依据

我国区域自然条件复杂，生态环境脆弱，社会经济发展水平内部差异较大，结合区域城镇化发展的经济发展基础、社会发展基础、资源环境基础，以城镇化格局、过程及其响应为研究内容，反思其城镇化进程中的集聚与辐射、流入与溢出的空间机制，帮助区域科学合理地判定自身城镇化发展水平与阶段，为决策部门进一步优化城镇化发展空间、选择适宜的城镇化发展道路提供依据，同时为类似区域城镇化空间发展提供借鉴。

2. 通过城镇化空间响应及调控路径的探讨，拓宽城镇化的推进渠道

改革开放以来，我国城镇化发展迅速、城镇体系不断调整、人口聚集速度快、产业结构不断优化升级、生态环境承载能力进一步增强、社会文化水平逐渐提升。经济、社会、生态环境等方面要素与城镇化的互动变化趋势已显现，且这些要素在城镇化过程中的空间响应既是城镇化具体目标的实现过程，也是推动各要素升级、提升、优化的重要途径。因此，从不同侧面对城镇化过程的空间响应和调控路径的研究，有助于区域主体了解自身城镇化发展过程中的多维度效应，并从效应的正负双向提出多角度拓宽城镇化推进渠

道，为推动城镇化的全面、协调发展提供路径参考与选择依据。

第三节　研究内容与技术路线

一、研究内容

以"空间"为切入点，以实证主义为方法论，以人文地理学、经济地理学、城市地理学、城乡规划学、人口地理学等相关学科理论为研究基础，借助 SPSS、ARCGIS、Geoda、ENVI 等数据、图形分析处理软件，按照"格局—过程—机理—响应—路径"的研究思路，以陕西省为例进行实证分析，试图揭示城镇化发展格局特征，梳理城镇化格局演化过程及其原因，探究关联要素与城镇化的相互作用机理及城镇化过程的空间响应，为下一步制定城镇化空间调控路径提供理论依据和实证支撑。同时提出兼具理论价值和实践意义的城镇化空间研究框架，构建城镇化空间研究范式，完善城镇化研究体系。

（一）相关概念界定、理论分析与研究综述

在界定区域、城镇化与新型城镇化、城镇化空间格局与过程及多维度响应等相关概念的基础上，借鉴地域分工理论、空间关系理论、空间结构与组织理论以及人地关系理论，系统地梳理国内外城镇空间关系、空间格局与组织过程、城镇化响应以及研究区域城镇化方面的相关文献，并对以往研究成果作以述评。

（二）区域城镇化格局审视

城镇化格局主要体现在城镇化水平的空间差异和城镇体系的发育程度上。因此从区域城镇化水平空间格局、区域城镇体系格局两方面剖析城镇化格局特征。

（1）在区域城镇化水平空间格局方面，分别从省域、市域和县域角度探

索城镇化空间差异及其程度。

（2）在区域城镇空间格局方面，采用定性描述法以及统计法、集聚—碎化指数、重力模型、纳尔逊法等定量方法分析从区域城镇体系的等级、规模、职能及空间差异角度审视区域城镇空间格局。

（三）区域城镇化演变过程

从地理科学的视角观察，城镇化的格局变化过程是空间秩序再安排、物质环境再建构和空间相互作用关系再调整的过程。本部分将从区域城镇化空间变化过程和区域城镇体系演变过程两方面阐释城镇化演变过程。

（1）在区域城镇化空间变化过程方面，在明确区域城镇化空间增长类型基础上，探究区域内部城镇化水平的空间变化。

（2）在区域城镇体系演化过程方面，采用城镇中心性强度、联系强度（城镇作用最大范围确定）、Voronoi 图法以及核密度法等分析方法，深入研究区域城镇等级规模变化、空间结构演变以及城镇职能结构演变，以期明晰区域城镇体系空间演化过程。

（四）城镇化过程演化机理

城镇化发展过程实质上是一种集经济、社会、生态等要素为一体的地理空间过程。

一方面，探究区域城镇化空间格局及其演化过程的影响要素及其影响机理，以期为区域城镇化发展道路的选择提供依据；另一方面，探究城镇化发展过程对经济、社会和生态环境的作用机制，为进一步分析城镇化响应奠定理论基础。

（五）城镇化的多维度响应

地理学是研究自然环境与人类活动关系的应用学科，因而本部分将从经济、社会和生态环境三个维度探讨城镇化响应。

（1）经济响应。从经济空间聚集、产业结构、就业结构的变化过程来探索区域经济发展及其结构调整优化对城镇化格局变化的适应与反馈作用。

（2）社会响应。分析城镇化进程中人口流动、半城镇化现象以及城乡差距等社会响应。

（3）生态环境响应。从土地利用结构变化、水资源变化、能源消耗和空气污染等角度探索城镇化进程中的生态环境响应。

（六）城镇化发展调控路径

区域城镇化健康发展是城镇化所要实现的重要目标。因而与区域城镇空间发展相适应，寻求优化响应内容的有效调控路径是十分必要的。

（1）基于城镇化空间格局与演变过程，提出区域城镇化空间发展的整合路径，为统筹区域、城乡、经济、社会与生态环境发展奠定良好的城镇空间承载基础。

（2）基于城镇化的多维度响应，从经济、社会、生态环境三个维度提出相应的调控路径，以期实现经济、社会实现可持续发展和生态环境良好的城镇化。

二、研究方法

本书综合运用了人文地理学、城乡规划学、经济学、社会学等多个学科的方法。具体方法包括以下几点。

（一）理论研究与实地调研相结合

一方面，充分利用中文期刊全文数据库、外文期刊全文数据库以及其他多种形式资料，通过文献阅读，整理城镇化相关理论研究成果，进行文献综述，以期在选题确定、研究内容以及具体方法选取上提供借鉴。另一方面，由于研究区域尺度较大，为探索研究区城镇化空间发展的格局、过程及响应规律，对区域内典型城镇进行实地调研，包括研究数据的获取及访谈等。

（二）定量研究与定性研究相结合

定量研究分析有助于客观阐释地理现象存在或变化的原因。本书采用统计分析、描述分析等方法总结区域城镇化水平空间分异及城镇体系的等级、规模、职能特征；采用城镇中心作用强度、重力模型、纳尔逊分析法、Voronoi 图分析法等计量方法模型模拟区域城镇空间结构的演化过程；采用统计分析、回归分析等方法对区域城镇化过程的空间响应进行分析。此外，本书以定性推理方法来解释城镇化影响要素机理及城镇化对经济、社会、生态环境的作用机制。

（三）空间分析方法

空间分析方法能够打破传统空间相互独立的假设，从而揭示与地理位置相关的空间数据的关联性和依赖性，及时显示和反馈不同情景下的模拟结果并进行相应的空间分析，得出可视化的描述结果。本书的空间分析方法主要体现在基于 ArcGIS 10.2 软件的探索性空间分析、核密度空间分析以及基于 ENVI 5.0 的遥感解译分析方法。以探索性空间数据分析为依托，以县域为研究单元，探索区域范围内各城市之间的关联程度、空间分布模式及特征以及空间异质性及其程度，试图找出不同年份区域城镇化发展的热点和冷点区域，得出城镇化空间发展的变化过程；引入空间分析中的描述空间点格局连续密度的核密度制图分析方法，探究城镇化空间格局变化；以遥感影像的解译结果探究区域城镇空间扩张情况及其所导致的用地规模的变化。

（四）对比分析方法

对比分析是将两个相互联系的指标数据、时间或区域就某一着眼点进行比较的方法，能够实现认识事物本质和规律并作出相对科学评价的目的。本书将时空对比纳入城镇化水平、城镇化空间格局及其变化、响应程度等内容之中，探索区域城镇化过程的一般规律。

三、技术路线

以陕西为实证研究区域，按照"格局—过程—机理—响应—路径"的思路展开研究。技术路线和总体框架见图 1 - 1。

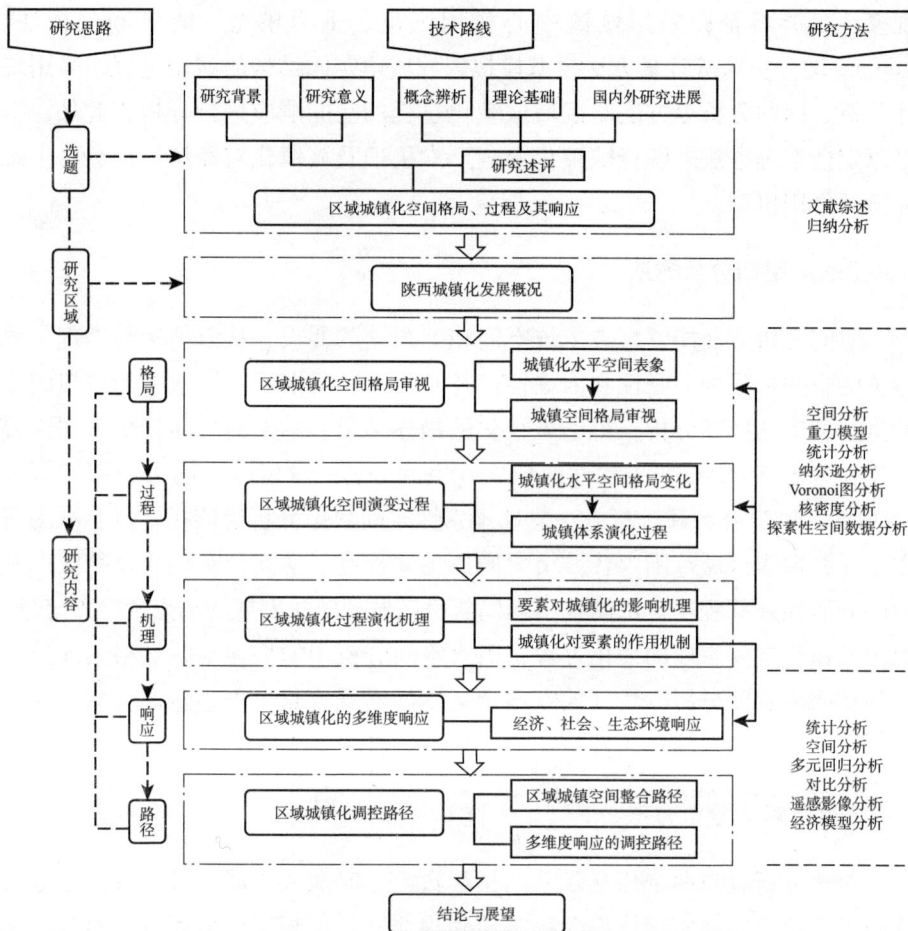

图 1-1 技术路线与总体框架

第二章

城镇化相关概念、理论与研究动态

在界定相关概念的基础上，对国内外城镇化空间格局、过程、响应的研究进行梳理和总结，并借鉴相关研究领域的理论与方法，为开展区域城镇化空间格局、过程及其响应研究提供理论指导。

第一节　城镇化基本概念梳理

一、城镇化

到底是"城市化"还是"城镇化"？由于对"城市""城镇"两个概念缺乏明确的界定，许多研究常将二者混淆，就出现了科学研究中"城市化"与"城镇化"长期共存这一现象（胡序威，2003）。"城市化"这一概念最早出现在马克思1858年发表的《政治经济学批判》中，此后，城市化的研究才慢慢开展起来（顾朝林等，2008），它是世界上通用的词汇，已经使用了一百多年。"城镇化"这一概念于2001年首次提出，是具有中国特色的城市化，是我国特定历史背景下城市化历史进程中的一种过渡模式（赵春音，2003），它不仅包含城市的城市化，也包含农村城镇化以及非农化（张奎燕，1995；王建，2010）。若仅从字面上看，城镇化将小城镇作为不可或缺的发展动力提到较高的位置，是一种趋于均衡发展思想的体现，因而在城乡统筹发展背景下成为近些年较为普遍的词汇。可见，"城市化"与"城镇化"是在不同历史时期、不同社会制度下的产物，其关注的侧重点不同，因而研究对象也就有所差异。本书旨在探讨大、中、小城市以及小城镇城镇化发展过程的格局变化及其空间响应，"城镇化"这一概念与城镇人口规模增长和城镇体系培育优化直接相关联，且有助于防止忽视发展小城镇的倾向，因此本书采取城镇化这一概念。

城镇化一词从出现至今，已有百余年历史，其广泛性、综合性、复杂性以及适时性决定了学者们对城镇化研究的多元性。1979 年吴友仁的《关于中国社会主义城市化问题》[①] 标志着我国城市化问题研究正式开始（吴友仁，1979）。城镇化是一个覆盖范围广泛、内容丰富、含义深刻的概念。国内外不同学科学者对城镇化赋予了不同的定义（见表 2 – 1）。

表 2 – 1　　　　　　　　国内外学者对城镇化内涵的不同理解

学科	国内	文献	国外	文献
人口学	城镇数量的增加、城镇人口规模的不断扩充。农业从业人员的减少和非农业从业人员的增多	程春满、王如松（1998）；李辉（2003）；蔡俊豪、陈兴渝（1999）	城市和乡村之间的人口分布方式的变化（西蒙·库兹涅茨） 人口从乡村流入大城市并在城市集中（赫茨勒） 城市地区的人口比重上升（威尔逊）	刘洁泓（2009）
社会学	人类的文化教育、价值观念、生活方式、宗教信仰等方面生成、深化、扩大的社会演化的过程，是个人、群体与社会间相互依赖不断加强的现代化过程	陈为邦（2000）；姜爱林（2003）	城市化意味着农村的生活方式向城市生活方式转变的全过程；生活方式的都市化（沃恩、孟德拉斯）	刘洁泓（2009）
			乡村生活方式向城市生活方式转变的全过程	沃斯（1938）
经济学	城市化是非农产业、资本、市场在城市积聚的过程，包括要素、生产、交换和消费的集聚，也是社会生产力向城镇集中的过程	叶裕民（2001）；许成安、戴枫（2002）；许成安、曾媛（2006）；辜胜阻（1998）；沈建国（2000）	以人口稀疏、空间上相当均匀遍布、劳动强度很大且个人分散为特征的农村经济向具有基本对立特征的城市经济转变的过程	赫希（1990）；李通屏（2008）

[①]　本书采用现今学界普遍的表述方式——"城镇化"。而在引用其他学者研究成果时，则遵循其研究中"城市化"或"城镇化"的表述方式。

续表

学科	国内	文献	国外	文献
地理学	强调人口转移过程中人地关系及城乡经济的变化，农业人口向城市人口、农村居民点向城市居民点转换的过程	周一星（2003）；顾朝林、吴莉娅（2008）；朱传耿等（2008）；许学强等（2009）；周毅（2009）	乡村的城市化，而非城市的乡村化，与工业化交替演进的过程（钱纳里）；乡村人口向城市的流动及发生的地域与社会的变化（山鹿诚次）	于洪俊、宁越敏（1983）；周一星（2003）；艾特金（2003）；陈春林（2011）
其他	人类生产与生活方式由农村型向城市型转化的历史过程，主要表现为农村人口转化为城市人口及城市不断发展完善的过程	《中华人民共和国国家标准城市规划术语》（1999）	—	—
综合定义	既是社会制度变迁、观念形态变化的城市化，又是经济发展、产业结构演变的城市化。包括经济、空间、人口、生活方式以及文化城市化	邹彦林（1999）；刘英群（2000）；王一鸣等（2000）；姜爱林（2001）；蔚芳（2001）；赵新平、周一星（2002）	居民逐步接受城市文化的过程；城市中心对农村腹地影响的传播过程；人口集中形成的聚集点的增加及其扩大；城市人口占全部总人口比例提高的过程（罗西）在不同规模的城市中，其人口、非农经济活动在地域上集中的过程；城市文化、价值观、生活方式向农村逐渐扩散的过程（弗里德曼）	任瑞芳（2009）

人口学将城市化定义为农村人口比重减少，且城镇人口比重相对增加的过程。城镇人口比重是衡量城镇化的重要指标，这种城市化的定义显得过于狭窄，只看到表层的人口迁移，而忽视了城市化中社会、经济、生活方式以及人口思想观念的变化。

经济学对城市化的定义偏重于生产要素向城镇的集中，仍停留在物化了的城市化层面，也同样忽视了城市化在社会生活、空间上的渗透和传播。

社会学对城市化的定义偏重生活方式的转化和城市文明的渗透，属于兼顾数量与质量的新型城镇化范畴。

地理学科则侧重于从空间角度来描述城镇化，认为城镇化是城镇地域空间不断扩大、农村人口不断向城镇地域聚集、乡村景观转向城镇景观的过程。

在城镇化研究中，"空间"是地理学科与其他学科的关键区别所在。

可见，多年来学者们均从自身的学科角度出发理解城镇化，对城镇化内涵的剖析呈现多元化、全面化的趋势。

二、城市型社会

国内外有关城镇化的研究已经十分成熟，也拥有了比较完善的理论研究和方法体系，而关于城市型社会的研究尚属少数，以赵培红、孙久文（2011）的研究为代表，以实例、探讨等方式阐释了城市型社会背景下英国、美国、日本、巴西等国外城镇化战略的制定以及我国面临城市型社会的选择，在此基础上明晰了我国跨入城市型社会所面临的挑战和应对策略，即实现城镇化发展的转型，走内涵型城镇化发展道路（吕园等，2013）；其余有关城市型社会的研究集中在报纸、网络等媒体评论上，学术角度论述有待加强。按照国际上的划分标准，以城镇人口比重来判断一个国家或者地区是否已经进入城市型社会，将"城镇化率达到50%"作为迈入城市型社会的"门槛"，城镇化率处于51%～60%为初级城市型社会，61%～75%为中级城市型社会，76%～90%为高级城市型社会，大于90%为完全城市型社会（赵培红、孙久文，2011）。基于对现有研究的理解，本书认为城市型社会是以城镇人口为主体，人类行为、非农产业活动布局在城镇，居民以城市型生活方式生存的社会形态，是城镇化发展由速度提高向质量提升的转型。

三、新型城镇化

（一）新型城镇化的背景

随着我国城镇化进程的进一步推进，传统城镇化发展带来了空间发展失衡、城乡差距扩大、生态环境恶化等问题的日渐凸显，城镇化转型发展已然成为必然，且城镇化研究也逐步转向以谋求区域城镇空间和社会、经济、生态环境和谐发展为诉求的新型城镇化研究。

（二）新型城镇化的内涵

新型城镇化是近几年学术界研究城镇化的一个新方向。何谓新型城镇化？既有研究成果的主要观点集中体现为：新型城镇化是科学发展、社会和谐、城乡统筹、环境友好、高效集约、特色鲜明的城镇化，是包含了空间格局、产业发展、社会进步、生态文明的城镇化，是在谋求区域空间和社会、经济、生态和谐发展的城镇化（张平宇等，2004；牛晓春等，2013；马永欢等，2013；梁浩等，2013；易鹏，2014）。其本质在于不断扩大城镇化内涵，提高城镇化质量，走速度与质量并重的城镇化发展道路。可见，相对于以往城镇化来说，新型城镇化强调的不仅仅是城镇人口规模和用地规模的增加，更强调人的安居乐业和社会保障以及生态文明理念的贯彻实施（武晓艺，2014）。

围绕城镇化，结合既有研究成果，认为城镇化是农村人口向城镇聚集并转化为城镇人口，城镇数目增多，城镇规模扩大，城镇职能不断完善，城镇经济实力不断壮大，农业生产生活方式转变为非农业生产生活方式，农村地域景观转变为城镇地域景观，传统社会文明向现代生态文明转变、城市文明向乡村文明不断渗透的整体过程，是人类社会全面发展的缩影。其内涵包括以下几个方面：

（1）在区域空间发展上，以优化城镇化空间为重点，统筹考虑不同区域、不同城市的发展条件，因地制宜地选择城镇化推进模式，是大中小城市和小城镇协调发展的城镇化道路。

（2）在经济发展上，以强化城镇化动力为基础，通过工业化和城镇化的良性互动，达到以工业化增加供给、引领提升城镇化发展和以城镇化推动扩大内需、实现工业转型升级的双重目标，从而为城镇化健步推进提供持久动力。

（3）在社会发展上，以推进人的城镇化为核心，从过去以"要素城镇化"和"空间城镇化"为核心向以"人的城镇化"为核心转变，推进城市农村进城人口市民化，使劳动力在职业、居住地点转移的同时实现城镇居民身份和权利的同步转变。

（4）在生态环境保护与建设上，以城镇可持续发展为方向，正确认识城镇发展与资源环境支撑能力的关系，将城镇经济的发展、规模的扩张建立在资源环境承载能力允许的范围内。

（三）新型城镇化的本质

由以上内涵可看出，新型城镇化的本质即以人为本、创新发展、内涵发展、集约发展、统筹发展、和谐发展，实则要做到如下转变：一是由重城轻乡、城乡分治转向城乡统筹、城乡一体化发展；二是由注重城镇化速度增长转向追求以人的城镇化为核心的质量提升发展；三是由优先发展部分城市转向区域大中小城镇协调发展；四是由依托传统工业化转向依托新型工业的创新高效发展；五是由粗放式、高能耗转向集约式、低能耗发展；六是由破坏生态环境转向生态环境友好型发展。

（四）新型城镇化的表征

为了进一步了解新型城镇化的本质与内涵，将其表征总结如下。

1. 空间布局合理化

新型城镇化表现为区域城镇化和城市的区域化，即城市的外部空间和内部空间布局的合理化。

（1）区域层面。从区域的角度，发挥城市圈、城市群的辐射影响带动能力，形成区域城镇体系网络空间中各城镇健全的、有机的联系和同步协调发展的空间格局。城市与城市、城市与城镇、城镇与乡村之间表现出各种共存与共生的关系。随着区域城镇化的推进，区域内城镇有机联系，空间结构向群体化方向发展，城市群、都市圈成为新型城镇化宏观格局的主要空间模式与主体形态。因而从宏观角度来看，新型城镇化空间布局表现为具有合理的城镇体系，即大中小城市和小城镇协调发展的城镇体系格局。

（2）城市层面。城乡之间原本是一种相互依存、相互制约的关系，从城乡分离走向城乡融合是城乡关系演化的必然趋势，其目的是城乡一体化。随着以城市为发展主体的传统思路日渐削弱，乡村地区农业产业化与非农业的蓬勃兴旺，形成了城镇建成区不断拓展的空间景象，也造就了城乡协同发展的态势格局。就城镇空间布局而言，表现为城镇在发展过程中逐渐突破其行政范围，与周围乡村连成一片，产生城乡界线模糊的城乡混合发展区为表象的空间形态，城乡分割的二元空间结构逐步演变为城乡融合的一体化空间结构，实质就是一种新的城乡关系——城乡融合发展。

2. 主导产业集群化

新型城镇化需要以新型工业化为主要动力，而提升城镇工业化的重要途径是形成具有竞争力的产业集群。新型城镇化进程中产业发展表现为相关产业部门在空间上的聚集，形成分工协作、网络高度发达的集群，其空间表现是主导产业的集群化。

信息技术革命极大地促进了城镇之间的联系和交流，使得全球范围内的研发、生产和贸易格局发生了重大变化，产业的空间组织形式以主导产业集群化为突出表现，主要集中在以知识、技术创新为基础的高新技术产业。高新技术产业等知识密集型产业（又称技术密集型产业）需要依托大量信息以及彼此间频繁接触、交流和联系，为其服务的生产性服务产业（如经营、金融、保险、地产等部门的管理、控制、营销、协调等职能和价值链环节）将逐渐聚集，全球城市以及区域性中心城市将日益发展成为协调全球与区域生产的信息中心和管理中心，成为知识密集型产业的高度聚集区。

区域内中心城市的产业集群形成后，集群产业可能因土地价格上升、劳动力成本提高等要素的影响向周边地区扩散，带动周边地区产业集群的发展。随着周边地区产业集群的完善，快速吸纳人口，其城镇化也随之快速增长，城镇规模的扩大在规模效应的促使下使得在一些相距不远的城市会形成相同、相近的产业结构，进而会把城镇联系起来，城镇间联系日益紧密，进而向都市圈、都市带演进，都市圈、都市带形成后又会促进产业集群的发展，形成正向的马太效应。

因此，产业集群的发展既促进了新型城镇化，又为新型城镇化进程中的要素集聚奠定了基础，提供了有力的物质支撑，降低了成本，拓展了地理空间，为区域内人口提供了更多的就业机会。

3. 城乡发展一体化

传统城镇化往往把发展视野局限于城市范围，导致城乡二元分割。为避免城乡差距的进一步拉大，新型城镇化则强调突破城乡界线，跳出城市圈子，更多关注农村发展，注重统筹城乡，走城乡互促互进的道路。除空间融合之外，城乡一体化需要从制度、经济、市场、设施、生态等方面进行一体化发展。

（1）经济。新型城镇化将形成农村经济水平与城市产业结构高度匹配的城乡一体化经济发展格局。区域中心城市不再以生产性功能为主，而是以贸易中心、金融中心、信息中心等服务功能为主的区域发展极。中小城镇以生产性功能为主，充当中心城市向农村的经济技术扩散的传输带，以及农村向城市集聚各种要素的关键节点；农村以规模化的农业生产支撑大、中、小城市对劳动力、资金等要素的需求，获取农业种植经营的规模效益。

（2）设施。目前，许多小城镇以及广大农村地区的基础设施建设已严重滞后于区域或城市经济发展的诉求，很大程度上制约了城市对农村经济的辐射带动能力，也限制了城市对农村剩余劳动力的吸纳能力。而完备的基础设施是实现城乡融合发展的基础与支撑。新型城镇化要达到统筹城乡的目标，重在统筹城乡之间的基础设施建设来加强城乡之间的联系。一方面，要靠交通；另一方面，要靠通信。通畅的交通运输为城乡间物质要素的流动提供了便捷的通道；发达的通信设备保证了技术、信息等非物质要素流动的快捷性和准确性。

（3）市场。构建完善的自由市场体系是城乡整合的核心，目的是使各种生产要素在城乡间双向自由流动。新型城镇化强调要充分发挥城市与乡村各自的优势和能动作用，建立城乡统一的市场，使城乡各生产要素在流动与循环中实现功能互补。统一的市场主要包括城乡统一的商品、劳动力、技术、土地、资本等多元化的市场体系。通过统一的市场调节城乡供需，建立起统一的产品、技术、生产资料、劳动力和资本市场，使孤立的市场向等级分明、相互依赖的统一市场体系转变。

（4）生态。快速城镇化引起大量人口在城市中聚集，其生活需求的多样化将直接导致所消耗的资源也日益增多；城镇发展将占用更多的生态空间；环境污染物排放总量持续增加，引发健康与公共安全问题；公共医疗卫生、环境治理、生态修复方面的公共投资也将明显增加；城镇群、特大城市和大城市地区环境污染和生态破坏呈现区域化蔓延态势；县域城镇化、县域工业化趋势使环境问题呈现"面域化"特征。这都预示着我国在未来城镇化进程中资源环境压力将进一步加大。习近平总书记在中共十九大报告中指出"人与自然是生命共同体，人类必须尊重自然、顺应自然、保护自然。要加快生态文明体制改革，建设美丽中国"。因而新型城镇化发展应当把握政策窗口期，以生态文明建设为契机，建立以人为本、生态优先的新型城镇化发展模式与城乡规划生态价值体系。

（5）制度。新型城镇化主张改变城乡二元结构，促进城乡发展融合化，关键在于制度因素。城乡之间在政策上存在诸多差别，涉及经济、政治、社会、法律以及文化等方面，如市场体制、要素分配体制、管理体制、建设体制、行政体制等。打破制度壁垒，使城乡政策制度、体制机制一体化、同步化。既要有微观上城乡人口自由流动的市民化体制，又要有宏观上可合理调控的城乡发展体制机制。

4. 交通网络立体化

区域立体交通网络的构建在很大程度上建构着区域发展的骨架，促进着新型城镇化的健康高效发展。立体交通网络作为新型城镇化发展的基础和保障，将为城乡一体化提供不可或缺的硬质环境，是城乡要素流动的依托和保障。

随着区域经济的发展、居民生活水平的提高和城镇化的进一步推进，交通运输需求也会呈现快速增长态势。作为区域空间主体形态的城市群，便捷高效的快速交通设施连接是其发展的基础。建设区域高效运输网络是有序推进新型城镇化进程的重要前提条件。高效的立体化交通网络将会促进区域经济发展，缩短城市之间、城乡之间的空间距离，创造良好的投资环境，带动区域内各等级城镇的发展。

四、城镇化评价

城镇化发展质量研究是涉及到人口、经济、社会、资源环境等多方面的综合性研究。城镇化质量研究是基于单纯用人口指标测度城镇化率并据此制定发展战略后出现了许多问题而提出的。表现为：

第一，近年来城镇化多重指标体系的构建是评价城镇化质量的基础方法与主要创新方向。指标体系主要包括两个基本要素：一是城镇化核心载体——由经济发展质量、生活质量、社会发展质量、基础设施质量、生态环境质量等子系统构成；二是城镇化区域载体——城乡一体化，在一定程度上能够有效地反映城镇化发展质量（刘艳军等，2006；牛晓春等，2013）。但在数据来源及指标相关一致性等方面仍存在一定的难度与问题。

第二，在质量评价方法上主要包括因子分析法、KPCA 非线性主成分分析法、物元模型法、层次分析法等（朱甫芹，2004；刘艳军等，2006；耿海清等，2009）。其中层次分析法、主成分分析法是最容易接受的方法，也是被广泛使用的方法。近年来方法的选择出现了新趋势，例如，TOPSIS 法、非线性动力模型、ARMA（1，q）模型、灰色关联、GIS 应用等而非因子分析、熵值法等传统测度方法（陈彦光，2007；王文博、蔡运龙，2008；陈明星等，2009；陈文峰等，2011；王家庭，2011；曾志伟等，2012）。

第三，在评价内容上，主要对人口、经济等城镇化泡沫测度（王家庭，2011），城镇化协调、均衡状况，区域差异，发展趋势，发展潜力等内容进行了较多的探讨（王洋等，2012）。

第四，以新型城镇化水平综合评价的实证研究居多。大多是在指标体系构建和方法解析两方面内容的基础上对一个特定的区域进行实证研究（周杜辉，2011）。

第二节　城镇化格局、过程与响应相关概念

通过对"区域""城镇化""城镇化空间格局""城镇化空间过程""城镇化多维度响应"等概念的梳理，界定了其在本书中的定义和内涵。

一、区域

20 世纪初，区域被纳入地理学的研究当中。德国地理学家赫特纳指出地理学不应该只关注个别地理现象的空间分布，而应该从区域视角去认识研究对象和要素；而后美国地理学家哈特向在其《地理学的性质》中明确指出地理学的研究对象是地域分异，这就是著名的赫特纳—哈特向的区域学派体系（房艳刚，2006）。在这一时期，西方城市规划研究开始将视野拓展到区域尺

度，区域的整体性、差异性成为这一时期的主要研究内容。20世纪90年代以后，新城市主义开始兴起，其核心思想之一即是注重区域规划，从区域的角度和高度分析并解决城市发展问题。

作为地理学的核心概念之一，区域是指客观上的一个地理单元，该单元具有不同的尺度。研究全球问题，尤其是一些难以按照国界、州界来研究的问题时，人们开始将视线投向高于行政边界尺度的地理空间（李家洋等，2006；沈丽珍、顾朝林，2009），既包括洲际尺度、国家尺度的地理单元，也包括跨州界、国界的空间范围。我国学者在研究区域问题时，对区域尺度的界定涉及较少，往往在研究中直接使用"区域"一词并将其默认为该研究中研究区范围，如跨行政区的地理空间（罗震东、张京祥，2009；匡文慧等，2011）（长三角区域、珠三角区域、京津唐城市圈等）、省域范围（徐建华等，2005；任建兰等，2013）、城市范围（李莉等，2008；冯永玖，2011；刘云刚、叶清露，2013），甚至县域范围（陈培阳、朱喜钢，2013）等；还有一些学者在同一研究中将地带、省域、市域、县域等多个尺度的空间单元归并为区域这一概念（陈培阳、朱喜钢，2012）。由此看来，学者们在涉及"区域"这一概念时，对区域的界定较少，往往直接将其研究范围称为区域，尺度由大到小依次为全球—国家—省域—市域—县域。

针对单个城镇的城镇化空间发展研究往往难以解释一段时期内城镇化的显著变化，且从单个城镇的发展来总结城镇化发展规律也不具说服性；随着现代交通、网络、信息体系的建立，城市之间进一步协作、联系的强度愈渐加强，单独确定城市的城镇化发展目标与战略的现实性逐步削弱，其发展更倾向于在更大区域范围中发挥作用。针对全国尺度上城镇化空间发展的规律性已有较多的基础研究，且受到研究资料可获性的限制，该类研究往往将省域作为基本研究单元（孟斌等，2005；鲁凤、徐建华等，2007；赵金华等，2009；陈明星等，2010；王伟、钟鸿雁，2012）。

而省域作为中观尺度范围，在研究区域城镇化空间格局及其过程中将整个区域空间内的城镇及其腹地作为一个整体去考虑，可避免以往就城市论城市的研究思路，也能够深入至市级、县级单元，对认识全国城镇化空间发展规律是一种有力的补充，对所研究省份的城镇化发展也是一种有益的实践探讨。因此，本书中将以省域尺度探讨城镇化空间格局、过程及其响应。

二、城镇化空间格局

不同学科对"空间"有不同的认识。经典物理学中将浩瀚宇宙之中的物质实体之外统称为空间（刘源，2013），数学中的空间是指一种具有额外结构和特殊性质的集合（田静、黄崇福，2012），社会学中认为空间是个人需求、交流需求等形成的空间，不一定是物质空间。而地理学对空间的描述的特色在于将空间认为是自然属性与社会属性的统一（石崧、宁越敏，2005），主要研究自然、人文现象的关系和一般规律。

城镇化空间格局常体现在城镇化水平和城镇体系的发育程度上（刘辉，2011），即区域范围内城镇化水平的空间差异（刘彦随、杨忍，2012；秦佳、李建民，2013）以及城镇在空间上不断组织嬗变而形成的城镇体系格局（李静，2012；张东升等，2012；段进军，2011）。由于城镇化内涵丰富，还有一些学者将经济空间格局（靳诚、陆玉麒，2012；齐昕、王雅莉，2013；蒋涛等，2013）、生态空间格局（俞孔坚等，2011；黄耀志、李清宇，2011；仇江啸等，2012）等也作为城镇化格局的内容。以上研究均为认识城镇化的空间格局提供了十分重要的参考，能够为区域产业布局、人口合理流动、生态环境保护提供理论空间发展依据。

本书中区域城镇化空间格局的分析将基于两个方面：一是通常意义上的城镇人口占常住人口的比重——城镇化水平；二是区域各级城镇所呈现出的空间状态——城镇体系。

1960 年美国地理学家邓肯和他的同事们在《大都会与区域》中首次提出了城市体系这一概念，布莱恩·贝利在进行系统分析时也用到了"城市体系"这一概念（顾朝林，1992），他认为城市体系是一系列相互依赖的城市所构成的群体。从地理学视角来看，城市体系是在一个区域范围内不同等级、规模、职能、形态的城市通过要素流的形式相互依赖、相互联系，并具备经济、政治、文化等职能的城市群体。在我国，由于特殊的历史行政建制背景，小城镇数目众多，承载人口比重大；且小城镇具备承载大、中城市人口和产业的能力，能够有效规避部分大都市过快城镇化发展伴生的诸如"城市病"等若干问题，因而小城镇在我国城镇化进程中发挥着重要的作用，也是不可忽视的一支关键力量。因此我国学者们常用"城镇体系"而非"城市体系"来凸显城镇的地位。

区域城镇体系研究的关键即确定出区域城镇的三大结构，即等级规模结构、职能结构和空间结构。区域中的城镇是由不同规模的城镇组成的；城镇等级规模一般遵循首位分布或位序规模定律；一般来说，规模越大，城镇等级越高，数量越少；规模越小，城镇等级越低，数量越多。城镇职能就是各城镇在区域发展中区别于其他城镇所承担的分工和作用，它取决于城镇发展条件和发展基础；对于区域内的重点城镇，在确定城镇职能的基础上还应确定城镇性质。区域空间结构，即把各等级规模、职能的城镇落实在空间中，综合考虑城镇之间、城镇与交通线路之间的合理联系，分析空间结构的控制性因素，尤其是研究城镇间、城乡间的相互作用节点，能够为合理划分城镇影响区、发挥中心城市作用、带动区域经济发展提供地域组织框架。城镇体系具有动态性、邻域性、关联性、层次性以及整体性特征。

三、城镇化空间过程

陆大道（2002）指出区域空间格局的演化过程分为空间扩散与空间集聚两个方面。在物理学中，事物之间物质、能量交换的前提是存在势能差，否则处于能量守恒状态。那么在地理学研究中，每个城镇也有属于自己的势能，势能的差异引起能量流动，城市的势能流动表现为物质、信息、劳动力、资本、技术等要素的流动。这些要素通过扩散效应由高势能地区向低势能或零势能地区流动，会在某个低势能或零势能地区形成新的高势能点，即要素集聚扩大原有城镇规模或形成新的城镇。当集聚发展到一定规模的时候，由于集聚的边际效益降至零甚至为负，则会出现扩散发展或平衡发展（见表2-2）。由此形成城镇空间过程的集聚和扩散的交替演化（陆大道，2001；王莉等，2006；杨青生、黎夏，2007），是区域内城镇自组织与他组织相互作用的过程。

表 2 – 2　　　　　　　　　　　　　　集聚与扩散

类型	示意
扩散	Ⓐ ───→ Ⓑ
集聚	Ⓐ ←──→ Ⓑ
再扩散	Ⓓ ←── Ⓐ ←──→ Ⓑ ──→ Ⓒ
……	……

注：字母表示不同城镇，椭圆大小表示不同城镇规模。
资料来源：作者自绘。下文不再标注作者自绘图的资料来源。

　　因而区域城镇化的空间组织过程表现为在集聚与扩散机制作用下，区域内城镇化水平的变化、城镇的兴衰演替及由此形成的城镇等级规模的变化、城镇职能的完善以及区域城镇空间结构的演化。从某种意义上说，在区域城镇发展过程中一定会形成某种发展格局，多个格局的不断演替即为区域城镇化的空间过程。

四、城镇化多维度响应

　　城镇化研究已经从概念、内涵、评价、动力机制、发展模式等内涵式研究转向城镇化的响应、效益、质量等外延式研究。目前，城镇化响应已成为一个备受关注的概念。响应是指一事物对作用于其上的另一事物的反应，《现代汉语词典》将其定义为对某种现象的回应（吕叔湘，1994）。然而，学术界对城镇化响应这一概念没有形成统一的界定和认识，主要有两种观点。

　　一部分学者将城镇化响应理解为特定方面的发展对城镇化的作用和影响。王荣成、赵玲（2004）从响应机制、响应趋势角度探讨城市化响应，即哈大交通经济带的发展对该地区城市化发展带来的影响和变化；王兆峰、余含（2013）认为旅游城镇化响应是指旅游产业的发展对以城市化进程、城市空间结构演变以及区域城市体系为主要内容的城镇化产生的影响，即旅游产业的城市化响应；刘艳军（2009，2011）以东北地区为例研究产业结构演变的城市化的响应强度，即产业发展对城市化的影响程度；黄金川、方创琳（2003，2008）等认为生态环境会制约城市化的发展，对城市化有胁迫作用。

另一部分学者的认识则正好相反，他们认为城镇化响应是城镇化的发展对特定方面的作用和影响。李诚固等（2008）将城市化的响应分为城市化进程推进的响应、城市空间结构调整的响应、城市空间开发的响应、城市功能区改良的响应、区域空间结构优化的响应、城市体系重构的响应、城市生态空间构建的响应以及城市化政策促生的响应等8种响应，探讨的是城市化的发展带来以上各方面的变化；许秋瑾、董雅文（2002）认为城市化的发展给人群的身心健康状态带来影响，包括生活方式、心理健康的变化等直接影响和以交通拥堵、环境污染为传导的间接影响；布拉克等（Burak et al., 2004）对地中海沿岸地区城市化发展研究揭示城市化会对生态环境会造成一定的负面影响；韦伯、皮桑（Weber & Puissant, 2003）指出快速城市化发展会导致土地利用方式发生变化。

本书中城镇化响应与第二种观点一致，指的是城镇化发展带来的经济、社会及生态环境等多个方面的回应及其变化，即城镇化的多维度响应。

第三节　相关理论及述评

本书是基于地域分工理论、空间关系理论、空间结构与组织理论以及人地关系理论来展开研究的。

一、地域分工理论

在古典经济学出现之前，地域分工思想就已经出现。其核心思想是因地制宜、扬长避短、发挥优势、趋利避害。合理的劳动地域分工有利于各地区发挥优势和分工协作，从而提高区域整体的劳动生产效率。地域差异是劳动地域分工的前提，区域生产专业化分工是其具体表现。地域分工具备四个特性：第一，生产的产品不仅为了本地区消费，还必须通过交换和贸易来实现最终消费；第二，便捷的运输方式和商品贸易的存在是地域分工的前提；第三，地域分工得以实现的原动力在于经济比较利益；第四，经济区的形成是地域分工发展的结果。地域分工理论主要包括以下理论：

（1）亚当·斯密的绝对成本论。该理论认为劳动分工可大大提高生产率，进而可增加国民财富。原因在于分工可以增进劳动力的熟练程度，使每个劳动力从事专项作业，可节约与生产无关的时间，且专门从事特定产品特定环节生产的劳动力较容易实现产品生产的改良。亚当·斯密认为每个国家都有自身适合于生产某些产品的特定的绝对有利条件，如果每个国家都按照对其自身有利的生产条件去组织生产，然后各国之间进行交换，那么对各国家都是有利的。这样可以使各个国家的劳动力、资源、资本实现最大程度的有效利用，这将会大大提高劳动生产率和国民财富。

（2）李嘉图的比较成本论。李嘉图认为各国应集中力量生产最有优势的商品而非生产所有商品，然后将生产的商品进行国际贸易。在劳动力、资本不变的前提下，较大的国际需求使得生产总量提高，这样的国际分工与贸易对各国都有利，能够使劳动力更加合理的配置。比较成本论的前提是完全自由贸易，其核心思想是"两利取其重，两害取其轻"。

（3）赫克歇尔—俄林的要素禀赋论。由于生产要素之间不能完全被替代，所以生产不同的商品就需要不同的要素配置。一般根据商品生产中所需要的要素密集程度差异，将商品分为劳动密集、资本密集、资源密集、技术密集等类型。各国的要素禀赋是不同的。一般来说劳动力相对富裕的国家，劳动力价格相对较低，适宜生产劳动力密集型产品；如果一个国家资本比较富裕，那么资本的价格相对较低，适宜生产资本密集型产品。由此说来，各个国家应该发挥优势，充分利用本国充裕的要素进行生产并进行贸易，购买那些需要使用本国稀缺或昂贵的要素生产的产品，这样可以弥补国际生产要素不均所造成的缺陷。

那么，地域分工理论运用在区域发展中则表现为不同区域、城镇依据自身发展优势承担在区域中的不同职能，从而使区域从整体上实现内部协调分工的局面。区域分工是区域之间经济联系的一种表现形式。由于区域之间存在经济发展条件的差异，各区域在经济联系中就必然要按照比较利益原则，选择和发展优势产业，于是区域间就产生了分工。不同的产业类型对就业人员的数量和素质需求存在差异，因而分工则导致区域产业和人口的不断流动与转移；再加上区域资源情况、社会需求、产业结构演进等变化也会推动城镇化格局的形成和演变。

二、空间关系理论

空间相互依赖理论。区位论学者的研究暗含了在均质或者未开发利用的区域内，各个体必将通过相互作用发生联系，并且要素在一个适宜的点上聚集，产生聚集效益（陆大道，2001）。"二战"后，世界各国为谋求共同发展，迅速恢复经济，国际相互依赖理论开始兴起。1968 年美国经济学家理查德·库珀在《相互依赖的经济》中首次阐明了国际相互依赖理论（孙久文、叶裕民，2003）。空间相互依赖理论也即阐明了区域之间、城市之间甚至国家之间的社会经济发展不是相互独立的，他们之间相互依存、相互联系。

空间相互作用理论。1956 年，美国地理学家乌尔曼提出了空间相互作用理论，认为区域之间进行着资源、商品、劳动力、技术、资金、信息等要素的传输过程，这种传输对于区域间经济联系的形成和变化具有重要影响。"极化—涓滴效应学说""梯度推移学说"是空间相互作用形式的两种阐述。"极化—涓滴效应学说"是指若经济增长率先在某个地区增长，那么该地区就会对其他区域产生作用，分为有利作用和不利作用。有利作用指经济先发地区可吸收后发地区的劳动力，缓解后发地区就业压力，先发地区的先进技术、管理方式、发展理念等会向后发地区逐渐渗透；不利作用指先发地区经济的快速发展会引起后发地区的劳动力、资源等要素向先发地区聚集，造成对后发地区的剥夺。"梯度推移学说"是建立在产品周期理论之上的，将其应用到区域发展中可解释为区域发展是不平衡的，存在梯度之分；要首先加速发展高梯度地区，而后逐渐向低梯度地区推移，达到区域间的相对均衡发展。

空间关系理论阐明了：一方面，空间依赖与相互作用能够加强区域间联系，互通有无，拓展区域发展的空间，使各区域获得更多的发展机会；另一方面，空间相互作用又会加剧区域间资源、发展机会的竞争，并有可能对区域产生不利的影响。

三、空间结构与组织理论

区域城镇空间发展作为城市地理学和城市经济学的一个主要研究方向，

已经形成了较为完备的理论体系框架。为了研究区域城镇化空间格局及组织演化过程,本书主要涉及区位论、增长极理论、核心—边缘理论、点—轴理论以及网络开发理论等。

(一) 区位论

区位论 (location theory) 是城镇空间组织理论中的基础性理论,能够较好地解释企业、产业的空间布局选择及结果。

1. 农业区位论

1826 年,德国农业经济学家约翰·冯·杜能 (Johan Heinrich Thunen) 创立了农业区位论,其论著《孤立国同农业和国民经济之关系》首次系统地阐述了农业区位论思想,并基于产出和运输成本的取舍提出了不同生产方式的农业在空间上围绕中心城市形成同心圆式的格局 (见图 2-1),也阐明了

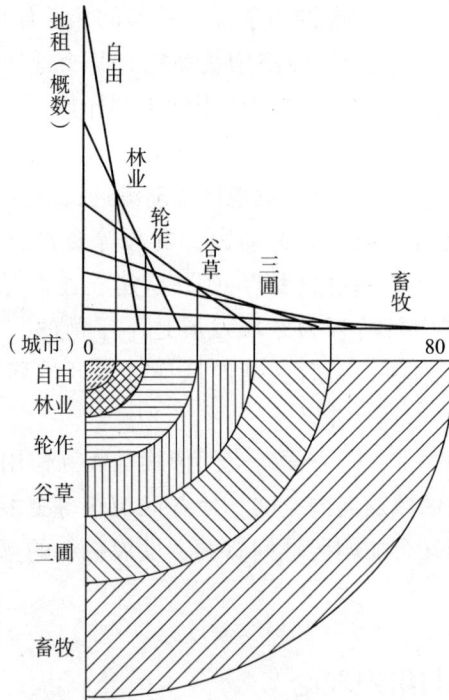

图 2-1　杜能圈层结构

资料来源: http://baike.zidiantong.com/d/dunengnongyeouweilun35456.htm。

空间摩擦对社会经济活动的影响，解决了农业应该如何布局才能够获取最大收益的问题。农业区位论对之后的工业区位论、空间相互作用理论、城市地域结构理论等均有重要影响。但是由于农业区位论的前提条件过于理想化，未将河流、土质差异、交通状况的改善以及土地利用方式多样化等因素（李小健等，2006）考虑在内，因而该模式与现实存在一定差距，有待进一步完善。

2. 工业区位论

1909 年德国经济学家韦伯（Alfred Weber）出版了《工业区位论》，创立了工业区位理论。在德国产业革命之后，德国工业实现了较快发展，也实现了大规模的人口地域间迁移，人口以向大城市集中为主。在这样的背景下，韦伯从经济区位角度出发，以生产、流通、消费环节中的工业生产活动为研究对象来寻找工业布局的原理，将研究重点放在运费、劳动力以及集聚这三个主要影响因子上，探索人口空间流动与产业集聚机制，系统地将工业区位理论化，建立了完善的工业区位理论体系（李小健等，2006），其最大的特点就是运用最小运费原理寻找最佳区位点。工业区位论对之后的工业布局乃至其他产业布局均具有巨大影响。此外，继韦伯之后，兰帕德的工业区位论中引入了竞争概念，以价格为单位研究空间区位的均衡，并提出了运费远距离衰减理论，对区位论的发展具有一定贡献。

3. 中心地理论

1933 年，德国著名地理学家沃尔特·克里斯塔勒将区位理论应用于聚落分布和市场研究中，在对德国南部几百个城镇居民点的调查研究基础上，于《德国南部的中心地》一书中提出了著名的中心地理论。中心地理论是描述一定区域范围内不同等级、规模城镇的职能及其覆盖范围的区域空间结构理论，并建立了基于市场原则（$K=3$）、交通原则（$K=4$）、行政原则（$K=7$）的中心地等级—规模系统。中心地理论的主要观点是：

（1）区域内部各城镇具有不同等级的职能和服务范围；

（2）各等级城镇之间的职能是相互补充、相互协调的；

（3）小城市提供能够满足发展需求的较低等级服务职能，大城市的服务范围和职能等级不仅包含小城市，且一般高于小城市；

（4）最有效的空间结构是以中心城市为中心，由其相应的多级市场区所组成的正六边形的城市网络体系。

中心地理论第一次通过较为严谨的推论及数学推拟，把区域内部的城镇系统化，阐述了区域内城镇的空间扩散和集聚过程，被后人公认为区域城镇群体研究的理论基础，为区域发展、城市规划提供了一种有效的方法论和实践应用。

4. 其他区位论

德国经济学家奥古斯特·廖什在 1940 年出版的《经济空间秩序》中，将利润原则应用于区位研究，认为最佳区位并不是运费最低点，而应该是利润最大的区位，区位决策的最佳选择是寻找利润最大化点，并从宏观角度下一般均衡视角来考察工业区位，从而建立了以市场为中心的工业区位理论和基于市场体系的经济景观理论。依据廖什的理论，当区域空间达到均衡的时候最佳的空间模型是正六边形。

1948 年胡佛出版了更为全面的论著《经济活动的区位》，他将运费分为场站作业费和线路运输费，在此基础上提出运费最小的区位是最佳区位的论点，对韦伯的区位论进行了修正，从而确立了自己的经济区位理论。

（二）增长极理论

增长极理论是建立在中心地理论基础上的（陆大道，2002）。佩鲁的增长极理论最初只是集中考虑部门之间的发展关系，把区域之间的关系置于边缘，没有重点考虑。直至法国经济学家布代维尔和拉塞才把区域研究和空间关系研究纳入增长极理论当中来，强调了增长极的空间特征。该理论的主要观点是：增长极的功能与城镇等级体系密切相关；增长极的形成离不开城镇的集聚功能；增长极不是无条件的发展，它也是遵循着中心地等级体系的；增长极的空间结构决定了该区域该时段的区域经济发展模式；增长极的空间模式是不断发展变化的。

（三）核心—边缘理论

核心—边缘理论又称中心—外围理论，最初是用来描述发达国家与发展中国家的经济贸易格局。弗里德曼在其论文《极化发展的一般理论》中从空间联系角度加以解释特定区域的各种变量，现多用于描述城镇空间关系，对制定分配政策、区域发展规划具有一定的价值。他认为核心的发展离不开创新，对创新有潜在的巨大的需求，创新是维持中心的中心性的源泉；通过中心的创新来引导并支配外围地区，表现为六种自我强化的反馈效应，即主导优势效应（外围的资源要素向中心的净流入）、信息效应（中心内部潜在的相互作用在增加）、心理效应（创新的成果能够刺激更多的创新产生）、现代化效应（接受创新之后中心会适应创新带来的各种社会价值观念和行为方式的改变）、联动效应（由创新引起的新的创新效应）以及生产效应（为创新而提供的经济规模扩大及专业化等具有吸引力的结构支持）。相比之下，边缘则处于不利的发展地位中。

（四）点—轴理论与网络开发理论

点—轴理论与网络开发理论是从区域空间组织角度来研究区域空间结构演化的，中心地理论、增长极理论、核心—边缘理论等空间理论是其发展基础。它揭示了区域社会经济发展及其客体空间组织的关系，同时也回答了人文地理学中地理格局与过程的关系问题（陆大道，2001）。

一直以来，"点—轴开发模式"都是区域规划中较为常见和有效的区域空间开发模式，最早是由波兰的萨伦巴和马利士提出的，之后陆大道系统性地提出了点—轴理论，将其应用于我国的空间发展战略中去，并针对我国的实际情况，提出了 T 字形的空间战略，也就是今后我国几十年内的空间战略布局要以沿海地带和长江流域作为主要轴带予以重点发展（陆大道，2001）。

从区域发展过程来看，经济活动总是首先集中在少数条件较好的区位，也就是区域增长极或者点轴开发模式的点。随着经济的发展，增长极数目逐渐增加，那么他们之间会出现劳动力、资金、资源等要素的交换，这种交换会通过增长极点之间的交通线路、动力供应线、水系等来实现，这些线路就是发展轴。由此，点—轴模式的区域空间结构就形成了。网络开发理论则是在点—轴理论的基础上，认为要重点研究点、轴以及增长极的腹地范围，使区域呈现网络式开发，目标是促进区域—体化均衡发展。

由以上空间结构与组织理论的探讨中发现，区位论、增长极理论、核心—边缘理论、点—轴理论、网络开发理论的研究脉络正好与区域空间发展相吻合。在区域发展初期，区域发展首先聚集在区位条件优越的城镇，随即发展成为区域增长极。一方面，增长极通过极化效应不断强化自身的发展实力。另一方面，通过涓滴效应对周围地区产生影响，随之形成了核心—边缘的空间结构；随着增长极之间联系的日益紧密，在增长极之间出现了依托重要交通干线、河流的连接轴带；随着交通条件的改善，多条城镇发展轴与多个城镇之间日趋广泛的联系形成了网络状的发展格局。因此，空间结构与组织理论是区域城镇化空间发展格局与过程的重要理论基础。

四、人地关系理论

人地关系是人与地理环境之间关系的总称，人地关系理论是人文地理学的重要理论基础。吴传钧（1991）指出，地理学的研究核心是人地关系地域系统（见图 2 - 2），明确地理学的研究要以地域为基础，且人地关系地域系统的研究内容应该包括系统的形成过程、结构特点、发展趋势、地域人口承载能力、人地之间的相互作用、地域分异规律与类型分析等。

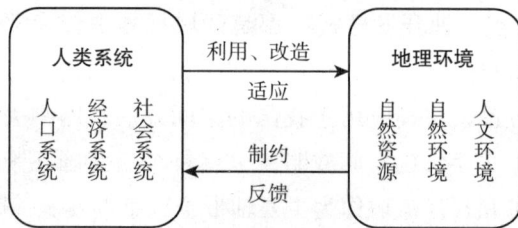

图 2 - 2　人地关系系统

我国自古代以来，就崇尚"人与自然和谐发展"的观念，在这个观念的指导下，东方文明以对自然有限的索取来将资源留给后代，这是我国古代朴素的可持续发展思想的精华所在。西方国家探究人地关系的历史也较为久远，古希腊学者希波格拉底在其著作《论空气、水和地方》中论述了人地关系（程占红，2004），色诺芬也较早探讨了人地关系比例及相互关系，柏拉图提出了理想国的设想，亚里士多德认为一定的国土和人口规模要相适应（杨君等，2010）。这些朴素的人地关系思想证实了人地关系理论发源的思想基础。在近代地理学中，人地相关论注重人对环境的适应以及利用的选择能力。20

世纪 60 年代以来，人类活动对自然系统的索取造成了日益严重的生态环境问题，人地关系趋于失调；在这一时期出现的"协调论"的人地关系思想强调人类事务要与自然相协调，走人与自然和谐发展的可持续道路，这赋予了古老人地关系新的意义——可持续发展。

可持续发展思想内涵经历了逐步深化的过程。1987 年世界环境与发展委员会在报告《我们共同的未来》中正式提出可持续发展概念，即"既要满足当代人的发展需求，还不对后代人满足其需求造成威胁"，这标志着可持续发展思想的诞生；1992 年，联合国环境与发展大会上确定的《21 世纪议程》被各国普遍接受，标志着可持续发展开始从理论探讨走向实际，对区域乃至全球发展模式的转变产生了重要影响。

人地关系理论对区域发展的指导意义在于用基于人地协调发展的可持续思想指导区域城镇化的健康发展。人地关系协调理论要求区域的发展和规划要以改善人地关系结构、挖掘人地关系潜力、加快人地相互作用的良性循环为目标，探求区域内部各要素间的相互作用及系统的整体调控（吴传钧，1991）。城镇化作为特定地域系统的演进过程，离不开自然生态环境基础；而城镇化的快速发展对有限的生态环境承载能力也会造成严重损害，可持续发展理念给城镇化发展质量提出了更高的要求，要求实现人口、经济、社会城镇化与生态环境相协调的可持续发展。

可见，可持续发展背景下，城镇化空间格局已不再是人口、城镇的空间布局及差异，其内涵已经延伸到人口的聚集形态、城市间的联系、城镇产业升级演化以及生态约束下的城镇可持续发展。

五、可持续发展论

可持续发展是可持续发展思想在城市与区域发展中的应用。可持续发展可从以下方面来理解：

（1）资源角度。可持续发展是区域或城市不断追求其内在的自然潜力得以实现的过程，当代人对资源、空间的利用不能影响后代的使用。

（2）环境角度。努力在区域和城市水平上改善其自然、人工和文化环境，要遵循全球可持续发展目标。

（3）经济角度。可持续发展是围绕生产过程这一中心环节，通过均衡地分布农业、工业、交通等各类活动，促使区域和城市系统结构的完备性和功能的相互协调性。

（4）社会角度。追求相互交流、信息传播和文化得到极大发展的城市或区域，以稳定、公平、公正为标志。

第四节　国内外研究动态及述评

结合研究思路与框架，分别从城镇空间关系、城镇化空间格局与组织过程、城镇化响应以及研究区研究现状四个方面进行综述，并对国内外研究现状进行特征总结与述评。

一、城镇空间关系研究

城镇的空间特征及其相互作用关系一直是地理学研究的主要问题之一（陈彦光，2009），也是本书的核心理论基础。从地理学角度来看，城镇化空间的实质是城镇空间秩序不断安排和空间相互作用关系不断调整的过程。

（一）国外空间关系研究

国外城镇化空间研究集中于18世纪中期至20世纪90年代期间。工业革命的爆发引发了西方经济社会领域以及城市空间结构的重组。城市内部空间结构的改造，如居住结构、就业结构、经济结构、土地利用结构等成为学者们研究的重点之一，同时，将视角投向外部空间研究区域内城市的空间整合与优化成为新的方向（陈春林等，2011）。区域空间的整合与优化离不开内部城市间的相互作用研究，因而该时期对城市空间相互作用关系的研究较为盛行。

理论研究方面，在20世纪二三十年代，俄林以相互依赖的价格理论提出了地域分工理论，以通过对区域发展规律的总结和认识探讨区域内部发展核心和外围区域之间的相互作用特征以及变化趋势。到1953年，瑞典地理学家哈格斯特朗发表的《作为一种空间过程的革新传播》（*Spatial Diffusion as an Innovation Process*）奠定了空间扩散理论的研究基础，后来的学者将其推广到城市体系、农业技术扩散、文化地理等研究当中；该时期，美国地理学家乌尔曼提出了空间相互作用理论，并总结了三个产生相互作用的前提，即区域之间的互补性、中介机会以及可达性。在这一时期，出现了一些新的区域空间组织形式，如城市连绵区、大都市带、区域城市等（陈春林，2011）。到80 年代，新城市主义、新区域主义等流派形成，他们倡导精明增长、空间效益、可持续发展等理念，成为一直影响至今的学术思想和流派。

在研究方法上，起初，计量方法体系还不太完善，空间关系的研究主要以对城市功能、性质、空间结构的描述为主。随后实证主义方法论的兴起对地理学的研究方法产生重要影响，以区位论、相互作用理论为主要理论的空间分析逐渐衍现。到 20 世纪 60 年代，计量革命的兴起，使得空间关系的研究方法产生了颠覆性的变化，以数理统计、地理信息系统与遥感技术等为工具的定量研究开始大量应用（王恩涌等，2006），对区域空间相互作用的分析更加准确，对区域发展的指导性愈加明晰。

（二）国内空间关系研究

国内学者认为空间相互作用及空间异质性是研究城镇化空间关系时必须要考虑的问题，这对于深入理解区域发展大有裨益（孟斌等，2005）。

在研究内容上，一方面，空间相互作用是区域空间结构赖以生存的基础，是城市地理学的重要理论（闫卫阳等，2009；董青等，2010）。在以往研究中，学者们倾向于这一假定：将空间主体看作均质、相互独立、互不影响的，这便于分析独立要素对不同空间的影响。而任何两个事物、空间都不可能是绝对独立的，他们之间以不同方向、深度的联系相互作用，从而使得区域整体表现出动态性特征。直到近些年才有国内学者将空间维度的影响加以考虑，并利用基于相互作用的空间统计方法研究区域差异问题（孟斌等，2005）。城镇之间的相互作用为具有一定形态特征的城市之间要素的流动，包括物质流（交通网络、生态网络等）、经济流（原料、产品、资本、人力资源等）、信息流（通信、技术）以及服务联系（教育、医疗、商业、金融等）等（黄瑛、张伟，2010）。这些要素流以不同类型、不同强度、不同大小的形式，将区域空间划分为具有一定等级规模和空间形态特征的结构。另一方面，空间异质性既是空间相互作用的前提，也是结果。空间异质性也即要素空间表现的差异性，空间差异的研究集中在空间格局的差异与演变上，例如，人口空间差异（王国霞等，2012；封志明等，2013）、城镇化水平的空间差异（朱传耿等，2008；刘静玉等，2012）、经济差异（靳诚、陆玉麒，2012）等等。

在研究方法上，由于我国对空间相互作用的研究要晚于国外，因而在方法上呈现出定性与定量相结合的特征。定性研究与国外相似，多采用描述法。定量研究多用传统的相互作用模型，如赖利—康弗斯模型、引力模型、潜力模型、邻近距离法、空间布局重心等（顾朝林，1991；陈彦光、刘继生，2002；杜国庆，2006；顾朝林、庞海峰，2008），也有通过调研数据分析区域城镇空间结构（周一星、胡志勇，2002）；随着计算机技术的革新，维诺图、加权维诺图、断裂点模型（闫卫阳等，2004，2009；王建英等，2012）以及探索性空间分析在空间相互作用研究中的应用逐渐增多。在众多研究方法当中，地理探索性空间分析（ESDA）被广泛应用，因其能够将空间联系考虑到区域发展中去，而非将区域内部的城市作为独立个体。早在1950年左右，莫兰（1948，1950）就已经提出了 Moran 指数。之后，安瑟兰（Anselin，1995）提出了基于局部分析的方法——LISA，格蒂斯（Getis & Ord，1992）提出了基于空间联系距离的空间关联指数，这都为局部空间相关性的发展做出了较大贡献。王伟进、陆杰华（2012）以探索性空间分析探明城市化水平存在明显的空间依赖特征；秦佳、李建民（2013）依据第六次全国人口普查数据，认为我国人口城镇化水平存在明显的空间差异，呈现"西低东高"的空间格局；李波、张吉献（2013）通过探索性空间分析方法对中原经济区28个地级市的城镇化水平进行了空间相关性差异分析，并揭示了其城镇化水平的空间异质性。

二、城镇化空间格局与组织过程研究

在要素自由流动的前提下，要素倾向于从要素富裕地区流向能够产生较大社会经济效益的节点，进而为形成城镇乃至城镇体系奠定基础。区域空间结构理论充分阐释了空间格局的形成机理和空间集聚、扩散机制。

（一）国外空间格局与组织过程研究

1. 研究的源起

国外区域空间格局研究起源于 18 世纪的工业革命之后。最早的践行者是英国学者霍华德的"田园城市"（garden city）理论与实践，他指出"城市要与乡村结合"，强调了城市与区域发展应该作为一个整体（李德华，2001；张京祥，2009）。20 世纪初，恩维在"田园城市"思想基础上进一步提出了"卫星城镇"的理论，他认为需要借助卫星城来分散主城区过多的人口，这种卫星城不具备生活设施，仅仅是居住区，因而被称为"卧城"（第一代卫星城）；之后沙里宁在赫尔辛基试验建立了一些半独立小镇，有生产服务设施，可满足就业需求（第二代卫星城）。到 20 世纪 60 年代，以英国米尔顿·凯恩斯为代表的第三代卫星城建成，与之前的卫星城镇相比，这一时期的卫星城生产、生活服务设施便利，交通便捷，环境优美，规模也较之前的卫星城大（张京祥，2009）。1942 年，法国地理学家戈特曼在对美国东北部大西洋沿岸地区进行研究之后，发表了具有代表意义的《大都市带：东北海岸的城市化》，首先提出了大都市带（megalopolis）的概念，城市群概念便开始孕育（史玉龙、周一星，1996）。他指出在这一地区多个城市组成的都市区成为支撑整个区域经济发展的支柱，而非单一的城市，该区域在空间上表现为高密度的多核心的区域空间结构，并认为都市带表征了未来区域城镇发展和人口聚居的趋向（张京祥等，2001）。经过 20 年的潜心研究，戈特曼提出全球有六大城市密集区，其中包括我国的长三角城市群。

与此同时，城镇密集区的概念也成为学者们争议的热点。出现了城市群、城市带（megalopolis）、城市经济区、城市化地区（urbanized area）等城镇密集区的概念（Muscarà & Gottmann，2009），其范围界定从城市区域、城市建成区、景观一致的城镇连续区、城市通勤区、规划区、城乡一体区域到区域城镇群体均有描述（Berry，1970；刘荣增，2013）。这些概念的含义十分相似，但至今也尚未形成一致的概念，也直接影响了城镇密集区在实践中的应用。无论是田园城市，或卫星城市，或城市群，或城镇密集区，它们均是区域空间格局或结构研究源起阶段的表现形态。

2. 研究的深入

随着研究的进一步深入，城市地理学者在实践的同时，提出了中心地理论、增长极理论、核心—边缘理论等空间结构的描述理论，开始将区域内的城镇空间发展系统化，成为研究区域空间格局或结构的基础性理论。第二次世界大战之后，系统论已经成为研究区域城镇空间的重要方法，对区域空间格局及组织过程的系统化研究也形成了较为统一的认识——城镇体系及其演变。

20 世纪中期，邓肯首次在其《大都市和区域》中提出了城镇体系这一概念，英文名称为 urban system。维宁从理论上论证了城镇体系的合理性，并研究了城镇体系构建对城镇发展的实际意义。1954 年贝里发表了《中心地体系的组成及其集聚关系》一文，提出了人口分布与服务中心等级系统的关系，开创了城镇体系理论研究的新纪元。继贝里之后，皮特于 1962 年也编著了《城市体系与经济发展》一书。之后学者们有关城镇体系的研究日益丰富，提出了城镇区域等概念，主要集中在美国和加拿大，以城镇体系中城市经济发展、城镇规模的规律性、空间相互作用、相互依存性等研究居多。

至 20 世纪 70 年代，国外城镇体系的研究到达了高峰。1970 年贝里和豪顿出版了《城镇体系的地理学透视》一书；1977 年哈格特从相互作用、节点、面、网络、等级、扩散六个角度研究了区域城镇群体的演变过程；1978 年加拿大地理学家鲍恩和西蒙斯合编著了《城市体系：结构发展与政策》，它集中了各家的学说，把城镇体系研究推向了又一个高潮；1985 年日本的岸根卓郎力图以"全综规划"来建设一个自然、空间与人类相互融合的城镇系统。这一时期，城镇体系的研究已较为成熟，多为城镇体系等级规模、空间结构、体系模式、演变过程、发展联系等方面的总结性研究，研究方法也深入到以计算机、数学方法领域来对区域城镇体系进行动态模拟、分布优化研究等（顾朝林，1992；张京祥，2009）。

在以上有关区域空间结构组织演化的颇多研究中，以弗里德曼的区域空间结构演变为代表。他在 1966 年出版的《区域发展政策》中将区域城镇空间演变划分为四个阶段（Friedmann，1966）（见表 2 - 3）。第一阶段：在前工业化时期，每个城市各自独立发展，各自拥有自己的腹地，彼此联系甚少，增长潜力有限，是一种相对均衡的发展阶段；第二阶段：进入工业化初期，随着城市经济的崛起，均衡的空间格局被打破，逐步形成中心愈强、外围腹地愈弱的态势，资源要素不断向中心移动，外围处于被剥夺的境地，发展缓慢甚至停滞；第三阶段，随着工业化进程不断推进，周围腹地也得到一定程度发展，形成多级中心的空间结构，"点—轴"状空间结构体系开始形成，能够有效遏制高等级中心的空间蔓延和膨胀，区域整体增长潜力提高；第四阶段，工业化发展后期，社会经济已经发展到较高水平，区域内部城镇间联系日趋紧密，中心与腹地之间的差距在缩小，腹地基本上被纳入中心城市的影响范围之内，交通网络发达，逐步形成空间一体化格局。

表 2 – 3 弗里德曼的区域空间结构演变

发展阶段	空间结构
独立发展	
单中心结构	
多中心结构	
一体化格局	

资料来源：弗里德曼的区域空间结构理论。

（二）国内空间格局与组织过程研究

国内区域城镇化空间格局与组织过程研究包含区域城镇化空间差异及其变化以及区域城镇化空间结构及其演变两方面内容。

1. 空间格局及其变化研究

陆大道（2001）对城市空间结构的定义是"社会经济实体在空间相互作用下所形成的空间集聚程度和集聚形态"，他强调了在空间相互作用下的聚集与扩散效果。那么从区域角度上来说，区域城镇空间格局就是各城镇在相互联系的前提下、在集中和扩散驱动下城镇组织演化而形成的城镇空间分布格局。

城镇化空间差异研究是城镇化空间格局的重要研究内容，空间分析方法也日渐成为分析区域发展差异及其变化的重要方法。早在 20 世纪 80 年代，许学强、叶嘉安（1986）就市镇数目、城市化水平、城市首位度探讨了我国城市化发展的省际差异。辜胜阻（1993）以第四次人口普查 10% 抽样调查资料从我国的三大地带（东、中、西部）、六大区域（东北、华北、华东、东南、西北和西南）以及省（区、市）三个角度系统阐述了我国城镇化的区域空间差异，对今后学者研究城镇化空间差异提供了具体的研究模式，其许多结论仍沿用至今。管驰明（2004）剖析了我国一百多年来城市空间格局特征、原因及其演变趋势。彭际作（2006）在其学位论文中探讨了长三角都市圈的城市化格局并认为其演变经过城市化—郊区化—逆城市化—再城市化—城市化的循环过程。马晓冬（2007）在其著作《基于 ESDA 的城市化空间格局与过程比较研究》及研究中采用探索性数据分析法详尽探讨了城市化空间格局与过程的研究模式，并以苏州、徐州的对比研究揭示了苏南、苏北城市化空间格局与过程的差异性。朱传耿等（2008）利用第五次人口普查资料对我国城市化的空间格局进行研究。顾朝林等（2008，2009）近几年对城镇化空间格局与过程研究较为深入，并且提出了研究城市化空间格局与过程的研究方法。陈文峰（2011），李雪梅等（2011），孙德福（2011），张志斌等（2012）以及张东海等（2012）学者们也都相继对河南、新疆、延边地区、兰州、黄土高原地区等不同类型区域和城市的城镇化格局与演变过程展开了研究。

2. 空间结构及其组织过程研究

区域空间结构及组织是内部城镇规模等级变化、城镇功能组织在地域空间上的投影（即城镇体系），是区域发展阶段与过程的空间反映。《中国大百科全书·地理学》的人文地理专辑中指出"城市地理学是关于城市空间组织的科学"，撰稿人王嗣认为城市地理学的重心是从区域与城市系统中探索区域的城镇空间组织以及城镇内部的空间组织（中国大百科全书总编辑委员会地理学编辑委员会，1992）。

随着视角由城市向外围区域的延伸，区域空间结构受到越来越多的关注。甄峰、顾朝林（2000）从空间调控和政策上探讨了广东区域空间结构。彭际作（2006）将大都市圈的演进划分为"城市独立发展阶段—单中心都市圈阶段—多中心都市圈阶段—都市圈成熟阶段"四个独立的阶段。刘艳军等（2006）认为区域一般会呈现单核极化—双核整合—多核网络模式的空间过程。刘辉等（2009）通过对兰州—西宁区域进行定量测量和定性分析后得出该区域城市体系呈现倒"丁"字形等级规模结构。陈文峰等（2011）认为河南省空间结构是以中原城市群为核心的热点区以及外围地市为冷点区的核心—边缘型结构。朱道才等（2011）通过引力模型、断裂点距离等方法，认为安徽省内形成了以合肥为区域中心城市的城市群。朱政等（2011）通过对珠三角城市群等级体系、空间结构及职能演化的研究，指出珠三角空间结构为多中心模式。李雪梅等（2011）结合地理信息系统（GIS）及空间自相关分析方法得出新疆塔河流域呈现出以库尔勒为核心并逐渐向外辐射的圈层状空间结构。陈春林（2013）认为吉林省城镇集群化发展特征显著，已形成了"一群三组群"的空间结构，城镇空间分布呈现东西部较稀疏、中东部较密集的特征。张晓欢（2013）通过对我国2000年和2010年城镇化发展数据探索出我国城镇化空间的核心—边缘结构已经形成且日趋强化。可见，区域空间结构的研究在全国尺度上多从东、中、西三大地带，南部、北部等区域展开，抑或是围绕城市群、都市区、都市圈的空间格局与过程展开。其中，以大都市区、城市带、城市密集区为主体特征的区域空间结构的研究层出不穷，董黎明（1989）、顾朝林（1999）、胡序威等（2000）、张京祥（2000）、姚士谋（1992）、周一星（2003）、刘荣增（2003）等学者的研究较早且有一定代表性。

从以往研究中可以看出，区域空间结构及其演变过程呈现出一定的规律性：发展初期，以单核城市极化发展的空间聚集占优模式，核心城市的集聚与扩散使得在其周边形成相互作用的多核聚集状态，随后区域内部增长极集聚、扩散作用的增强以及联系的日益紧密，进一步形成了以都市圈或城市群为主体形态的区域空间结构，最后区域内各增长极之间相互作用形成网络化的空间组织形态。

三、城镇化响应研究

城镇化的综合性和复杂性决定了影响城镇化与受城镇化影响的要素的多重性。正是由于城镇化与不同要素之间相互依赖、相互作用和相互制约，才出现了城镇化进程中诸多要素的空间响应。地理学在城镇化空间研究上趋于将格局、过程以及空间效应或响应进行整合研究。因而可将区域城镇化的格局与过程看作一个整体，来探索城镇化过程所引起的区域空间影响要素的变化，以达到城镇化与要素在区域内趋于空间关系协调、空间布局合理、空间结构完善的一体化发展目标（许学强，1986）。

（一）城镇化的经济响应

城市化与经济发展之间定量关系的经典研究成果是钱纳里模型（陈明星等，2013），即经济发展不同阶段对应着不同的经济结构。美国经济学家兰帕德在《经济发展和文化变迁》中指出，美国近百年的城市发展与经济增长之间呈现出显著的正相关关系，即经济发展水平与城镇化发展阶段有很大的一致性（王发曾、程丽丽，2010）。国内有关城市化与经济发展关系的研究在20世纪80年代就已开始，周一星（1982）认为城市化与人均地区生产总值的对数成正比，城市化与经济发展高度相关成为普遍规律；城市化与经济发展或工业化的超前、滞后关系也是学者们的研究热点（李郇，2005；蔡军，2006）。总之，学者们均认为城镇化与经济发展是高度相关、相互协调的，是一种普适性的规律（宁越敏、李健，2005；陈明星，2013）。

总体而言，目前学术界在城镇化与经济发展上的研究主要集中在区域经济发展与城镇化水平的相关性研究与分析上（刘盛和等，2003；李国平，2008；陈明星等，2009、2010），而城镇化发展对区域经济发展所带来的影响或变化的研究还较少。现有的经济响应以产业结构响应为主。首先，在响应机制研究上，李铁立、李诚固（2003）探讨了产业结构与城镇化的作用规律，刘西峰（2003）建立了全国超大城市地域及长春市区域产业结构演变的城市化响应的定量分析模型，综合分析了区域产业结构演变对城市化的空间作用机制、城市化对区域产业结构演变的反馈机制，蒋涤非等（2012）认为包容性增长是城镇化响应的新机制，白春梅（2005），麻学锋、孙根年（2012）也对城镇化的响应机制做了探讨。其次，在与城镇化互动地域类型的划分及特征上，杨青山等（2004）将人口城市化对非农产业发展水平的响应划分为五种不同的类型区域，以此对人口城市化与非农产业发展水平的响应关系进行评价与分析，李诚固等（2008）将城市化的响应分为城市化进程推进、城市空间结构调整、空间开发、城市功能区改良、区域空间结构优化、城市体系重构、城市生态空间以及政策促生八种响应。刘艳军、李诚固（2009）探讨了东北地区产业结构演变的城市化响应形态及空间效应，并划分了响应地域类型。最后，在路径及调控模式上，李铁立、刘西峰、李诚固（2003）等分别建立了应对城镇化的产业结构调控模式和策略。

（二）城镇化的社会响应

城镇化的社会响应有多个方面。

在劳动力转移上，王国刚等（2013）探讨了我国东部地区农村劳动力转移的响应调控机理及模式，马红旗、陈仲常（2012）认为人口流动成为快速城镇化过程中的一大突出现象，并对流动人口的规模及省际差异做了详细分析。

在社会问题上，古力加娜提·艾乃吐拉（2013）研究了城市化对少数民族地区社会文化所产生的影响；黄燕芬、丁力（2013）认为城市化的快速发展带来了农民工社会保障缺失、城市病以及"城中村"现象等问题；敖凌航、余辉（2009）总结出城市化发展对提高人口素质、改变生活方式起到重要作用；王尚银（2003）、马约生（2003）从生活方式、人口结构变化等多个角度阐述了城市化的社会影响；何为、黄贤金（2013），朱东风、吴立群（2011）等学者就以进城农村人口的社会保障、公共服务、住房保障的共享缺失为主要内容的半城市化现象做了深入分析；王立、王兴中（2010）还提出了生活空间公正性的问题。

在城市扩张上，张耀军（2013）认为我国城市的扩张速度已经远超城市化水平的增长速度，带来了一系列的城市问题；唐兵等（2013）对石河子市的城市空间扩张进行了分析；陈贝贝（2013），贾若祥、刘毅（2002）将城市扩张形成的城市边缘区域以及城乡之间的过渡地带定义为半城市化地区。

在城乡发展问题上，安虎森、吴浩波（2013）认为我国城市化滞后于就业结构的非农化水平，进而产生了城乡结构不和谐的问题；王春光（2008）指出城镇化发展形成了城乡差别的不断扩大，马约生（2003）认为日本的城市化改变了该国的城乡关系。

此外还有对城镇化的人群健康（许秋瑾、董雅文，2002）、行政区划调整（王冉、张婷，2008；魏衡等，2009）等方面响应的研究。

（三）城镇化的生态环境响应

国外对城市化与城市生态环境关系的研究起源较早。经历了起源、展开和多元化阶段，主要涉及地理学、经济学、生态学、社会学等领域的研究。在蕾切尔·卡逊著的《寂静的春天》、罗马俱乐部协会的《增长的极限》、哥尔德·史密斯的《生存的蓝图》等书籍中，城市化过程中的生态危机被予以大量描述并且进行了预测，使得城市化与生态环境的相关研究进入蓬勃发展时期（郭娅琦，2007）。20世纪80年代，可持续发展这一理念被提出，城市化及其生态环境关系的研究在经济学、社会学、生态学和地理学等学科间展开。格罗斯曼和克鲁格采用计量经济学方法，以42个发达国家的板面数据为来源，揭示了城市经济水平的提高会带来城市生态环境质量呈现倒"U"形的演变规律，这就是著名的环境库兹涅茨曲线（EKC）。德索塔利（Deosthali.，1999）通过模型模拟分析了城市化对城市内部局域气候的影响，德普拉泽斯等（Deplazes et al.，2004）、詹尼特等（Zanette et al.，2005）分析了城市化对城市野生生物的多重影响，翁启豪（Weng，2001）通过模拟城市增长对地表径流的影响来反映城镇化与生态环境的相互作用。

国内对城市化与生态环境关系的研究尽管起步晚，但进展较快，以生态学、环境学学者的研究居多。赵海霞等（2013）探讨了太湖流域不同层级区域城市化发展对水体产生不同程度的污染。杨凯等（2004）、李倩（2012）、郝敬峰等（2012）从水文、水质等角度探讨水资源对城镇化影响的响应。赵军等（2011）对城市化影响下的河流曲度变化进行了研究。白莹莹等（2013）研究了重庆城市化不同阶段对都市圈降水空间分布的影响。崔林丽等（2009）、郑祚芳（2011）对城镇化的气温变化进行了研究。周葵、戴小文（2013）研究得出城镇化会引起碳排放量的成倍增加。安瓦尔·买买提明等（2012）以阿图什为例研究了城市化过程带来的大气污染的变化。刘驰等（2011）认为城市化水平的提高会带来城市环境总体压力的增加。吴文倩、曹明明（2008）等对城市化过程引起的土地利用变化响应及其机制做了深入分析。王强（Wang，2013）认为我国城镇化的快速发展给能源供应带来了巨大压力。奥尼尔等（O'Neill et al.，2012）认为中国、印度的城市化影响了能源使用和碳排放。候阳等（2013）分析得出宁夏沙区城镇化过程带来了景观格局的变化。还有很多学者从城镇化对整个生态环境系统的影响进行了探究（Cui & Shi，2012），他们均认为城镇化或城镇人口变化是导致生态环境变化的关键因素之一。可见学者们以更好地协调人地关系为目标，多从资源利用与保护的视角来研究城市化过程中的生态环境问题。

四、研究述评

综观国内外相关研究，认为其呈现出以下特征：

（1）城镇化研究方向趋于转变。关于城镇化空间方面的研究起初集中在城镇化空间模式、城市空间布局与结构、人口城市化的空间分布特征、城市群发展、城市化质量测度分异等方面。随着城镇化进程的推进，基于城镇化问题导向和作用导向的城镇化空间发展与要素关系的研究趋于盛行，城镇化不再是单一的人口变动和城镇化率的提高。因而，城镇化研究的总体趋势呈现出由重视城镇化水平向重视城镇化质量转变，由空间特征描述向作用机制的解析转变。

（2）国内外学者研究脉络差异较大。国外学者对城市化的研究起步较早，主要沿着城市的发展脉络，针对不同时期城市化发展中出现的现象或问题予以研究和解决，从城市居住结构、就业结构、经济结构、土地利用结构等内容向城市周边区域的城市化发展研究逐渐过渡；研究方法也经历了由定性研究—定量研究—定性定量结合的渐进式过程。我国城镇化普遍滞后于国外城镇化发展，因而研究也相对落后，起初的研究痕迹有效仿国外研究的迹象，因而在研究内容中体现了跳跃式的多重内容的同步研究，而非沿着城镇的发展脉络；随着我国城市化滞后于工业化这一事实的普遍接受、国外的研究实践无法应用于国内时，学者们才开始针对具体的问题，因地制宜地进行城镇化的空间研究；在研究方法上直接呈现出定量与定性结合的特征。

（3）城镇化空间格局与过程的内涵表述不完整。学者们对城镇化空间格局与过程的理解分为两种，一种认为城镇化空间格局与过程是指人口城镇化水平的空间差异格局，并在差异的演变过程中寻找原因和优化路径；另一种认为城镇化空间格局与过程是指城市空间结构的形成、演化过程，或区域城镇空间结构与组织过程（城镇体系演化）。本书认为，两种对城镇化空间格局与过程的理解均具有合理性，且二者相互补充，能够加强城镇化空间格局与过程内涵的系统性和完整性。因而本书将分别从以上两种观点出发研究区域城镇化空间格局与过程。

（4）城镇化响应类型单一。以往城镇化的响应研究多以单一角度的响应为主，如经济响应、产业结构响应、劳动力转移响应、景观响应、生态环境响应、政策响应等单一响应。城镇化是一个综合性的复杂过程，必然会对经济社会和生态环境各方面产生影响。因此，本书拟从经济、社会、生态环境角度探讨城镇化空间格局与过程中的多维度响应。

（5）中观尺度下城镇化空间格局与过程的研究较少。以往研究的尺度多集中在城市尺度和国家尺度。城市尺度上的空间研究主要以城市空间结构的形成与演化作为主要内容，但难以从单一城市的空间发展总结出规律；国家尺度上的城镇化空间规律较易总结，但对于具体城市的发展引导则缺乏实际的可操作性。因而本书将从中观尺度——省域来探讨城镇化空间格局、过程及其响应，以期总结中观尺度下区域城镇化空间发展特征与规律，指导省域及其下一层面城镇的发展。

（6）研究区域多为中、东部地区及沿海发达区域。起初，我国城镇化空间研究多集中在浙江、江苏、东北地区省份以及长三角、珠三角、京津冀等沿海快速城镇化地区，而后对安徽、河南、山西等中部省份以及长株潭地区的研究日渐增多，而对经济欠发达、城镇化发展滞后的西部地区的研究较少。西部地区地域的特殊性决定了其城镇化空间研究对全国城镇化发展具有重要的战略意义。在少量的西部地区研究中，陕西城镇化空间研究则更是少之又少。因而对陕西城镇化空间格局、过程及其响应的系统性研究能够进一步丰富西部地区城镇化实证研究。

第五节　本章小结

在辨析与界定与本书相关概念的基础上，借鉴了地域分工理论、空间关系理论、空间结构与组织理论、人地关系理论、可持续发展理论等方面的理论，并对国内外关于城镇空间关系研究、城镇化空间格局与过程的文献研究作以总结，认为以往研究中呈现出城镇化空间研究方向趋于转变，且国内外学者研究脉络差异性较大的特征，同时也存在中观尺度下城镇化空间格局与过程的研究较少、城镇化空间格局与过程的内涵表述不完整、城镇化响应类型单一以及研究区域多为中、东部地区及沿海发达区域等问题。为此，本书以区域城镇化空间发展为立足点，以陕西为研究区域，对区域城镇化空间格局（呈现何种空间格局）、过程（格局的演变过程）、响应（要素对过程的回应）及其路径（优化与调控措施）展开了理论分析与实践探讨。

第三章
城镇化发展阶段与进程概述

第一节　城镇化发展阶段

一、城镇化发展阶段曲线

事物的发展过程中伴随着事物的普遍矛盾与特殊矛盾（马克思主义政治经济学概论编写组，2011），也伴随着事物发展的普遍规律与特殊规律。城镇化过程正是空间普遍发展规律与格局差异这种特殊规律相伴共存的过程。地域系统是时空耦合的，多层次的。城镇化研究不仅要揭示城镇化在空间上的特殊地域差异，也要总结城镇化时空演化过程的普遍规律。只有同时把时间和空间都考虑纳入系统论中，才可能真正认识事物发展的基础性规律。

1979 年，美国学者诺瑟姆（R. M. Northam）提出，城市化的轨迹可以概括为一条被拉平的"S"形曲线。这条曲线将城镇化过程分为三个阶段（见图 3－1）。

第一，城镇化初期（缓慢发展时期）：城镇化率低于30%。在这个阶段，农业比重较高，乡村人口占绝对优势，农业生产力水平较低，工业基础薄弱，以简单的加工业为主，第三产业主要以农产品、农副产品的销售为主，产业结构较为单一。

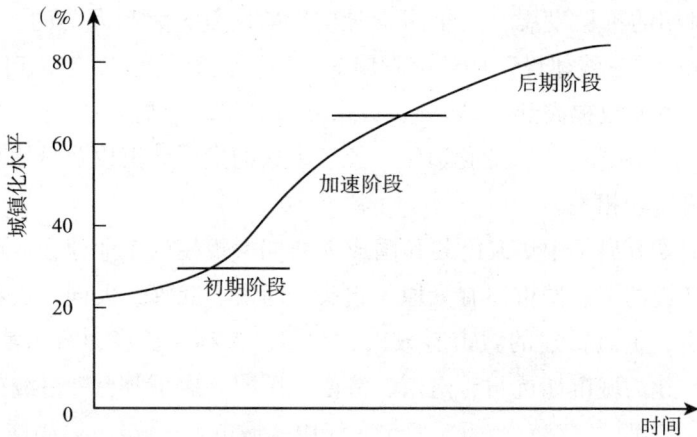

图 3 - 1　世界城镇化进程一般阶段性规律

　　第二，城镇化中期（快速发展时期）：城镇化率处于 30% ~ 70%。在这个阶段，农业生产效率的提升将越来越多的劳动力从土地中释放出来，进入城市从事非农产业的生产。城镇人口比重加大，工业比重增长迅速，产业类型由资源密集型向资本密集、技术密集型产业转型。第三产业得以迅速发展，以耐用消费品市场、休闲娱乐、医疗健康等产业的兴起与发展为主要表现，经济总量实现显著增长。城镇作为要素聚集中心，其集聚效益与规模效益日益体现并逐渐成为区域范围内的增长极。

　　第三，城镇化后期（稳定发展时期）：城镇化率高于 70%。在此阶段，城镇化率增长较为缓慢，城镇人口比重已占绝对优势，产业类型向智能密集型转变，第三产业多元化并更具活力，其中高端服务业占有一定比重。城镇在区域中仍旧发挥增长极作用，并不断向周边扩散，能够有效带动周边城镇与农村的发展。

二、我国城镇化发展阶段

　　从总体上看，我国城镇化进程大体经历了以下三个阶段，呈现出不断加快发展的态势，进程中也有曲折。

1. 1949 ~ 1978 年

　　在中华人民共和国成立之初，我国城镇化水平只有 10.64%，经历了

"一五"时期的平稳发展、三年困难时期后的恢复、大起大落的"大跃进"以及"文革""三线建设"的停滞发展等阶段。经历了近30年，到1978年，我国城镇化水平仅提高到17.92%，设市城市由132个增至193个，仅增加了61个，这与我国选择重工业化道路、急于求成的发展政策以及城镇化水平起点低等因素密切相关。

这一时期开启了中华人民共和国成立初期大规模的工业建设。除北京以外，重点建设的工业城市还有太原、包头、西安、武汉、大同、成都和洛阳等7座城市，重点扩建的城市有鞍山、沈阳、吉林、长春、哈尔滨等20多座，局部扩建的城市如杭州、南京、济南、昆明、唐山等；"三线建设"时期有十堰、成都、宝鸡、兰州、西宁、汉中等城市。

2. 1978~2000 年

1978~2000年城市化水平由17.92%上升至36.22%，年均增加0.83个百分点，设市城市由193个增至663个，建制镇由2173个增加至20312个，这一时期我国城镇化进程明显加快。究其原因在于：工作重心转变为以经济建设为中心；工业化战略由以往以重化工业化为核心转变为符合当时我国经济社会发展阶段的以轻纺工业为核心；大力实施了城市中心带动区域发展战略以及向沿海区域优先发展战略，沿海地区涌现出众多的优秀中小城市和小城镇，典型代表有石狮、东莞、昆山等。

3. 2001~2010 年

2001~2010年我国正式制定了加速城镇化发展的总体战略。在经历了小城镇规模扩张时期、城镇群引领发展等阶段后，2010年我国城镇化率达47.5%，城镇化率年均增加1个百分点，增长速度进一步加快。在这一时期，城镇建设重点是区位条件较好的城镇，大城市附近的新城区如天津滨海新区、郑东新区、沈北新区等，城镇规模进一步扩大，城镇之间联系密度与强度大大提高，分工协作的区域城镇群逐步形成。然而，长期以来城镇化的快速增长带来的区域发展不均衡、城乡发展差距增大、资源环境约束等矛盾也日益突出，亟待解决。

4. 2011 年至今

2011年我国城镇化率达到51.27%，首次超过50%，表明我国进入了以城市为主体的时代。人口在城市的聚集就迫使以往城镇化道路要进行调整。

为了解决传统城市化带来的诸多问题、适应城市型社会的发展要求，在保持快速增长的同时，城镇化发展要更加注重城镇化的质量，新型城镇化应运而生。2012 年中央经济工作会议指出，城镇化是我国现代化建设的历史任务，也是扩大内需的最大潜力所在，要积极引导城镇化健康发展。在《国家新型城镇化规划（2014－2020 年）》的指引下，我国紧紧围绕全面提高城镇化质量、以人的城镇化为核心、加快转变城镇化发展方式，有序推进了农业转移人口的市民化进程，在空间上以城市群为主体形态，大力推动大中小城市和小城镇协调发展，以城镇综合承载能力为支撑提升城市可持续发展水平，以体制机制创新为保障，通过土地、户籍等综合改革释放城镇化发展潜力，坚定不移地走以人为本、四化同步、优化布局、生态文明、文化传承的中国特色新型城镇化道路。

第二节　城镇化发展进程

一、人口变化

城镇化最为显著的特征就是城镇人口及其比重不断提高。人口聚集带来的人口总量、劳动就业人口总量、老龄人口总量高峰相继来临，由此而产生的城市生存保障问题、劳动力的就业问题、社会保障覆盖体系进一步完善的问题以及老龄化社会引发的一系列问题等，都是城镇化进程中需要面临的巨大挑战。人口在不同城镇的聚集还使得城镇的等级规模、职能结构以及空间地位均发生变化，即城镇体系的变化。

二、经济变化

不难发现，工业化撬动了世界经济的发展，而城镇化与工业化是共同发展的。由于人口集聚和知识创造，城镇化推动了技术进步和经济增长，且二者呈现较高的相关性。城镇化对我国经济发展的促进作用表现为人口的聚集带来了知识与技能的聚集，进而带动产业在空间上的聚集以及产业的进一步分工和专业化，集中的基础设施投资带来的效率使用上升和平均成本下降，因而具有正的外部性。目前，发达国家普遍进入后工业化时代，服务业成为其经济发展和人口吸引的主要驱动力。而发展中国家多处于工业化带动城市化的阶段。

三、社会变化

城镇化进程带来了显著的社会变化。随着城市用地范围的扩大，农村转变为城市，农业用地变成城市建设用地，在空间上实现了城市化转变。聚集在城市的人口，其就业结构由第一产业转变为第二、第三产业。城市建设投资需求将增加，教育、医疗等公共服务需求大幅度提高，人口由农村的分散状态转变为城市的密集状态，社会信息网络更加发达，城市文化观念得到提升并向农村地区扩散，居民的受教育程度普遍提高。如若人口不加节制地聚集，将会带来资源紧缺、环境污染、交通拥堵等诸多城市问题。

四、环境变化

城镇化进程对能源和自然资源的超常规利用给生态环境带来了巨大压力。具体来说，城镇化带来了生态环境的如下变化。

地形：城镇化发展需要更多的土地，一些城市由于土地资源有限，对原来的地形进行改造，使之趋向平坦或起伏更大（如摩天大楼），这样容易引发水土流失、滑坡、泥石等地质灾害。

气候：城市中水泥广场、柏油马路等不透水面增多，强烈改变了城市下垫面的原有性质，使气温、降水等要素发生变化，城市热岛效应突出，影响了日照、风速和风向，快速降雨期易形成城市内涝，对于静风频率高的城市还易形成雾霾等大气污染，影响城市公共安全和居民身体健康。

水文：城镇化进程中对增加的市政设施的建设会破坏原有河网系统，使城区水系出现紊乱，也会使降水、蒸发、径流出现再分配。易使城市在暴雨时排水不畅，造成地面积水，也使水质、水量和地下水出现变化。过量抽取地下水还会导致地面沉降，危及生产生活安全。

生态：城市是人类对自然地理环境影响和改变最大的地方。城市的生产、生活污染、交通工具，尤其是工业"三废"，破坏了所在地区的环境生态，也影响了局地生态系统的多样性，使得城市生态系统成为一个脆弱的系统。

第三节　本 章 小 结

城镇化进程分为不同的阶段。在不同的背景下，每个阶段呈现出不同的发展特征，进而决定了不同的城镇化发展路径。城镇化的发展过程是集经济、社会、资源环境等要素为一体的地理空间过程。城镇化的推进会带来人口、经济、社会和环境的巨大变化。任何事物都有两面性，因而应采取一分为二的态度来认识城镇化进程中的诸多变化。

第四章

陕西城镇化发展概况

第一节　研究区选择及其概况

一、研究区选择

与我国东部多数地区相比，西部地区城镇化进程的速度和质量均相对滞后。由于政策支持、信息丰富以及发展环境优越等有利条件，长三角、珠三角、京津冀等地区城镇化发展速度快于中、西部省份或区域，发展阶段也先于西部地区，已经进入了等级分明、专业化分工与协作、网络化的城镇群成熟发展阶段，城镇之间联系密切；而对于西部地区来说，多数城镇群发展基础较差，限制因素较多，中小城镇仅与区域内最大的中心城市联系，空间上呈现出放射状的空间网络状联系形态，城镇发展整体相对滞后。因而有必要在吸取国外和我国沿海地区城镇化发展经验教训的基础上，对西部地区区域城镇化空间发展进行研究，以期合理引导区域整体以及区域内城镇的协调发展。

陕西位于我国版图的重心位置，在区位上具有承东启西之便。在自然地理特征上，陕北榆林北部风沙区与鄂尔多斯南部及宁夏东北部同属毛乌素沙地，陕北明长城以南地区与陇东、陇西南同属黄土高原，陕西中部关中地区属渭河平原，陕南秦巴山地与四川东北部山地地貌类型相似，多样的地理特征使得陕西在西部地区具有较强的典型性（吕园等，2013，2014），能够在空间分析上反映不同自然条件的城镇化发展特征。在发展实力上，2016年陕西经济总量近 20000 亿元，人均地区生产总值已逾 7000 美元[①]，进入工业化中期阶段（郭克莎，2000），第一产业产值比重低于 10%，第二产业比重接近 50%，工业对经济发展已起到支配作用；财政收入上，一般财政预算收入已超过 1000 亿元，具备较强的财政保障能力；创新能力上，高新技术产业企业企业总产值已逾 1000 亿元，居西部地区首位，拥有高新技术企业近 2000 家，居西部前列。可见，陕西的综合发展实力已远高于西藏、甘肃、云南、贵州等西部地区，进入了中上等收入水平地区行列（张其仔，2011），增长潜力巨大，在西部地区具备较强的代表性（吕园等，2014）（见表 4-1）。

表 4-1　　　　　　　　　西部地区各省（区、市）发展情况

类别	发展条件	内蒙古	重庆	陕西	宁夏	新疆	青海	四川	广西	西藏	甘肃	云南	贵州
经济总量	>10000 亿元	●	●	●	×	×	×	●	●	×	×	×	×
工业化程度	人均地区生产总值 >7000 美元	●	●	●	●	×	×	●	×	×	×	×	×
	工业化率>40%	●	●	●	×	●	×	●	×	×	×	×	×
	第一产业产值比重 <10% 且第二产业比重 >50%	●	●	●	×	×	×	×	×	×	×	×	×
	城镇化率>40%	●	●	●	●	●	●	×	×	×	×	×	×
财政收入水平	一般财政预算收入 >1000 亿元	●	●	●	×	●	×	●	●	×	×	×	●
创新水平	高新技术产业企业总产值 >1000 亿元	●	●	●	—	×	—	●	×	×	×	×	×
	高新技术企业 >1000 个	×	×	●	×	×	×	×	×	×	×	×	×
	大专及以上人口比重 >10%	●	●	●	×	●	×	×	×	×	×	×	×

注："●"表示省（区、市）满足此发展条件，"×"表示不满足发展条件，"—"表示此项数据缺失。

资料来源：《中国统计年鉴（2017）》。

基于研究区域相关资料、数据的可获性，本书以陕西为例，探索省域及

---

① 《陕西统计年鉴（2017）》。

其内部城市、县域的城镇化空间格局、演变过程及其响应，以期为整个西部地区的城镇化空间发展提供借鉴与引导。

二、研究区概况

陕西位于我国中部黄河中游地区，是我国西北地区的内陆省份之一，它东眺山西，北与内蒙古相邻，西与宁夏、甘肃毗邻，南部与四川、重庆相接，东南部与湖北、河南相望。全省土地面积 20.56 万平方千米，下辖 11 个地级市（西安、铜川、宝鸡、咸阳、渭南、延安、汉中、榆林、安康、商洛和杨凌示范区）① 和 79 个县（市）②。

按照自然地理特征，可将陕西划分为三大区域：关中地区、陕北地区和陕南地区。

关中平原地区古代以来便是联通我国东西交通之孔道，古代的秦驰道、丝绸之路等交通要道均经过关中地区。随着陇海兰新线的建成，我国东西部之间的物资、技术以及文化交流更加频繁，关中地区正是该经济带上不可或缺的一个节点（陕西省地方志编纂委员会，2000）。关中地区辖西安、铜川、宝鸡、渭南、咸阳五个城市。

陕北地区位于北山山脉以北，南部为黄土高原，北部为毛乌素沙地，是我国现代革命圣地。陕北地区辖延安和榆林两个城市。

陕南地区兼跨长江最大的支流——汉江流域及嘉陵江上游的秦巴山地地区，自然资源富余，生态环境优美。陕南地区辖汉中、安康及商洛三个城市。

第二节　城镇化发展背景

一、国家空间战略格局的调整为城镇化发展提供了宏观机遇

中共十八大报告在经济、政治、文化、社会、生态文明建设等方面做出

---

① 2003 年之前杨凌隶属咸阳，之后行政等级上升为地市级示范区。因此时间序列上的对比缺失杨凌城镇化相关数据。

② 《陕西统计年鉴（2017）》。

了具体部署，并提出在中国共产党成立 100 年时全面建成小康社会，在中华人民共和国成立 100 年时建成富强、民主、文明、和谐的社会主义现代化国家。"全面"意味着东、中、西部的均衡发展，意味着与改革开放初期沿海地区率先发展不同，今后国家区域开发和发展战略布局将由沿海向内陆延伸，通过发展中西部地区和欠发达地区来拉动国内消费市场，体现了国家积极落实结构调整、扩大内需、走多元多极发展路径的战略构想。中央城镇化工作会议中强调城镇化重点要向中西部地区倾斜，提出在中、西部重点培育若干城市群的战略构想。中共十九大报告提出贯彻创新、协调、绿色、开放、共享的发展理念，以城市群为主体构建大中小城市和小城镇协调发展的城镇格局，强化举措推进西部大开发形成新格局。对于陕西来说，将会与西部其他省份一并得到更多的政策支持，这为推进陕西城镇化发展提供了新的宏观发展机遇。

二、丝绸之路经济带为陕西带来新的发展机遇

2013 年 9 月，习总书记提出与丝绸之路沿线国家共同建设"丝绸之路经济带"。丝绸之路经济带建设具备广阔的资源开发空间、基础设施建设潜力和新经济增长点培育的机遇，是我国重视西部、向西发展的地缘发展战略举措。陕西作为古丝路的起点和西部大开发的桥头堡，尤其是关中地区在丝绸之路经济带建设中将占据重要的战略地位。因此，应充分发挥陕西作为我国中东部连接欧亚非的陆路通道、交通枢纽的关键性作用，培育新的经济增长点，进一步优化、整合区域空间资源，这将对陕西的全面开放发展、推进城镇化进程具有深远的战略意义。

三、国家级区域发展战略将进一步明晰陕西城镇化发展重点

关中—天水经济区的建设要求中提出要构筑以西安大都市为核心，以宝鸡、铜川、渭南、商洛、杨凌、天水等城市和产业集聚带为轴线，以向外放射的交通干线为依托的城镇化空间格局。2014 年 1 月国务院批复西咸新区为国家级新区，这对于整合西安、咸阳两市空间资源、优化关中地区区域城镇

空间结构具有重要意义。2016 年西安被列为第九个国家中心城市，2018 年关中平原城市群正式进入国家级城市群行列，作为西北地区的发展引擎，以西安为核心的关中平原城市群将会在国家层面发挥更大的作用。

陕甘宁革命老区的振兴需要整合老区内各种资源，建设黄土高原生态文明示范区、国家重要能源化工基地、国家重点红色旅游区①，这就要求陕北地区要因地制宜地发展能源化工、红色旅游产业，以优势产业职能增强城镇发展实力，带动人口聚集，推动区域城镇空间的进一步优化。

陕南地区位于丹江口库区，汉中、安康、商洛是该区的区域性中心城市，国家对于丹江口库区的重视将会使得三市在保障库区水质、做好移民工作的前提下，以资源环境承载能力为基础，发展特色产业，完善城镇功能，提升城镇综合承载能力和辐射带动能力，增强陕南地区城镇发展实力。

由此，覆盖陕西的国家层面区域发展战略的实施将会促进省域城镇化的均衡、协调发展。

四、美好愿景成为推动城镇化发展的重要推力

陕西省第十二次党代会提出建设经济强、科教强、文化强、百姓富、生态美，即"三强一富一美"的西部强省目标，并提出要加快实施基础设施保障、优势产业提升、区域城乡协调、改革开放深化四大工程，构建公共文化服务体系，建设绿色生产体系，打造绿色生活空间，促进工业化、信息化、城镇化、农业现代化同步发展；在宣传、实践"中国梦"的过程中，陕西省委提出了"三个陕西"②的战略构想，是中国梦在陕西的具体实践，为陕西的发展构筑了美好蓝图③。在这些美好愿景的助推下，以优化城镇体系为载体，增强非农产业支撑，加快配套设施建设，实施创新发展战略，贯彻落实绿色循环低碳发展理念成为陕西新型城镇化发展的重要内容，这对于全面实现陕西城镇化健康发展具有重大意义。

---

① 《陕甘宁革命老区振兴规划》。
② 富裕陕西、和谐陕西、美丽陕西。
③ 赵正永．加快"三个陕西"建设 为实现"中国梦"做贡献［EB/OL］．［2013 - 5 - 3］．ht-tp：//www. shaanxi. gov. cn/0/1/9/40/144441. htm.

第三节　城镇化发展现状

一、相关研究进展

改革开放以来，学术界对中西部地区城镇化发展关注较少，倾向于东部沿海地区。直至西部大开发的实施，有关西部地区以及具体省份的城镇化发展过程、道路选择、发展战略、发展模式等问题的研究才日渐增多。

对陕西城镇化进行深入研究起始于 2000 年前后尹怀庭、刘科伟（1999，2000）的研究，他们从陕西城市化特点出发，剖析发展过程存在的问题，并在分析发展机遇和条件的前提下从不同区域提出了陕西城镇化发展战略，开启了陕西城镇化发展研究征程。

随后，学者们对陕西城镇化的研究思路主要是通过分析现状及问题、经验教训而提出城镇化发展策略和方针，且政策性偏强（岳珑、王涛，2001；杨宗岳，2002；姚蓉，2003；唐传志等，2008）。城镇化的推进离不开人口流动和劳动力转移，因而之后学者们将视野拓展到人口转移上（李成，2001；马祖琦、尹怀庭，2001），为推动陕西城镇化进程良性发展具有启示性作用。与此同时，对作为陕西城镇化重要组成部分的小城镇的研究也开始起步（张涉，2002），该类研究试图回答和解决小城镇的健康发展问题。农村城镇化是城镇化进程中的重要内容，学者们对陕西农村城镇化的动力机制（杨新宇，2003）、产业聚集发展（王利华，2003；赵西君，2005）等展开研究。

近几年，随着城镇化的快速推进，一系列的城市问题逐步显现，如城镇化空间差异悬殊、城镇布局合理性欠缺、产业结构和布局失衡、生态环境恶化等，因而研究开始关注陕西城镇化质量，对城镇化质量的测度成为研究的热点，包括采用定量研究方法从不同侧面综合测度城镇化质量问题（徐萍，2006；王建兵，2011），定量分析城市化与工业化（郭俊华等，2009）、与服务业的关系（郭庆军、赛云秀，2011；王美霞、樊秀峰，2012）等。

可见，现有的空间研究集中于关中城市群、关中地区城镇体系及空间组织布局（夏显力，2004；夏显力、赵凯，2006；何栋材，2009；周彬学等，2009；张萍、杨蕊，2013）、空间关联及整合（师谦友、郭华，2007；林高瑞，2011）等方面。

二、发展阶段与形势

陕西城镇化进入快速发展阶段，但城镇化空间差异十分明显。自西部大开发战略实施以来，陕西实现了跨越式的发展，城镇化的经济效应进一步显现。2016年陕西人均地区生产总值已超过7000美元[①]，远高于贵州、云南、甘肃等西部落后地区，且高于海南、黑龙江、山西、安徽、江西、河南、湖南等部分中、东部省份。城镇化水平大幅提高，2016年关中、陕北、陕南城镇化率分别达57.7%、57.4%和47.2%[②]，分别较2005年增加了14.7、24.1和20.4个百分点，城镇化空间发展呈现出城镇集中布局、城镇规模不断扩大，城镇群初具规模等特征。2016年，陕西城镇化水平为55.34%，已经进入城市型社会，城镇化水平超过50%（赵培红、孙久文，2011）。然而，受生态环境等自然条件限制，城镇化的资源环境制约凸显，再加上区域政策、产业基础等差异使得城镇化空间发展不均衡现象比较突出，且空间差异性呈增强趋势，那么城镇化空间发展的差异性会产生何种影响？正面影响还是负面影响？影响是否可控？城镇化过程中还出现了城镇化质量较低、土地城镇化快于人口城镇化、城镇集聚能力较低、生态环境恶化等诸多问题，严重制约了陕西城镇化发展质量的提高及其可持续发展。

第四节　本章小结

在介绍了研究区域选择的依据、地理位置、行政建制以及三大地理区概况的基础上，分析了陕西城镇化发展的宏观背景和城镇化发展特征。

陕西城镇化发展面临巨大的历史机遇。国家空间战略格局的调整为城镇

---

① 《陕西统计年鉴（2017）》。
② 2017年陕西各地市《国民经济和社会发展统计公报》。

化发展提供了宏观发展机遇；丝绸之路经济带为陕西带来新的发展机遇；国家层面上区域性规划对陕西的全覆盖进一步明晰了陕西三大区域的发展前景，也提供了一定的政策支持；"三强一富一美"的西部强省、"三个陕西"的美好愿景成为推动城镇化健康发展的重要推力；区域内部城镇化空间问题的凸显增强了对新型城镇化发展的诉求。

同时，陕西城镇化发展还面临城镇化空间发展不均衡、质量较低、土地城镇化快于人口城镇化、城镇集聚能力较低、生态环境恶化等诸多挑战。

第五章
区域城镇化空间格局审视

    城镇化空间格局研究是城市地理学以及城乡规划学的研究热点问题之一。在区域层面上,城镇化空间格局主要体现为城镇化水平的空间差异和城镇体系的发育程度两个方面(刘辉等,2009)。从地理学视角对城镇化空间格局进行的实证研究主要建立于空间分析方法论基础之上(马晓冬等,2004)。

第一节　区域城镇化水平空间表象

    区域城镇化水平是衡量区域城镇化发展状况最为直接的指标。区域城镇化发展特征需要从省域、市域及县域三个不同层面进行全方位审视,以期总结不同尺度下的城镇化发展规律。

一、省域城镇化水平特征

    省域城镇化水平增速明显。2016 年陕西城镇化水平已达到 55.34%,比上年提高 1.42 个百分点,增长速度在全国领先。2000 年以来,城镇化率以年均 1.44 个百分点的速度增长(见图 5 - 1),高于全国 1.32 个百分点的平均增长速度。城镇人口规模由 2000 年的 1176 万人增加到 2016 年的 2110 万人，增长了 79.41%，年均增长速度为 3.72%，略高于全国 3.48% 的平均速度[1]。省内三大区域城镇化发展水平和速度差异显著，呈现出关中、陕北高于陕南的空间格局。

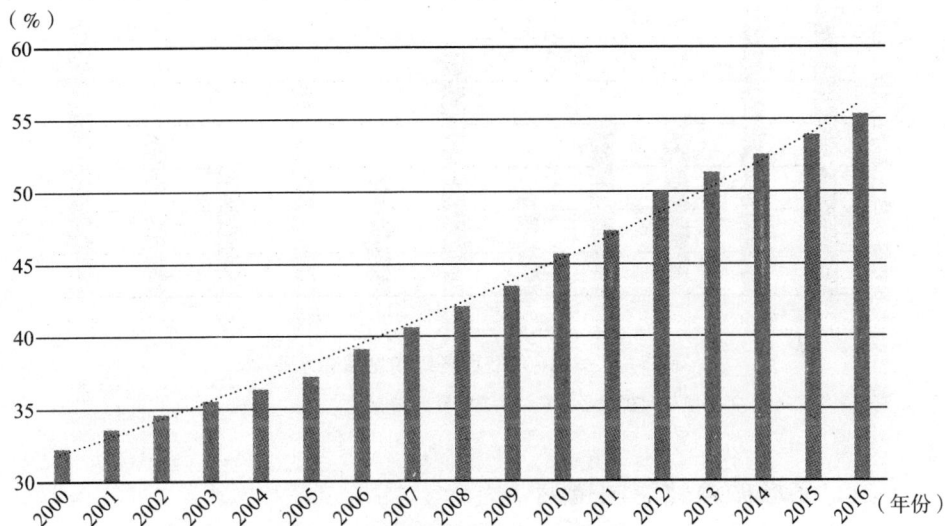

图 5 - 1   2000 年以来陕西城镇化水平

资料来源：《陕西统计年鉴（2017）》。

二、市域城镇化空间格局

以市域尺度研究区域城镇化空间差异是反映区域城镇化空间均衡性大小的重要体现。在陕西市域城镇化发展中，各地市城镇化水平差异较大，尤其是西安城镇化水平居高，处于城镇化发展的高级阶段，已超过 70%[2]；铜川、杨凌均已超过 60%，处于快速发展时期的尾声；榆林、延安后发优势明显、增速迅猛，渭南、安康城镇化水平略低（见图 5 - 2）。

---

① 《陕西统计年鉴（2017）》《中国统计年鉴（2017）》。
② 诺瑟姆曲线：城镇化水平高于 70% 即认为进入了稳定发展时期。

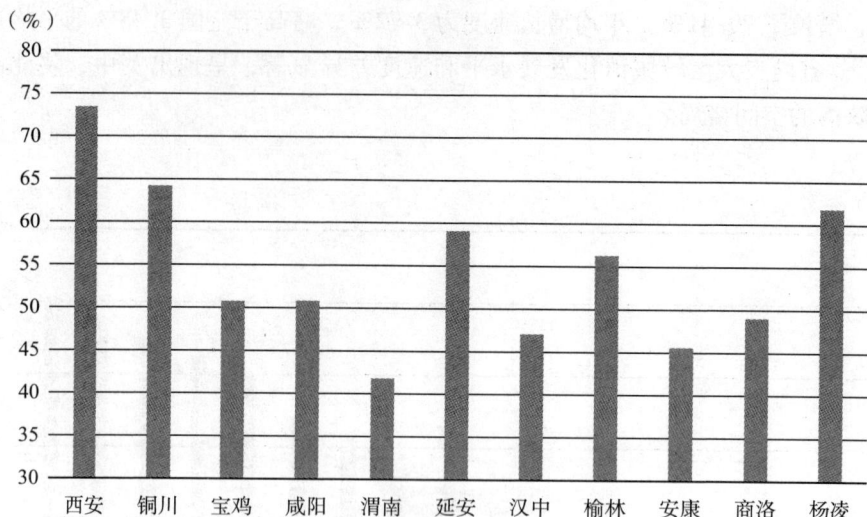

（%）

图5-2　2016年陕西各地市城镇化水平

资料来源：2016年各地市《国民经济和社会发展统计公报》。

三、县域城镇化空间格局

空间差异的另一个尺度表现为县域尺度上城镇化水平的空间格局。县域尺度城镇化水平空间差异研究能够探索省域内部城镇化水平的特征和规律。从县域来看，城镇化空间集中趋势逐步显现（见表5-1）。

一方面，2016年陕西全省1082万人县域城镇人口中，关中地区567万人，占全省县域城镇人口的52.42%；陕北地区236万人，占21.83%；陕南地区279万人，占25.75%[①]。城镇人口主要集中在关中地区，且省内3个县级市[②]均在关中地区，城镇化聚集整体上呈现出中间高、两头低的格局。

另一方面，从三大区域的空间聚集状况来看，关中地区城镇化水平呈现多元多极化特征，受西咸国际化大都市的辐射带动，西安周边县域城镇化水平较高，沿黄河秦晋豫金三角地区县域城镇化水平略高，县级市领衔关中地区城镇化发展。其中，凤县、韩城则均凭借矿产资源开发集聚人口，城镇化

---

① 《2016年陕西县域经济监测排行榜》。
② 韩城、华阴、兴平。

表5-1　　　　　　　　　陕西县域城镇化率空间差异　　　　　　　　单位：%

次序	城镇	城镇化	次序	城镇	城镇化	次序	城镇	城镇化
1	神木县	69.7	29	潼关县	44.9	57	白河县	40.0
2	延川县	69.5	30	宁陕县	44.4	58	宜川县	39.6
3	府谷县	65.4	31	旬阳县	44.4	59	汉阴县	39.4
4	子长县	65.0	32	平利县	44.2	60	蒲城县	39.0
5	韩城市	64.5	33	商南县	44.0	61	洋　县	39.0
6	高陵区	64.2	34	白水县	43.7	62	千阳县	38.9
7	靖边县	63.5	35	柞水县	43.7	63	紫阳县	38.9
8	志丹县	59.6	36	镇安县	43.5	64	镇坪县	38.6
9	吴起县	59.3	37	山阳县	43.4	65	富平县	38.2
10	黄陵县	59.3	38	洛南县	43.3	66	洛川县	37.8
11	凤　县	57.9	39	吴堡县	43.1	67	长武县	37.4
12	兴平市	57.0	40	丹凤县	43.1	68	清涧县	37.4
13	甘泉县	56.2	41	富　县	42.9	69	镇巴县	37.4
14	华阴市	55.4	42	乾县县	42.8	70	大荔县	37.0
15	安塞县	52.5	43	泾阳县	42.2	71	子洲县	36.2
16	三原县	51.5	44	太白县	42.1	72	陇　县	36.0
17	彬县县	49.9	45	宁强县	42.1	73	永寿县	35.5
18	黄龙县	49.9	46	南郑县	41.9	74	旬邑县	35.4
19	横山县	49.8	47	西乡县	41.8	75	淳化县	35.4
20	勉　县	49.4	48	米脂县	41.7	76	武功县	35.3
21	延长县	47.3	49	石泉县	41.7	77	礼泉县	35.2
22	定边县	47.3	50	留坝县	41.3	78	麟游县	34.9
23	佛坪县	46.8	51	户　县	41.2	79	眉　县	34.8
24	陈仓区	46.0	52	岚皋县	41.2	80	宜君县	32.6
25	城固县	45.2	53	澄城县	40.7	81	佳　县	32.1
26	略阳县	45.1	54	凤翔县	40.7	82	周至县	31.2
27	岐山县	45.0	55	绥德县	40.7	83	扶风县	31.1
28	华　县	44.9	56	合阳县	40.1	84	蓝田县	29.6

注：《2016年陕西县域经济监测排行榜》。

水平位居县域城镇化前列，而渭北多个县域城镇化水平发展十分滞后；陕北地区神木、延川、府谷、靖边、吴起等北部县域则依托大规模的能源开发，经济实力迅速增强，城镇化快速发展；陕南地区县域城镇化水平多位于40%左右，处于低水平均衡状态，部分较高城镇化水平县域集中在汉中盆地、安康月河川道以及汉江沿线。

第二节　区域城镇空间格局审视

区域城镇空间格局体现为区域城镇体系的格局特征，因而对城镇空间格局的审视要从城镇等级规模结构、空间分布特点以及城镇职能三方面进行解析，从而实现对区域城镇空间格局的全面审视。

一、城镇等级规模特征

城镇的等级规模结构体现了区域内部各城镇的规模大小之分与等级序列特征。不同规模的城镇处于不同的等级行列之中。通过对陕西城镇等级规模结构的解析，其等级规模结构呈现以下特征。

（一）城镇等级序列较为完整，但数量结构有待优化

目前，陕西已经形成了较为完善的等级结构。其中，西安为特大城市，大城市有宝鸡、渭南，中等城市为咸阳、安康、铜川、榆林、汉中、商洛、延安，小城市有杨凌、华阴、兴平、韩城以及部分县城，小城镇若干（见表5-2）。

表5-2　　　　　　　　　城镇等级规模结构

类别	中心城区常住人口（万人）	城镇
超大城市	>1000	—
特大城市	500~1000	西安
大城市	100~500	宝鸡、渭南

类别	中心城区常住人口（万人）	城镇
中等城市	50～100	咸阳、安康、铜川、榆林、汉中、商洛、延安
小城市	5～50	杨凌、华阴、兴平、韩城、部分县城
小城镇	<5	若干

注：依据 2014 年《国务院关于调整城市规模划分标准的通知》进行城镇等级规模划分。
资料来源：《2016 年陕西县域经济监测排行榜》。

然而，依据中心地理论等级体系的推断，在市场（$K=3$）、交通（$K=4$）、行政原则（$K=7$）的支配下，中心地的等级规模呈现出不同的结构（夏显力，2004）。通过与中心地理论理想结构的对比，陕西城镇等级序列基本遵从中心地理论的等级序列，但大、中城市数量仍然偏少，小城镇数目偏多，城镇等级体系的数量结构有待优化（见表 5 – 3）。

表 5 – 3　　　陕西城镇等级规模结构与不同原则下城镇等级规模理想结构的对比

类别	$K=3$	$K=4$	$K=7$	综合	陕西
特大城市	1	1	1	1	1
大城市	2	3	6	2～6	2
中等城市	6	12	42	6～42	7
小城市	18	48	294	18～294	74
小城镇	54	192	2058	54～2058	992

注：《陕西统计年鉴（2017）》。

（二）城镇规模整体偏小，辐射带动能力受限

城镇规模对城镇等级有重要影响，不同等级的城镇对周边地区的辐射带动能力差异较大。城镇规模越大，其聚集效益越高，发展实力越强，影响范围也就越广。通过陕西城镇规模相关数据的计算，发现地级市（杨凌除外）市辖区平均人口规模为 151.2 万人[1]，除西安外，其余地级市人口规模均未

---

[1] 《陕西统计年鉴（2017）》。

达到平均水平。县城（县级市）中超过 10 万人口的仅有 19 个，超过一半的县城建成区面积不足 10 平方千米。建制镇中平均人口 2.2 万人，总人口不到 5 万人的镇超过镇总数的 90%，70% 以上的建制镇建成区面积小于 1 平方千米①。除个别县城和重点镇外，多数小城镇未建立起特色主导产业，设施配套不完善。由此可见，城镇规模整体偏小，缺乏竞争力，对周边城镇的辐射带动也较弱。

（三）区域核心城市首位度偏高，单核心极化效应明显

首位度是判定区域内城镇规模结构是否合理的重要指标，一定程度上代表了城镇发展要素在首位城市的聚集程度。最早提出城市首位度的是马克·杰斐逊（M. Jefferson），即两城市指数（人口规模首位城市和第二位城市的人口规模之比）。然而，两城市指数仅考虑到区域内前两位城市，有以偏概全之嫌，因此，四城市指数（人口规模首位城市和第二、第三、第四位城市人口规模之和之比）和十一城市指数（人口规模首位城市和第二位至第十一位城市人口规模之和之比的两倍）成为两城市指数的有效补充。按照位序—规模结构原理，两城市首位度为 2，四城市、十一城市指数为 1 较为合适。以往首位度的计算尚未考虑到财政、社会经济发展等对城镇规模有重要影响的要素，因而本书将以上要素综合纳入②。

通过对区域核心城市首位度的测度，得出西安两城市、四城市、十一城市指数均超过正常值（见表 5-4），尤其是两城市指数偏离正常值较多，表明区域内最大的城市——西安的首位度过高，显示出西安单核心的强要素吸纳聚集能力和规模垄断地位；四城市指数接近 2，表明第二、第三、第四位城市与首位城市的规模发展差距仍较大；而十一城市指数又反映出首位城市较弱的牵引辐射能力和其余城市因规模较小而呈现出较弱的发展能力。

---

① 《2016 年陕西城建统计年报》。
② 选取的指标有常住人口、生产总值、全社会固定资产投资、地方一般预算收入以及社会消费品零售总额。说明：以往城市指数计算采用的是户籍人口或非农业人口，但这其中存在误差，对人口迁入地，如上海、北京等发达城市来说，这个口径偏小，而对人口流出地来说，这个口径又会偏大，因此采用常住人口来反映城市人口现状比较合理。

表 5 - 4 陕西西安城市首位度

两城市指数		四城市指数		十一城市指数	
计算式	值	计算式	值	计算式	值
$I_2 = S_1/S_2$	4.89	$I_4 = S_1/(S_2 + S_3 + S_4)$	1.96	$I_{11} = 2S_1/(S_2 + S_3 + \cdots + S_{11})$	1.75

注：I 为城市指数；S_i 为各城市规模综合指标值，$i = 1, 2, \cdots, 11$。
资料来源：《陕西统计年鉴（2017）》。

二、城镇空间分布特点

区域城镇空间分布体现为城镇的空间布局、城镇间空间关系以及由二者相互作用形成的结构形态，其特征的总结需要从城镇密度、城镇聚集程度、城镇空间关系以及区域空间结构形态等方面进行研究。

（一）城镇密度中密南北疏特征明显

通过人口密度及城镇密度的分析，认为陕西城镇及人口分布总体上呈现中密南北疏的特点，由关中向北、向南渐疏（见表 5 - 5）。关中地区属渭河平原，地形条件优越，适宜城镇布局及人口集中；而陕北地区北部属毛乌素沙地、南部属黄土高原，城镇及人口多分布在河谷地带和川道内及交通道路沿线；陕南地区地属秦巴山地，不利的地形条件及灾害威胁使得陕南地区人口稀少、城镇布局分散。从表 5 - 5 中看出，三大区域城镇密度和人口密度均符合关中地区高于陕南地区、陕南地区高于陕北地区的规律。

表 5 - 5 陕西各地市人口密度及城镇密度

城市	人口密度（人/平方千米）	城镇密度（个/万平方千米）
西安市	9091	64
铜川市	7336	49
宝鸡市	5170	50
咸阳市	12027	116
渭南市	4398	89
延安市	2178	20

城市	人口密度（人／平方千米）	城镇密度（个／万平方千米）
汉中市	2197	61
榆林市	1723	29
安康市	9188	61
商洛市	4522	59

资料来源：根据《2016 年陕西城建统计公报》相关数据计算而得。

（二）区域城镇聚集程度差异大

城镇聚集程度常采用集聚—碎化指数（agglomeration-fragmentation index）来衡量。集聚—碎化指数是以区域内城市间的联系为核心，分析区域城镇空间发展状态及趋势。该指数是美国在逆城市化阶段随着人口、产业的外迁而出现的概念（罗震东等，2009），其应用在区域城镇空间分布中，能够定量的描述区域城镇空间布局特征，为区域今后城镇发展政策以及发展战略的制定与实施提供参考。其含义为：假设区域中每个县域单元的某一指标为 $x_i(i=1, 2, \cdots, n)$，y_i 为县域单元该指标在所在区域指标的比重，I 为集聚—碎化指数。I 的取值范围 $[1, +\infty]$。当 I 越小，区域越集中；当所有 y_i 都相等时 I 最大，区域绝对均匀，这在现实中十分罕见。

$$y_i = x_i / \sum_{i=1}^{n} x_i \tag{5.1}$$

$$I = \sum_{i=1}^{n} \sqrt{y_i} \tag{5.2}$$

而城镇空间布局的聚集与分散应该在单位面积上具备可比性，按照罗震东等（2009）学者的观点，需要将各区域面积考虑进来。假设区域中每个县域单元的某一指标为 $x_i(i=1, 2, \cdots, n)$，行政辖区面积为 $s_i(i=1, 2, \cdots, n)$，则改进后的碎化指数为：

$$y_i = (x_i / \sum_{i=1}^{n} x_i) \times (s_i / \sum_{i=1}^{n} s_i) \tag{5.3}$$

$$I' = \sum_{i=1}^{n} \sqrt{y_i} \tag{5.4}$$

式（5.4）中，I' 为改进后的集聚—碎化指数；y_i 同改进前含义。I' 值的范围为 ［0，1］。I' 越大城镇布局越分散，越小则越集聚。I' 反映了空间面积的不均衡程度，是对集聚—碎化指数的有益补充，对于衡量城镇群体空间集聚和扩散程度具有较强参考意义。

为了全面探测区域城镇空间布局情况，选取地区生产总值、城镇人口、建成区面积以及地方一般预算收入等能够体现城镇空间布局差异的指标进行综合测算。结果显示在三个区域中关中地区 I' 最大（见表 5－6），城镇布局最为分散，这与关中地区优越的地形条件密切相关；而陕北地区城镇布局相对集中，主要聚集在川道和沿河地区；陕南地区 I' 最小，城镇聚集特征十分显著，城镇主要布局在小范围的盆地、川道和谷地中，与有限的城市建设用地密切相关。

表 5－6   陕西三大区域集聚—碎化指数

	关中	陕北	陕南
I'	0.421	0.299	0.199

资料来源：《陕西统计年鉴（2014）》。

（三）城镇空间关系松散且受西安影响颇大

城市间空间联系强度表现为其间的吸引力大小。重力模型对于拟合城镇体系中城市之间的空间联系状态具有较好的模拟结果（顾朝林、庞海峰，2008）。其表达式为：

$$T_{ij} = \frac{P_i P_j}{d_{ij}^b} \quad (i \neq j; \ i = 1, 2, \cdots, n; \ j = 1, 2, \cdots, m) \tag{5.5}$$

式（5.5）中，T_{ij} 为 i 城市与 j 城市之间的吸引力大小，P_i、P_j 分别为 i 城市、j 城市的市辖区非农业人口，d_{ij} 为 i 城市与 j 城市之间的直线距离，b 为距离摩擦系数［根据顾朝林（2008）对不同 b 取值的引力范围研究，认为 b 的大小体现了不同尺度下的空间联系作用大小差异；本书中的研究尺度是省域尺度下各城市的空间相互作用强度，因此 b 取值 2］。通过重力模型的测算，得出以下结论：

首先，西安是各城市的最大引力城市。对陕西城市之间的空间联系分析，发现各地级市的最大引力城市均为西安，也就是说各地级市受影响最大的城市是西安；且引力强度也远远高于其他多个城市（见表5-7和表5-8）。从总引力强度上看，关中地区城市总引力强度要高于陕南地区，陕南地区高于陕北地区（见表5-8）。

表5-7　　　　　　　　　　　　　陕西地级市引力矩阵

地级市	西安	铜川	宝鸡	咸阳	渭南	延安	汉中	榆林	安康	商洛	杨凌
西安	0	**2.969**	**1.185**	36.845	**4.518**	**0.124**	**0.200**	**0.034**	**0.249**	**0.641**	**0.650**
铜川	2.969	0	0.118	0.511	0.363	0.026	0.015	0.005	0.015	0.036	0.042
宝鸡	1.185	0.118	0	0.253	0.079	0.019	0.106	0.006	0.029	0.025	0.159
咸阳	**36.845**	0.511	0.253	0	0.405	0.019	0.034	0.005	0.036	0.069	0.194
渭南	4.518	0.363	0.079	0.405	0	0.018	0.014	0.004	0.022	0.124	0.027
延安	0.124	0.026	0.019	0.019	0.018	0	0.003	0.013	0.003	0.005	0.003
汉中	0.200	0.015	0.106	0.034	0.014	0.003	0	0.001	0.016	0.007	0.012
榆林	0.034	0.005	0.006	0.005	0.004	0.013	0.001	0	0.001	0.002	0.001
安康	0.249	0.015	0.029	0.036	0.022	0.003	0.016	0.0011	0	0.018	0.007
商洛	0.641	0.036	0.025	0.069	0.124	0.005	0.007	0.0015	0.018	0	0.007
杨凌	0.650	0.042	0.159	0.194	0.027	0.003	0.012	0.0010	0.007	0.007	0

注：加粗数值对应的横向城市为纵向城市的最大引力城市。
资料来源：根据《陕西统计年鉴（2014）》相关数据计算而得。

表5-8　　　　　　　　　　　　陕西地级市最大引力城市

项目	西安	铜川	宝鸡	咸阳	渭南	延安	榆林	汉中	安康	商洛	杨凌
最大引力 $\max(T_{ij})$	36.845	2.969	1.185	36.845	4.518	0.124	0.034	0.200	0.249	0.641	0.650
最大引力城市	咸阳	西安	西安	西安	西安	西安	西安	西安	西安	西安	西安
引力强度 $\text{sum}(T_{ij})$	54.637	4.412	2.226	42.910	5.979	0.274	0.082	0.443	0.428	1.021	1.389
$\text{sum}(T_{ij})$ 排序	1	4	5	2	3	10	11	8	9	7	6

资料来源：根据《陕西统计年鉴（2014）》相关数据计算而得。

其次，区域内部城镇间空间联系薄弱。一方面，从空间联系广度上看，22个县域受西安影响最大，同样使得西安成为影响县域单元的空间最高等级极点；宝鸡、延安、安康、汉中、铜川、绥德则对周边3~6个县域发展具有较大影响，成为区域二级节点城市；渭南、榆林、咸阳、杨凌、神木、凤翔、韩城、彬县、华阴、合阳、城固、澄城、岐山、武功对周边2个县域有影响，成为三级节点城市；而富平、延长、黄陵、志丹、岐山、旬阳、武功等20个县域则与周边距离较近的1个县域空间联系较强，处于四级节点；同级城镇之间联系不够紧密。另一方面，从空间联系强度上看，西安、咸阳市区的空间联系强度远远高于其他城镇，兴平、高陵等12个县域联系强度次之，泾阳、阎良等城镇联系强度较弱，其余城镇与周边无联系或很弱，且主要集中在陕北、陕南地区（见表5-9）。

表5-9　　　　　　　　　　　城镇空间联系强度①

等级	城镇	强度	等级	城镇	强度
1级	西安	19814	3级	泾阳	979
	咸阳	12206		阎良	950
2级	兴平	3114		铜川	855
	高陵	3029		三原	806
	长安	2367		凤翔	660
	宝鸡	1987		户县	593
	渭南	1858		华县	477
	武功	1718		华阴	468
	临潼	1673		眉县	467
	陈仓	1542		汉中	438
	杨凌	1533		礼泉	438
	扶风	1359		蒲城	401
	岐山	1072		城固	343
	富平	1041		大荔	341

---

① 本书中县域比较分析涉及的各地级市均为市区的相应指标，即县（区）的比较。后文不再赘述。

续表

等级	城镇	强度	等级	城镇	强度
3级	乾县	334	4级	洛川	49
	蓝田	300		黄陵	48
	澄城	269		神木	42
	合阳	262		商南	37
	商洛	248		千阳	36
	洛南	211		榆林	32
	白水	202		长武	30
	潼关	192		旬阳	29
	彬县	176		汉阴	28
	周至	150		西乡	27
	韩城	128		太白	26
	旬邑	117		绥德	26
	山阳	114		延长	22
	柞水	110		富县	20
4级	安康	87		延川	19
	淳化	83		黄龙	18
	丹凤	82		石泉	18
	永寿	75		宜川	17
	镇安	69		子长	16
	凤县	68		米脂	16
	延安	67		志丹	15
	勉县	66		宁陕	15
	陇县	61		略阳	14
	南郑	60		紫阳	14
	洋县	57		府谷	14
	宜君	57		吴堡	13
	麟游	53		甘泉	12

续表

等级	城镇	强度	等级	城镇	强度
4级	横山	11	4级	宁强	7
	镇巴	11		留坝	7
	清涧	11		靖边	7
	佳县	10		白河	6
	安塞	10		佛坪	6
	子洲	10		吴起	6
	平利	9		定边	4
	岚皋	8		镇坪	1

注：采用自然断裂法进行强度分等。强度是指 $\text{sum}(T_{ij})$。城市数据为相应市区数据。
资料来源：根据《陕西统计年鉴（2014）》相关数据计算而得。

最后，西安一城独大现象十分明显。从指标对比上来看，2016 年西安外商直接投资、地方一般预算收入、非农产值、全社会固定资产投资总额等各项指标均占据全省较大比重，多项指标已超过全省的 30%（见图 5 - 3）。西安作为省会城市，其空间引力范围辐射到陕北、陕南地区，西安周边渭南、

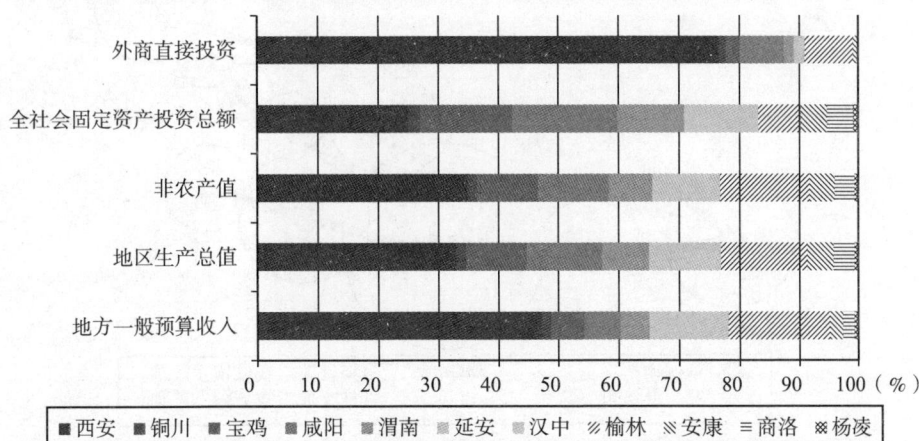

图 5 - 3 西安多项发展指标占据全省较大比重

资料来源：《陕西统计年鉴（2017）》。

咸阳、安康、商洛市域范围内的多个县域已处于西安的影响范围之内，这在一定程度上带动了区域的整体发展；而从另一个侧面来说，人口大量向西安聚集易造成资源、资本等要素的过度集聚，对其他地级市的资源和机会造成了一定程度的剥夺。

（四）若干城镇化重点发展区已初步形成

基于点—轴模式的多个城镇化重点发展区已初步形成。

关中地区宝鸡、蔡家坡、杨凌、咸阳、西安、渭南等陇海铁路沿线城镇以及彬县、铜川、韩城等渭北沿线城镇已经成为能够带动周边地区发展的增长极和重点发展区（见图 5 - 4）。然而，从行政角度来说，行政分割导致资源整合受阻，限制了区域内部城市之间的有效协作和沟通，城镇及城镇化重点发展区之间的过渡地带未能够形成城镇密集区。

陕北地区以榆林、延安两个核心城市为极点，以能源资源禀赋为依托，分别形成了包茂高速公路沿线、陕北长城沿线以及青银高速两侧定边、靖边、子洲、绥德城镇发展轴带（见图 5 - 5）。

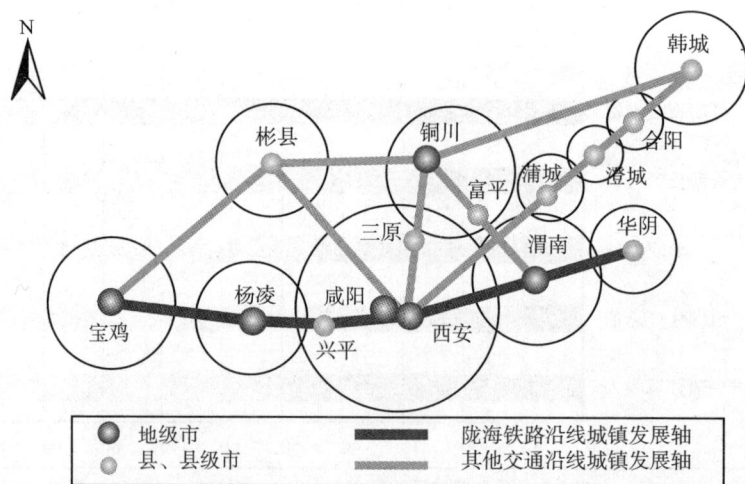

图 5 - 4　关中地区城镇化重点发展区

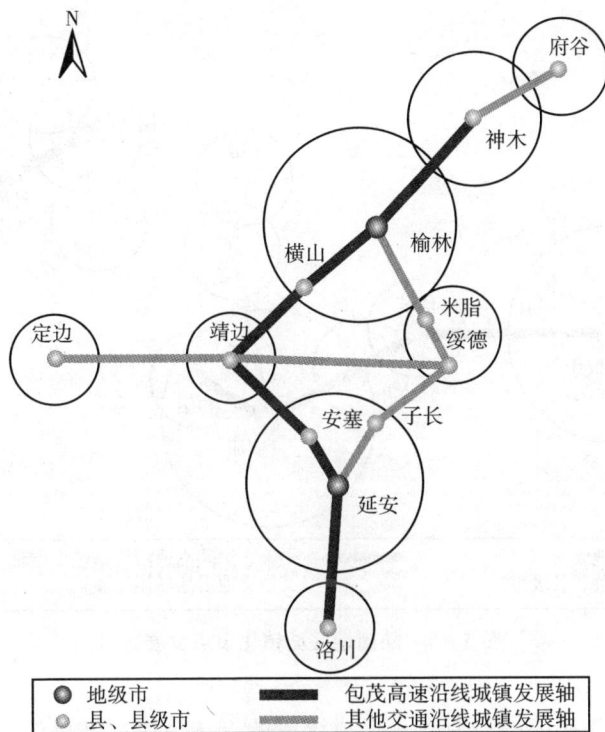

图 5-5　陕北地区城镇化重点发展区

　　陕南地区受地形及交通条件限制，各中心城市在国道 108、210、312、316，宝成、阳安、襄渝、西康铁路以及十天、沪陕高速等主要交通干线沿线和汉江、月河、丹江沿岸发展条件相对较好的地区形成了城镇聚集区，如十天高速沿线及附近的汉中盆地、月河川道以及沪陕高速沿线的商丹谷地城镇聚集区（见图 5-6）。

三、城镇优势职能解析

　　城镇职能指在一定地域范围内，该城镇在社会、经济发展中所承担的分工以及发挥的作用，包括经济职能、社会职能、政治职能和文化职能等，反映城镇间的分工协作水平关系和地域组织专业化程度，是城市地理学中城镇体系研究的重要内容之一。对城镇职能的研究有利于合理制定区域内不同城市间的职能分工，也有利于城市间的互补协作与良性竞争。

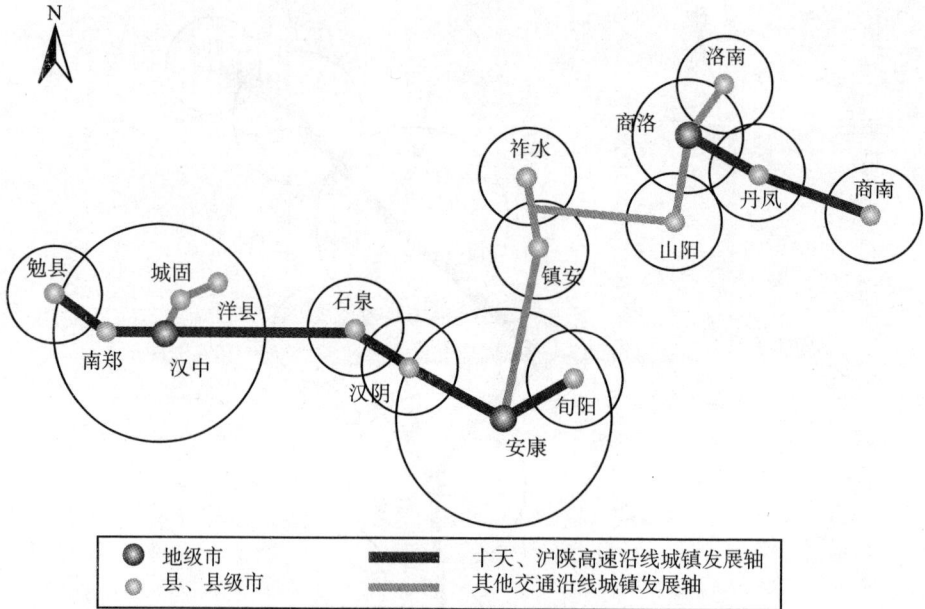

图 5 - 6　陕南地区城镇化重点发展区

目前，城镇职能的研究尚未形成统一的方法体系，常见的职能分类方法有描述法、统计法等定性分析法以及纳尔逊法（田光进、贾淑英，2004；薛莹，2007；闫卫阳、刘静玉，2009）、区位商（陈春林，2011）及改进的区位商（刘海滨、刘振灵，2009）、聚类分析（毛蒋兴等，2008；闫卫阳、刘静玉，2009）等定量分析方法。定性分析法多运用于早期城市职能的划分之中。定量分析法中，区位商法最早是由马蒂拉和汤普森提出的，也称"宏观法"，涉及各行业职工占该行业总职工的比重，仅用商值 1 来判断是否是优势部门；聚类分析法得到的结果是各城市所属的一个或多个职能类型，不能得出具体的优势职能、一般职能等划分；纳尔逊法是以美国著名地理学家纳尔逊（H. J. Nelson）命名的，它的原理是计算出各城市中各行业从业人员比重 X_i、所有城市各行业的平均比重（M）及其标准差（S. D），再以各城市各行业的比重 X_i 与所有城市均值及一定倍数标准差的和的差距来判定职能类型。与前两种方法相比，纳尔逊方法不仅考虑到区位商的职工比重要素，也更为具体地用行业比重的均值与标准差的不同组合来细分职能类别与强度，因而本书采用纳尔逊法进行城镇职能的解析。

（一）城市优势职能解析

根据《国民经济行业分类》（GB/T 4754 – 2011）标准，将城市职能部门划分为20个行业部门（见表5 – 10）。而城市主体职能一般指非农职能（许峰、周一星，2008），且统计资料中无国际组织相关数据因而剔除国民经济行业分类中的（1）和（20）。同时需要对国民经济相近行业进行归并。结合相关文献的归并依据和理由，将城市职能划分成如下8个类别（见表5 – 10）。具体归并内容为：采矿业、制造业、电力、燃气及水生产和供应业归并为工业；信息传输、计算机服务和软件业，批发和零售业，住宿和餐饮业，租赁和商务服务业，居民服务和其他服务业归并为商贸信息服务业；金融业和房地产业归并为金融不动产业；科学研究、技术服务和地质勘查业，卫生、社会保障和社会福利业，文化、体育和娱乐业归并为科教文卫业。

表5 – 10　　　　　　　　国民经济行业分类及本研究城市职能分类

三次产业	国民经济行业分类	城市职能分类
第一产业	（1）农、林、牧、渔业	—
第二产业	（2）采矿业 （3）制造业 （4）电力、燃气及水生产和供应业 （5）建筑业	（1）工业 （2）建筑业
第三产业	（6）交通运输、仓储和邮政业 （7）信息传输、计算机服务和软件业 （8）批发和零售业 （9）住宿和餐饮业 （10）金融业 （11）房地产业 （12）租赁和商务服务业 （13）科学研究、技术服务和地质勘查业 （14）水利、环境和公共设施管理业 （15）居民服务和其他服务业 （16）教育 （17）卫生、社会保障和社会福利业 （18）文化、体育和娱乐业 （19）公共管理和社会组织 （20）国际组织	（3）交通运输、仓储和邮政业 （4）商贸信息服务业 （5）金融不动产业 （6）科教文卫业 （7）水利、环境和公共设施管理业 （8）公共管理和社会组织业

资料来源：国民经济行业分类与代码（GB/4754 – 2011）。

通过计算各城市在不同行业的就业百分比 X_i，并采用 SPSS 17.0 软件求得最大、最小、均值、标准差等描述性统计指标，对区域内城市职能作以解析。

从区域整体来看，50% 的城市在公共管理和社会组织行业超过了该行业的平均值，40% 的城市的工业、水利、环境和公共设施管理业水平超过平均值，30% 的城市超过科教文卫业的平均值，20% 的城市超过建筑业、金融不动产业的平均值，仅 10% 的城市在交通运输、仓储和邮政业以及商贸信息服务业中超过该行业均值（见表 5 – 11）。也即：陕西仍是一个以工业为主要职能部门的省份，同时注重国家机关、社会经济管理机构、社会团体及组织管理运行以及防洪、水资源、自然保护、环境治理、市政设施、城市绿化、旅游景区等水利、环境和公共设施管理。而建筑、金融、房地产、交通运输、商贸信息服务等现代化的行业整体发展较为落后。这样的职能分类是由陕西地处内陆的地理位置、多样的地形地貌特征以及较弱的发展实力综合决定的。

表 5 – 11　　　　　　　　　　　陕西职能强度划分

类别		工业	建筑业	交通运输、仓储和邮政业	商贸信息服务业	金融不动产业	科教文卫业	水利、环境和公共设施管理业	公共管理和社会组织
达到平均值的城市比例（%）		40	20	10	10	20	30	40	50
较强	$M+S.D$	0.38	0.11	0.06	0.10	0.07	0.32	0.04	0.25
强	$M+2S.D$	0.47	0.15	0.08	0.13	0.08	0.37	0.05	0.31

注：M 为均值，S.D 为标准差。
资料来源：根据《中国城市统计年鉴（2012）》相关数据计算而得。

从城市职能上看，以高于 $M+S.D$ 作为城市具备较强主导职能的标准。若城市所有行业未达到 $M+S.D$，则认为该城市是一般型城市；若达到或超过 $M+S.D$ 则确定为专业型城市。纳尔逊法的优点在于把区域中的城市置于众多城市中进行比较来确定职能类型，避免各城市就自身职能结构来划分类型而造成以偏概全的缺陷。反映在表 5 – 12 中则表现为 $X_i-(M+n\times S.D)\geqslant$ 0，则表明该城市在某一行业中具有专业性职能，且 n 越大，该项职能强度越大。通过职能强度的测算，得出：

西安——在商贸信息服务业、交通运输业、建筑业、金融不动产业等方面具有专业化职能，尤其是在商贸信息服务业上具备突出职能，这源于在城镇化快速推进的背景下，西安以其优越的交通区位条件成为省内、甚至周边省份的人口会聚地，从而为建筑、房地产行业创造巨大需求，也带动了批发和零售业、住宿和餐饮业、居民服务等传统服务业以及金融、信息、商务等现代服务业发展，城市服务职能已演替到高级阶段。

宝鸡——在工业以及交通运输、仓储和邮政业上具备专业性职能优势，这源于宝鸡是一个传统的制造业城市，具备雄厚的制造业基础，新兴的蔡家坡镇以其较高的制造业水平为宝鸡工业发展做出巨大贡献；同时，宝鸡地处陇海铁路、连霍高速沿线，对外交通便捷，为邮政、仓储业的发展创造了良好的交通条件。

咸阳——建筑业职能较为突出。这囿于西咸一体化进程带来了较大的建筑劳务需求，使得咸阳自身的建材资源优势得以发挥，进而催生出建筑业的繁荣景象。此外，咸阳的建筑劳务经济发展在全省也较为突出。

延安——在公共管理和社会组织职能上较为突出，即注重国家机关、社会经济管理机构、社会团体及组织的管理运行。

汉中——在金融不动产业的职能更为突出，这与汉中作为陕南地区、甚至周边省份毗邻区域中心城市而实现的快速发展有关；制造业地位相比以往有所下降。

榆林——在交通运输、仓储和邮政业，水利、环境和公共设施管理业以及公共管理和社会组织职能上比较突出。这与榆林及其周边高速、铁路融会贯通的交通网络密切相关；同时，榆林特殊、复杂的地貌单元以及脆弱的生态环境使得其对水资源利用、生态环境保护较为关注。

安康——在金融不动产业、科教文卫业以及公共管理和社会组织职能上较为突出。这与安康作为陕南地区中心城市而实现的快速发展密切相关，且安康对科教文卫事业以及社会公共管理与组织比较关注。

铜川、渭南、商洛——铜川处于资源型城市枯竭后的转型时期，渭南以农业为主且产业园区零散分布无法形成规模效应，商洛自身产业规模较小。因而这些城市在各行业的发展均未呈现出明显的职能特征，属于一般型城市。

表 5 – 12　　　　　　　　　陕西各城市各行业职能类型及强度划分

城市	$X_i - (M + n \times S.D)$	工业	建筑业	交通运输、仓储和邮政业	商贸信息服务业	金融不动产业	科教文卫业	水利、环境和公共设施管理业	公共管理和社会组织
西安	X_i	0.30	0.12	0.07	0.14	0.06	0.23	0.01	0.06
	$M + S.D$	– 0.08	0.00	0.01	0.04	0.00	– 0.08	– 0.02	– 0.18
	$M + 2S.D$	– 0.17	– 0.03	– 0.01	0.01	– 0.02	– 0.13	– 0.03	– 0.25
铜川	X_i	0.36	0.10	0.02	0.05	0.06	0.20	0.03	0.19
	$M + S.D$	– 0.03	– 0.01	– 0.04	– 0.05	– 0.01	– 0.12	– 0.01	– 0.06
宝鸡	X_i	0.41	0.07	0.06	0.07	0.03	0.23	0.02	0.11
	$M + S.D$	0.02	– 0.04	0.00	– 0.03	– 0.03	– 0.09	– 0.02	– 0.13
	$M + 2S.D$	– 0.07	– 0.08	– 0.02	– 0.05	– 0.05	– 0.14	– 0.02	– 0.20
咸阳	X_i	0.31	0.12	0.02	0.06	0.04	0.27	0.03	0.14
	$M + S.D$	– 0.07	0.01	– 0.04	– 0.04	– 0.02	– 0.05	– 0.01	– 0.10
	$M + 2S.D$	– 0.16	– 0.03	– 0.06	– 0.06	– 0.04	– 0.10	– 0.02	– 0.17
渭南	X_i	0.36	0.05	0.02	0.06	0.06	0.27	0.03	0.16
	$M + S.D$	– 0.03	– 0.06	– 0.04	– 0.04	– 0.01	– 0.05	– 0.01	– 0.09
延安	X_i	0.35	0.03	0.02	0.05	0.04	0.24	0.02	0.25
	$M + S.D$	– 0.03	– 0.08	– 0.04	– 0.05	– 0.03	– 0.08	– 0.01	0.00
	$M + 2S.D$	– 0.12	– 0.11	– 0.06	– 0.07	– 0.04	– 0.13	– 0.02	– 0.06
汉中	X_i	0.28	0.08	0.03	0.08	0.06	0.27	0.02	0.18
	$M + S.D$	– 0.10	– 0.03	– 0.02	– 0.02	0.00	– 0.05	– 0.01	– 0.07
	$M + 2S.D$	– 0.20	– 0.07	– 0.04	– 0.05	– 0.02	– 0.10	– 0.02	– 0.13
榆林	X_i	0.27	0.03	0.05	0.05	0.03	0.27	0.05	0.25
	$M + S.D$	– 0.11	– 0.08	0.00	– 0.05	– 0.03	– 0.05	0.01	0.00
	$M + 2S.D$	– 0.21	– 0.12	– 0.02	– 0.08	– 0.05	– 0.10	0.00	– 0.06
安康	X_i	0.12	0.07	0.02	0.09	0.07	0.36	0.01	0.27
	$M + S.D$	– 0.26	– 0.04	– 0.03	– 0.01	0.00	0.04	– 0.03	0.02
	$M + 2S.D$	– 0.36	– 0.08	– 0.05	– 0.04	– 0.01	– 0.01	– 0.04	– 0.05

续表

城市	$X_i - (M + n \times S.D)$	工业	建筑业	交通运输、仓储和邮政业	商贸信息服务业	金融不动产业	科教文卫业	水利、环境和公共设施管理业	公共管理和社会组织
商洛	X_i	0.16	0.11	0.05	0.06	0.06	0.34	0.02	0.19
	$M + S.D$	-0.56	-0.10	-0.05	-0.12	-0.06	-0.27	-0.05	-0.27

注：灰色表示优势职能，颜色越深，该项职能强度越强。

资料来源：根据《中国城市统计年鉴（2012）》相关数据计算而得。

（二）小城镇优势职能判别

小城镇是区域城镇体系的重要组成部分。我国狭义上的小城镇指除设市以外的建制镇，其中包括县城（本书中小城镇的含义）；广义上的小城镇还包括集镇。小城镇职能是经过长期演化而形成的，职能划分旨在揭示其在一定地域范围内的地域差异。对于陕西小城镇的主要职能，则根据其区位、资源条件及发展基础来划分并体现这种差异。一般来说，优越的交通区位条件和自然资源禀赋是该区域成为发展热点的先决条件，并在区域中形成独特的职能。

本书中小城镇限于陕西省县域（市、区）[1]，方法仍采用城市职能划分的纳尔逊法，以保持资料来源口径的一致性。与城市职能解析相似，对相近行业进行合并，但考虑到小城镇数量和职能的多元化特征以及部分小城镇突出的发展职能，将均值与半个标准差之和（$M + 0.5S.D$）作为职能显著的"门槛"，具体合并内容为：农、林、牧、副、渔业简称为农业，制造业、电力燃气及水的生产和供应业以及建筑业合并为工业，信息传输、计算机服务和软件业，批发和零售业，住宿和餐饮业，金融业，房地产业，租赁和商务服务业，水利、环境和公共设施管理业以及居民服务和其他服务业合并为商贸服务业，科学研究、技术服务和地质勘查业以及教育、卫生、社会保障和社会福利业、文化体育和娱乐业合并为科教文卫业，水利、环境和公共设施管

---

① 城市职能划分的数据来源于《中国城市统计年鉴》，而该年鉴中没有杨凌的数据，因此将杨凌放在县域部分讨论。

理业与公共管理和社会组织合并为公共管理与社会组织业，国际组织由于仅有2个县域的2人从事该行业，不存在可比性因而剔除。最终得到就业结构百分比、各行业描述性统计分析、职能类型及强度。

通过测算，将陕西县域（市、区）划分成如下类型：农业型、矿产开发型、工业型、交通主导型、科技型、商贸服务型、文化旅游型、行政中心型以及一般型城镇（见表5-13），这9种类型的小城镇在陕西城镇化进程中发挥各自优势，在职能上相互衔接和补充，与高等级城镇建立起了优势互补、分工明确、协调发展的职能体系。

表5-13　　　　　　　　　　　小城镇职能类型划分

地域主导职能	城镇类型
交通职能	交通主导型城镇
经济职能	矿产开发型城镇、工业型城镇
流通职能	商贸服务型城镇
文化职能	文化旅游型城镇
生产职能	农业型城镇、科技型城镇
行政职能	行政中心型城镇
无显著职能	一般型城镇

1. 农业型城镇（30个）

包括宜君、陇县、乾县、礼泉、永寿、长武、淳化、大荔、合阳、蒲城、富平、富县、洛川、宜川、黄龙、南郑、洋县、宁强、镇巴、留坝、横山、定边、佳县、清涧、子洲、紫阳、旬阳、洛南、商南、山阳。该类城镇的农业生产条件十分优越，产业结构以农业为主，工业基础比较薄弱，是服务区域的优质农产品生产地。

2. 矿产开发型城镇（11个）

包括太白、韩城、延长、子长、安塞、志丹、吴起、黄陵、略阳、神木、府谷等。此类城镇将本地煤、石油、有色金属、非金属等矿产资源开发与城镇发展有机结合，延伸产业链条，促进当地就业，城镇设施比较完备，大大推进了城镇化进程。其中，韩城、安塞、吴起、黄陵、神木、府谷的工矿职能十分突出,已经超过均值和 2 个标准差之和。

3. 工业型城镇（13 个）

包括户县、高陵、凤翔、岐山、扶风、眉县、凤县、武功、兴平、白水、勉县、汉阴、平利。此类城镇在钢铁、化学、建材、机械、电子、食品、纺织、轻工业等传统产业上发展基础较好,产业结构以工业为主,已经形成具备当地优势的主导产业。其中,户县、高陵、岐山、武功、兴平、汉阴的工业职能突出,已超过均值和 2 个标准差之和。

4. 交通主导型城镇（3 个）

包括三原、泾阳、绥德。这些城镇多分布在国家或省级重要交通干线沿线或交会处,经济地理区位优势明显,对外联系条件优越,成为人流、物流、信息流集汇和疏散的重要节点。其中泾阳的交通职能非常强,已经超过均值和 2 个标准差之和。

5. 商贸服务型城镇（8 个）

包括彬县、旬邑、华阴、延川、靖边、石泉、宁陕、岚皋。此类城镇商贸服务职能突出,具有较强的市场服务职能,是周边区域范围内重要的物资、农产品集散地,以商贸服务为主的第三产业发展优于第二产业发展。延川、石泉的商贸服务职能非常强,已经超过均值和 2 个标准差之和。

6. 文化旅游型城镇（1 个）

麟游以其卓著的自然风光和历史遗存资源使得文化旅游职能较其他职能更为突出,其发展是通过旅游资源的开发利用以及其配套设施的完善来为旅游业提供服务而形成的文化旅游型城镇。

7. 科技型城镇（1 个）

杨凌以其农业高新技术而著名,它区别于传统农业生产,且杨凌的科技农业职能十分显著,职能强度已经超越均值和 7 个标准差的和。

8. 行政中心型城镇（6 个）

包括潼关、佛坪、米脂、吴堡、镇坪、柞水,其在公共管理和社会组织等行政职能上较为突出,也反映了该类城镇其他职能不突出,整体发展较为滞后。

9. 一般型城镇（11 个）

一般型城镇包括蓝田、周至、千阳、华县、澄城、甘泉、城固、西乡、白河、丹凤、镇安。该类城镇的各项职能均不突出，从另一个侧面也反映了此类城镇没有形成突出的发展优势。

从空间分布上来看，农业型城镇主要分布在关中传统农业生产区以及陕北陕南的多个城镇；矿产开发型城镇与城镇自身矿产资源禀赋密切相关，主要分布在关中和陕北地区；工业型城镇仍以具有传统制造业为主要工业门类的城镇居多；交通主导型城镇主要集中在关中和陕北地区的处于多条交通要道连接点上的城镇；一般型城镇主要分布在陕南地区。

总之，多数小城镇为农业型城镇，多处于较低层次的地方服务中心，农业在县（市）层级的产业结构中占据重要地位，在承担和分担上一层级中心城市职能上作用十分有限。

第三节　本 章 小 结

在区域层面上，城镇化空间结格局主要体现为城镇化水平的空间差异和城镇空间格局（城镇体系的发育程度）上。

一、在区域城镇化水平空间格局上

需要从省域、市域及县域三个不同层面进行全方位审视，以期总结不同尺度下的城镇化发展规律与特征。第一，省域城镇化水平增速明显。第二，市域城镇化发展整体进入了快速发展时期，城镇化水平空间格局呈现出关中地区城镇化水平高于陕北地区、陕北地区高于陕南地区的规律；各城市城镇化空间发展差异较大，西安、铜川城镇化率较高，榆林、延安后发优势明显，渭南、商洛、安康城镇化水平略低。第三，县域城镇化空间聚集趋势逐步显现，人口向关中地区聚集趋势明显，整体上呈现北高—中间次之—南低的空间格局，区别于市域城镇化水平中间高、两头低的空间格局；从三大区域的空间聚集状况来看，关中地区高水平城镇化县域集中在西安、咸阳市区周边以及沿黄河秦晋豫金三角地区，陕北地区高水平城镇化地区集中于能源资源丰富的北部县域，而陕南地区较高城镇化水平县域集中在汉中盆地、安康月河川道以及汉江沿线。

二、在区域城镇空间格局上

从城镇等级规模结构、城镇空间分布、城镇职能解析三方面展开研究。城镇的等级规模结构体现了区域内部各城镇的规模大小之分与等级序列特征；城镇空间分布体现为城镇空间布局、城镇间空间关系以及由二者相互作用形成的结构形态；城镇职能反映城镇间的分工协作水平和地域组织专业化程度。

首先，在城镇等级规模结构上，城镇等级序列较为完整，已经形成了特大城市—大城市—中等城市—小城市—小城镇的有序的城镇等级结构，但同中心地理论的理想等级体系相比，陕西大、中、小城市数量偏少，城镇数量结构有待优化。城镇规模整体偏小，缺乏竞争力，对周边城镇的辐射带动也较弱。以两城市指数、四城市指数以及十一城市指数计算的城市首位度得出，区域核心城市——西安的首位度偏高，单核心极化效应明显，对周边城市的辐射牵引能力较弱，且其余城市较小的规模呈现出较弱的发展能力。

其次，在城镇空间分布格局上，城镇及人口密度呈现由关中向北、向南逐步扩散、减少的中密南北疏的特点，即关中地区高于陕南地区、陕南地区高于陕北地区的规律。以改进后的集聚—碎化指数为测算方法分析区域城镇空间分布情况，发现关中地区地形平坦，城镇布局最为分散，陕北地区城镇布局相对集中地布局在川道和沿河地区，陕南地区城镇布局最为集中，主要布局在小范围的盆地、川道和谷地中。以重力模型测算的城镇之间的相互联系程度，结果表明各地级市的最大引力城市均为西安，且引力强度远高于与其他城市之间的引力强度；从引力强度上看，关中地区城市总引力强度要高于陕南地区、陕南地区高于陕北地区；从空间联系广度和强度上看，县域城镇间空间联系较为薄弱。陕西现已形成了基于点—轴模式的多个城镇化重点发展区，关中地区形成了陇海铁路沿线、渭北地区城镇化重点发展区，陕北地区沿包茂高速公路沿线、陕北长城沿线形成了两条城镇发展主轴以及沿青银高速两侧的定边、靖边、子洲、绥德城镇发展副轴，陕南地区主要交通干线沿线和汉江、月河、丹江沿岸发展条件相对较好的地区形成了汉中盆地城镇密集区、月河川道城镇密集区以及沪陕高速沿线商丹谷地城镇密集区。

最后，在城镇职能解析上，以纳尔逊法辨析陕西城镇职能。从全省来看，陕西工业职能突出，同时公共管理及社会组织职能也较为突出，还注重水利、环境和公共设施管理等职能，而建筑、金融不动产、交通运输、商贸信息服务职能不显著。从城市职能比较来看，西安商贸信息服务职能较强，宝鸡工业职能较强，咸阳建筑业职能较强，延安公共管理和社会组织职能较强，汉中的金融不动产职能较强，榆林的水利环境与公共设施管理职能较强，安康科教文卫职能较强，而铜川、渭南、商洛城镇优势职能不显著。以上述方法，将全省县域按照其优势职能划分为农业型、矿产开发型、工业型、交通主导型、科技型、商贸服务型、文化旅游型、行政中心型以及一般型城镇。

第六章
区域城镇化空间演变过程

事物的发展过程伴随着普遍规律与特殊规律（马克思主义政治经济学概论编写组，2011）。城镇化研究不仅要揭示城镇化在空间上的特殊地域差异，也要总结城镇化时空演化过程的普遍规律。只有同时把时间和空间都纳入系统论中，才可能真正认识地理学的普遍性规律。因此，在分析区域城镇化空间格局的基础上，本章将进一步研究城镇化水平空间变化及城镇体系演化过程，探索区域城镇化的空间变化规律。

第一节　区域城镇化发展阶段划分

中华人民共和国成立以来，陕西城镇化水平不断上升，受政策和制度设计的影响与驱动（周一星，1989；王放，2011），陕西城镇化发展经历了两个显著不同的阶段（见图6-1）。

一、计划经济影响下的城镇化政策驱动时期

20世纪90年代以前，经济发展以国家计划性行政指令来配置资源，计划经济的特点在于注重公平。这一时期，计划经济体制对城镇化有较大影响。具体体现为：

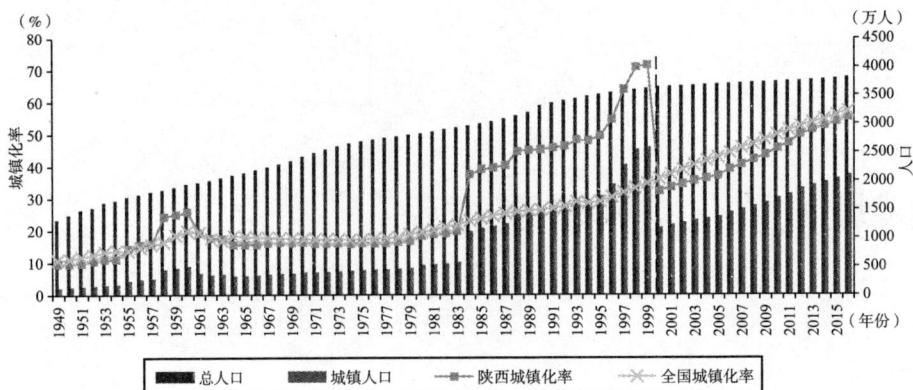

图 6 - 1　陕西城镇化水平发展过程

资料来源:《新中国六十年统计资料汇编》《中国国统计年鉴》。

中华人民共和国成立初期，国家出于政治、经济、安全的考虑，部署了均衡发展战略，将全国经济重心移至中西部地区，目的在于改变生产力、经济重心长期位于东部沿海地区的战略格局。受当时国际发展环境的影响以及考虑到苏联援建我国 156 个重点工程的布局要求，我国将中西部地区作为这些重点工程的首选地。国家将其中的 24 个重点工程布局在陕西，此外还在陕西安排了 50 余个与重点工程配套的大中型项目，拉开了陕西在中华人民共和国成立初期的大规模工业生产建设高潮的序幕，这开始改变陕西工业落后的面貌，为工业化发展奠定了坚实的基础。重点建设项目的引入使得一大批科研院所、技术人员流入陕西（如 1956 年国务院决定内迁的西安交通大学），同时囿于生产建设需要，许多工矿企业开始在农村招工。至"一五"[①] 末期，基本建立了以公有制占统治地位的计划经济体制。

"二五"[②] 时期，过于激进的城市发展政策使得城镇化出现了大起大落。在"大跃进"思想的影响下，城市基本建设规模盲目扩大。伴随着经济发展的波动，三年困难时期、经济滑坡、国家动员大批城镇人口返乡等问题和政策使得陕西城镇化发展在大起大落中出现了萎缩。

随着国际形势的演变以及周边环境的日趋严峻，我国于 1964 年开始了又

---

① 1953～1957 年。

② 1958～1963 年。

一次工业迁移运动——"三线建设",西北、西南成为三线建设的重点区域。在当时"先生产,后生活"和"靠山、分散、进洞"的工业布置原则的指导下,工业多布置在较为偏僻的地区,陕西的400多个三线建设项目中近90%远离城市,分散的分布在关中平原地区和陕南山区中,环境封闭且与外界交通联系不便,产品运输受限,且易受山洪、泥石流等自然灾害威胁,这种工业布局方式不仅造成了巨大的浪费,而且偏僻的位置难以聚集人口,限制了原有城市规模的增长,也很难形成新的城市。

之后,十年"文化大革命"是造成陕西乃至全国城镇化发展徘徊停滞的关键因素。这一阶段,政策动员导致的城市干部、知识青年的上山下乡运动使得城镇人口向农村倒流,在认识上歪曲并批判商品经济,限制了商品的自由流通,并挫伤集体和个体经济,第三产业发展严重受阻,城镇化基本上处于停滞状态。

改革开放政策的实施大大促进了城镇化的迅速发展。而这一阶段国家发展战略又从西部地区移向东部地区,倾向于沿海地区的率先发展,这使得该时期陕西在最初几年城镇人口以政策性增加为主,如知识青年返城、干部及知识分子家属农转非、高校恢复招生,而自由迁徙的人口规模仍十分有限。当沿海地区改革成果惠及内陆之后,经济复苏引致城镇人口快速增长。特别是1983年推广实行农村家庭联产承包责任制以后,大批农村剩余劳动力进城务工,再加上1984年户籍管理制度放宽、允许农民到城市经商务工,不但促进了城镇经济的发展,也加速了市镇人口的增长,期间市镇人口规模翻了近两番,一批小城镇迅速发展起来。

综上,在计划经济体制时期,政策推动是城镇人口增加、城镇化水平变化的主要原因。政策的不确定性使得城镇化发展呈现出曲折波动特征,难以总结城镇化发展变化的规律。

二、市场经济驱动下的城镇化自主发展时期

20世纪90年代,以邓小平南方谈话为标志,我国经济发展进入了由计划经济向市场经济转变的关键时期。自此,计划经济逐渐退出历史舞台,市场经济开始替代计划经济,成为配置资源的主体。而2000年以后,市场经济日趋成熟,市场经济体制已占据主导地位,其特点在于更加注重效率。这一时期,政

府对城镇化的具体干预力度大幅减弱，并趋向于宏观的指导与调控，城镇化发展基本遵循市场规律的变化，更能体现市场经济的规律性与自主性。具体体现为：

西部大开发战略给予西部地区大量的政策倾斜和优惠（王伟、钟鸿雁，2012），使得西部地区资源开发和产业发展步伐明显加快。"十一五"① 时期开始，凭借雄厚的工业发展基础及资源开发，陕西进入了城镇化快速发展时期。为了保障城镇化的稳步发展，省政府出台了包括《陕西省人民政府关于加大力度推进有条件的农村居民进城落户的意见》《陕西省人民政府关于加快重点镇建设推进全省县域城镇化的意见》《陕西省人民政府关于印发加快县域城镇化发展纲要的通知》在内的若干意见，引导城镇化不偏离正常发展的轨道。这一时期，国家统计局为了在统计上客观、真实地反映我国城市化的实际发展水平，于 1999 年底颁布了《关于统计上划分城乡的规定（试行）》，以此以新的市、镇人口统计口径进行第五次人口普查，城镇人口的统计口径则能够较为真实地反映城镇化水平②。陕西作为西部地区自然条件、社会经济基础和区位条件最为优越的省份，经济、社会得到了全面发展，工业基础得到了进一步夯实，城镇化水平也迅速提高。

综上，这一时期，在遵从城镇化自然历史演变的基础上，政府仅从宏观层面对城镇化发展进行把控，而非计划经济时期的具体调控，以保障城镇化能够在遵循自然历史规律和经济发展规律的前提下实现健康发展。

在第二个阶段中，一方面，20 世纪 90 年代后期城镇化统计口径与 2000 年及以后存在较大差别③，致使 90 年代后期城镇化水平未能真实反映城镇化发展状况（见图 6-1）；另一方面，2000 年以后陕西城镇化进入成熟、快速

---

① 2006~2010 年。

② 我国的建制标准的变化会带来城镇化水平在统计上的变化。纵然近几年有些专家认为"把部分流动人口考虑在城镇人口范畴之内使得现有人口城镇化水平虚高不合理"，但这不属于本书的讨论范围，因此不做深入细述。

③ 1983~1984 年间，大量县被设置成为建制市，许多乡被建制为镇，市镇人口的标准变为总人口（包括农业人口和非农业人口）这一口径上［市镇人口包括市、镇、县人口。1982 年以前：市人口为市管辖区域内的全部人口（含市辖镇，不含市辖县）；镇人口为县辖镇的全部人口（不含市辖镇）；县人口为县辖乡人口。1982 年以后：市人口为设区的市的区人口和不设区的市所辖的街道人口；镇人口为不设区的市所辖镇的居民委员会人口和县辖镇的居民委员会人口；县人口为除上述两种人口以外的全部人口］。市、镇数量的大幅增加解释了图 6-1 中 1983~1999 年城镇人口和城镇化率出现骤增这一异常现象。

发展时期，城镇化空间变化与经济发展的关系更为密切，且为保持全书研究
时间范围的一致性，选取 2000 年为时间起始点这一时间范围来研究区域城镇
化空间演变过程。

第二节　区域城镇化水平空间格局变化

区域城镇化空间格局是动态变化的，不同时期呈现不同的格局特征。对
于城镇化水平空间格局变化的研究，应基于不同时期城镇化水平的增长速度，
判别城镇化增长类型，在此基础上探索城镇化水平的空间变化规律，为判别
城镇化发展趋势提供依据。

一、城镇化空间增长类型划分

区域内部城镇化水平增长速度可以反映区域城镇化的发展潜力。以城镇
化水平增长率均值与 0.5 倍标准差对城镇进行类型划分，可充分考量城镇化
增长率对城市增长类型的重要性（顾朝林等，2008）。而区域内各城镇发展
是彼此联系的动态发展过程，其城镇化位次的变化也能够反映其在区域中发
展层次和发展水平，因而结合城镇化位次和增长率的时间变化来划分城镇发
展类型，以揭示区域内部城镇化发展程度的空间差异和特征。

以陕西县域单元（包含市辖区）多年份城镇化水平为基础数据，计算各城镇
城镇化水平增长率及其均值与标准差，将高于均值与 0.5 个标准差之和且城镇化
位序提高的县域划分为快速增长型城镇，将低于均值与 0.5 个标准差之差且城镇
化位序降低的划分为缓慢增长型城镇，其余为稳定增长型城镇。划分结果为：快
速增长型城镇有 27 个，稳定增长型城镇有 48 个，其余为缓慢增长型（23 个）。

快速增长型城镇主要集中于相较初始城镇化基数较低、现状发展水平较
高的县域，如蓝田、高陵、镇安、澄城、陇县等，多为大中城市周边发展条
件优越且潜力较大的城镇。

缓慢增长型主要为初始城镇化水平较高但现状城镇化发展一般的县域，
增速缓慢甚至是负增长，多为发展基础薄弱且发展潜力较差的城镇。

稳定增长型城镇城镇化水平增长速度介于以上二者之间，增长率变化不明

显，尤其是各地市市辖区，其城镇化水平已接近或进入"S"形发展的高级阶段，增长速度十分有限，但发展水平很高，发展重点已经落在城镇化质量的提升上。

二、城镇化空间变化趋势

结合增长类型划分结果，通过不同时段城镇化水平的变化进一步判别城镇化水平变化趋势。城镇化空间变化趋势需要从区域内部城镇化水平、城镇化增长的波动大小及区域内部城镇化差异角度进行判别。通过对陕西城镇化空间发展变化的分析，得出其城镇化空间变化呈现以下趋势。

趋势一：县域城镇化水平逐渐提高。2000年，多数县域城镇化水平在30%以下，与西安、咸阳、宝鸡市区的城镇化水平相距甚远。至2016年，城镇化水平在30%以上的县域占绝大多数，约2/3的县域已逾40%，陕北地区城镇化增长速度快于关中地区和陕南地区。

趋势二：城镇化增长趋于稳定。对变量或系统稳定与波动、集中与分散特征多用方差来描述，方差越小则波动越小，稳定性也就越好。2000年以来，陕西县域城镇化水平的方差总体趋势为在波动中减小（见图6-2），波动幅度在不断下降，且城镇化增长类型中多数县域处于稳定增长类型，也表明了陕西县域城镇化水平的增长趋于稳定。

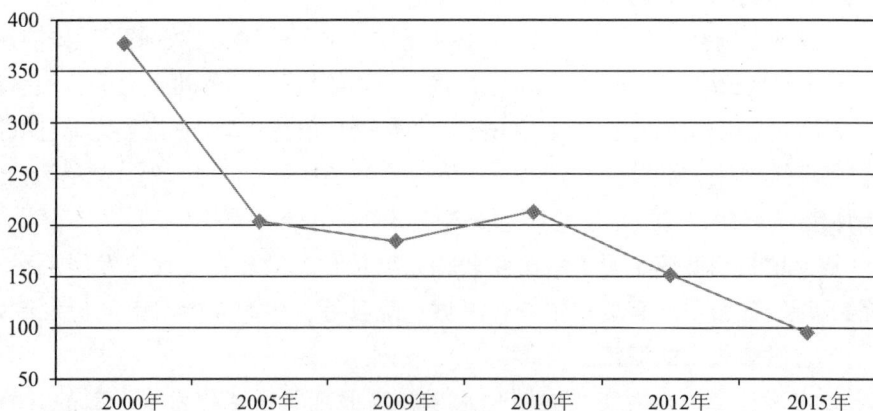

图6-2　不同年份县域城镇化方差变化

资料来源：根据《2016年陕西县域经济监测排行榜》相关数据计算而得。

趋势三：县域城镇化发展差异逐渐缩小。变异系数 *CV* 在地理数据空间差异研究中已得到广泛应用，它是用各年份城镇化率及各时段城镇化率年均变化率来刻画区域内部发展差异，实质是标准差与平均值的比（王伟、钟鸿雁，2012），用以反映县域城镇化偏离均值的程度。

$$CV = \frac{1}{\bar{x}} \sqrt{\frac{\sum_{i=1}^{n} (x_i - \bar{x})^2}{n-1}} \quad (i = 1, 2, \cdots, n) \qquad (6.1)$$

其中，$\bar{x}$ 为县域城镇化率均值，n 为县的个数，x_i 为各县城镇化率（刘彦随、杨忍，2012）。*CV* 越大，区域城镇化水平差异越大，反之则反。通过计算得出，2000 年、2005 年、2010 年、2012 年、2016 年陕西县域城镇化水平的变异系数分别为 0.80、0.45、0.39、0.27、0.21[①]，变异系数逐渐缩小，表明陕西县域间城镇化差距逐渐缩小，区域城镇化均衡发展态势已经显现。

第三节　区域城镇体系演化过程

城镇化过程与地域空间组织相伴存在、相互影响。一方面，城镇不仅是经济、人力、资本等要素在空间上的极核，而且会通过涓滴或扩散效应辐射带动周边地区发展；另一方面，城镇间又会通过关联、互动机制以及物质信息流与周围城镇相互关联。这种在区域层面上的内部与外部活动会引起区域城镇空间格局发生变化。合理的城镇空间组织对于优化区域资源配置、提高社会经济效益以及协调区域发展具有重要意义。城镇空间组织过程在区域尺度下集中表现为城镇体系的空间演化过程，是城镇体系发育程度、阶段以及演化过程的切实空间反映。

在城镇体系演化分析中，将采用中心性强度、Voronoi 图法、核密度分析法、探索性空间分析法以及纳尔逊法等方法，从城镇等级规模变化、空间结构演变及城镇职能变化三个角度剖析城镇体系演化过程。

---

① 根据《2016 年陕西县域经济监测排行榜》相关数据计算而得。

一、等级规模结构变化

城镇等级规模结构变化体现了不同时期城镇间动态相互作用的结果。目前，学术界对研究城镇空间相互作用的方法主要有两种，即经验分析法和理论模型法。经验分析法是通过大量实地调查获得第一手数据并进行分析，该方法调研量大，忽略因素少，适合小尺度区域研究（宗会明等，2013）；而理论模型法是通过构建理论模型对相互作用进行分析，是从实践中抽象出来的理想模式，需要实地调研数据较少，适用范围广，适合尺度较大区域的研究。因此，对城镇等级规模变化的研究主要采用理论模型法来阐释城镇间的相互作用。

等级规模结构的变化体现为城镇等级和规模的变化。规模变化体现了量变过程，等级变化体现了质变过程，规模变化（量变）是等级变化（质变）的前提，因而对区域城镇等级规模变化的分析要分别从规模和等级两个方面分析，并结合交通条件确定等级规模的变化。

（一）规模变化

在区域城镇发展的早期阶段，往往只有一个规模很大的首位城市，中小城镇严重缺乏，城镇体系尚未建立；随着大城市辐射带动作用的发挥以及部分城镇发展条件的改善，一批中小城镇逐渐出现，但大城市仍占优势地位；随着中等城市的进一步发展，规模分布曲线开始向直线转变，城镇体系开始出现；随着区域内各规模城镇的发展，区域内形成了拥有不同等级规模、发展成熟的区域城镇体系（见图 6 - 3）。

在以往研究中，多采用市区户籍人口或非农人口规模作为城镇规模的判定依据，而户籍制度约束性的下降使得区域间人口流动日益频繁，这对于流动人口较多的城市而言该口径偏小，对于流动人口较少的城市而言该口径则偏大，可见户籍、非农业人口已不能准确反映城市的准确人口规模（叶玉瑶、张虹鸥，2008）。鉴于此，同时考虑到数据的连续性，我们采用历年《陕西统计年鉴》中各城镇城区常住人口作为判定城市规模大小的指标。

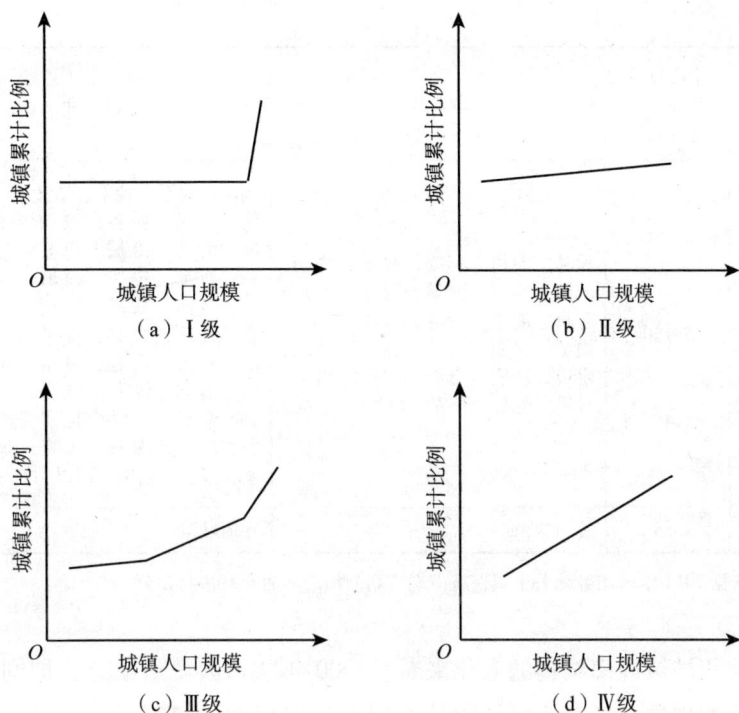

（a）Ⅰ级

（b）Ⅱ级

（c）Ⅲ级

（d）Ⅳ级

图 6 - 3　区域城镇规模分布发展变化模式

1. 城镇规模变化

以城镇中心城区常住人口为数据来源，将陕西城镇化分为特大城市、大城市、中等城市、小城市以及小城镇五种规模类型，城镇规模变化如表 6-1 所示。

表 6 - 1　　　　　　　　　　　城镇人口规模划分

类别	中心城区常住人口（万人）	2000 年	2016 年
特大城市	500~1000	西安	西安
大城市	100~500	—	宝鸡、渭南
中等城市	50~100	咸阳、渭南、安康、宝鸡、商洛、汉中	咸阳、安康、铜川、榆林、汉中、商洛、延安

101

类别	中心城区常住人口（万人）	2000 年	2016 年
小城市	5～50	榆林、铜川、延安、兴平、华阴、城固、神木、韩城、西乡、勉县、子长、洛南、户县、蒲城、三原、周至、汉阴、大荔、乾县、扶风、定边、泾阳、府谷、旬阳、横山、丹凤、陇县、长安、耀县、宝鸡县	杨凌、兴平、神木、靖边、韩城、高陵、华阴、府谷、城固、子长、三原、大荔、澄城、户县、泾阳、凤翔、西乡、定边、蒲城、乾县、麟游、洛南、扶风、横山、勉县、礼泉、合阳、彬县、富平、周至、岐山、蓝田、吴起、白水、旬阳、略阳、山阳、汉阴、陇县、丹凤、眉县、南郑、武功、延川、洋县、镇安、米脂、志丹、永寿、延长、安塞、绥德、商南、洛川、石泉、宁强
小城镇	<5	其他城镇	其他城镇

注：依据2014 年《国务院关于调整城市规模划分标准的通知》进行划分。

从陕西城镇规模结构的变化来看，2000 年陕西大城市缺乏，加剧了空间发展不平衡现象，城镇等级结构的断裂在一定程度上限制了西安向下一等级城市辐射的有效传导以及在整个区域中的辐射和带动能力。而至 2016 年，宝鸡、渭南跃升为大城市，有效缓解了城镇体系中大城市缺乏造成的断层现象，而中等城市数量偏少，小城市、小城镇比重过高，这说明以县城为重点的县城经济较为薄弱，集聚与扩散效应不显著。

2. 城镇规模变化规律

城市位序—规模分布规律最早是由奥尔赫（F. Auerbach）提出的（夏维力、李博，2006），他在观察城市规模变化与位序关系时发现，城镇规模与位序之间存在特定的数量关系（二者乘积为一常数）。许学强（1982），周一星、杨齐（1986）等应用位序—规模规律对我国及区域城镇规模分布规律进行了探讨。之后，该理论与模型在城镇体系规划与城乡规划的实践工作中便较为常见。

通过位序—规模方法试算，2000 年以来陕西城市位序—规模的相关系数 R^2 均小于 0.9，且回归系数均大于 1。考虑到二者具有天然的相关性，其相关系数应较高，理论上应至少达到 0.9，否则结果可信度不高；且如果相关系数不同，回归斜率之间也就没有可比性而言（周一星，2003）。此外，受限于所研究城镇数目众多，研究年份较长，无法收集到同一口径的数据，因而摒弃该种方法。

而基尼指数是由加拿大学者马歇尔提出的描述人口规模分布的指数，它可以反映城镇体系中人口规模的集中程度。具体表述为假设区域城镇体系由 n 个城市组成，各城市人口规模存在以下关系：$P_1 \geqslant P_2 \geqslant P_3 \geqslant \cdots \geqslant P_n$。$S$ 是 n 个城市的常住人口总和或整个城镇体系的总人口，T 是城镇体系中每两个城市之间人口规模之差的绝对值总和（苏飞、张平宇，2010），即 $T = \sum i \sum j(P_i - P_j)$。那么，基尼指数可表达为 $G = T/2S(n \sim 1)$。G 的取值范围在 $0 \sim 1$，如果城市间人口规模相差较大，则基尼指数较大，反之则反。当所有的城市规模相等时，$T = 0$，$G = 0$，城镇体系中城市人口规模分布实现均匀分散分布；当城镇体系的总人口都集中于一个城市时，$G = 1$，$T = 2S(n - 1)$。高位序城市的人口规模较大，容易导致基尼指数增大；而如果各城市规模较小且相差不大，则容易使基尼指数变小。由于城市基尼指数是由常数式基尼模型来拟合求解的，因此较好地弥补了位序—规模规律在城市规模差距较大时回归拟合欠缺所表现出的缺陷（叶玉瑶、张虹鸥，2008），也能较为全面地反映出城镇规模分布的整体状况及合理性，可看作对位序—规模规律的有益补充。

考虑到数据可获性及研究目的，选取陕西各城镇历年常住人口中非农业人口来计算基尼指数。从图 6 - 4 中可以看出，2000 ~ 2008 年陕西城镇规模基尼系数在波动中保持平稳，维持在 0.67 左右，表明高位序城镇的人口规模相对较大，垄断性较强，人口规模差异性较大；从 2009 年开始，基尼系数迅速下降，这表明各城镇间规模差距在逐渐缩小，中小城镇发展快于大城市。

（二）等级变化

确定城镇空间等级是城镇空间组织的第一要务（朱道才等，2011）。城镇等级变化应从城镇自身中心性强度及对周边的辐射影响范围两方面确定。

1. 城镇中心性

城镇中心性是中心地理论中的重要概念，是判断城镇等级的重要指标。中心地理论认为中心地等级是与相应等级城镇的中心性强度相对应的，中心

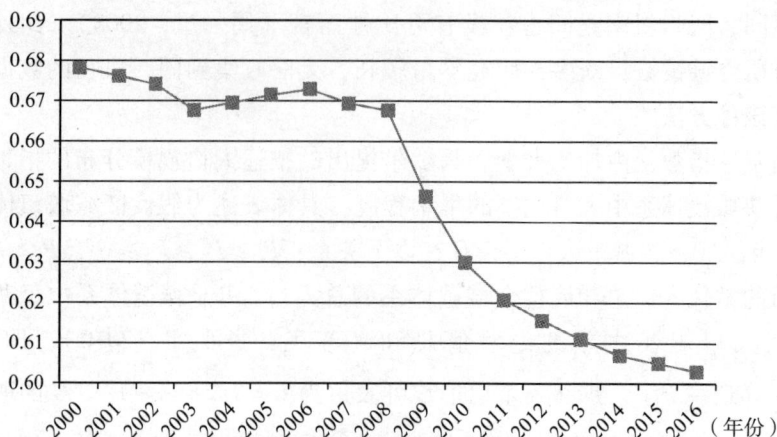

图 6 - 4　2000 年以来陕西城镇规模基尼系数变化

资料来源：依据陕西多年份非农业人口规模计算而来。

性反映了该城镇在区域范围内的综合实力及对周边城镇的带动影响强度，表现为为周边地区提供产品和服务的能力大小。目前，学者们多用多重指标综合度量的方法来研究区域内城镇的中心性强弱。

本书选取非农业人口（p_i）、生产总值（g_i）、地方一般预算收入（l_i）、社会消费品零售总额（r_i）来分别反映人口中心性、经济中心性、财政中心性和商贸中心性。中心性的计算公式如下，K_{g_i}、K_{l_i}、K_{r_i} 计算方法同 K_{p_i}。K_{T_i}（中心性）越大，表明该城镇中心性越强，反之则越低。

$$K_{p_i} = p_i / \frac{1}{n} \sum_{i=1}^{n} p_i \quad (i = 1, 2, \cdots, n) \tag{6.2}$$

$$K_{T_i} = K_{p_i} + K_{g_i} + K_{l_i} + K_{r_i} \tag{6.3}$$

$$K_{E_i} = (K_{p_i} + K_{g_i} + K_{l_i} + K_{r_i})/4 \tag{6.4}$$

根据上述公式计算 2000 年与 2012 年陕西城镇中心性。城镇等级以 K_E（均值）、K_T（中心性）节点为依据来划分，共划分为 5 个等级（见表 6 - 2）。

表 6 - 2　　　　　　　　　　　基于中心性的城镇等级划分

等级	K_T	K_E	2000 年	2012 年
1	$K_T > 100$	$K_E > 30$	西安	西安
2	$10 \leqslant K_T < 100$	$3 \leqslant K_E < 30$	宝鸡、咸阳	宝鸡、神木、咸阳

续表

等级	K_T	K_E	2000 年	2012 年
3	$4 \leqslant K_T < 10$	$1 \leqslant K_E < 3$	汉中、铜川、渭南、延安、安康、榆林、蒲城、神木、户县、韩城、商洛、富平、兴平	府谷、榆林、铜川、渭南、韩城、延安、汉中、吴起、靖边、定边、志丹、安康、蒲城、兴平、高陵
4	$2 \leqslant K_T < 4$	$0.5 \leqslant K_E < 1$	城固、蓝田、大荔、三原、周至、岐山、礼泉、南郑、澄城、泾阳、乾县、勉县、华县、凤翔、华阴、旬阳、安塞、洛南、志丹、洛川、府谷、合阳、白水、靖边、洋县、武功	凤翔、富平、彬县、户县、岐山、商洛、大荔、三原、黄陵、洛南、南郑、安塞、扶风、眉县、洛川、山阳、武功、华县、合阳、泾阳、蓝田、乾县、城固、华阴、礼泉、横山、澄城
5	$K_T < 2$	$K_E < 0.5$	潼关、黄陵、扶风、彬县、子长、高陵、眉县、西乡、延川、定边、杨凌、山阳、绥德、镇安、略阳、宁强、陇县、紫阳、吴起、丹凤、淳化、横山、汉阴、平利、旬邑、商南、镇巴、富县、石泉、凤县、岚皋、永寿、白河、长武、甘泉、柞水、延长、千阳、米脂、宁陕、清涧、子洲、佳县、宜川、太白、宜君、留坝、麟游、黄龙、吴堡、镇坪、佛坪	旬邑、凤县、子长、旬阳、勉县、周至、丹凤、镇安、白水、杨凌、绥德、陇县、商南、洋县、略阳、柞水、延川、西乡、潼关、紫阳、延长、宁强、长武、汉阴、富县、镇巴、甘泉、永寿、平利、淳化、米脂、石泉、麟游、子洲、宜君、白河、佳县、清涧、宜川、岚皋、千阳、宁陕、吴堡、太白、黄龙、镇坪、留坝、佛坪

2. 城镇影响范围

城镇空间影响范围的划分是确定城镇等级的基础。划分城镇空间影响范围的依据是城镇间相互作用强度及联系密切程度。常用来判定城镇影响范围大小的方法有断裂点和 Voronoi 图法。断裂点模型仅考虑城市人口规模，而影响城市影响范围的因素不仅仅是人口规模，还有区位、经济发展、城镇间交通便捷度等（朱道才等，2011），且计算区域内每个城镇到其与另一城镇之间断裂点位置后，用直线、圆弧还是其他类型线条来描述城镇辐射范围更为准确还有待进一步商榷。因而断裂点模型存在理论上的不合理性。

Voronoi 图法又叫泰森多边形法、冯洛诺伊图法，其得名于乔奇·沃若诺依（Georgy Voronoi）。Voronoi 图是连接两邻点直线的垂直平分线组成的连续多边形的集合，是由荷兰气候学家泰森在长期观测离散的降雨数据的基础上求得平均降雨量的测度方法。Voronoi 图的原理是将所有相邻气象站连成三角形，作这些三角形各边的垂直平分线，每个站点周围若干垂直平分线便围合成一个多边形区域（见图 6-5），即 Voronoi 多边形。随着地理信息技术的发展，Voronoi 图被应用于地理空间研究当中，用来构建地理要素的空间关系，能够很好地表达点与点之间的空间关系、点的影响范围等内容。城镇影响范围的划分即为很好的应用，区域内任意一点到该城镇的距离都小于到其他城镇的距离，该区域就是城镇的影响范围。

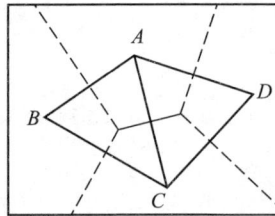

图 6-5　Voronoi 图构建原理

影响范围的确定是基于城镇发展实力的。这里采用非农业人口（P）、生产总值（G）、地方一般预算收入（L）、社会消费品零售总额（R）四个指标来综合测度城镇发展实力，发展实力 Q 的计算公式如下：

$$Q = \sqrt[4]{P \times G \times L \times R} \tag{6.5}$$

以 ArcGIS 10.2 的 Geostatistical Analyst 为分析工具，分别对地级城市和县（市）进行 Voronoi 图分析，得出城镇的影响范围受行政边界的影响较大，对较远距离城镇的辐射带动作用有限。其中，西安、铜川、延安、安康、杨凌的影响范围已经超越自身行政区划界线（见表 6-3）。

表 6-3　　　　　　　　　　　陕西城市影响范围

地级市	影响范围	地级市	影响范围
西安	蓝田、户县、高陵、柞水、三原	汉中	南郑、城固、洋县、西乡、勉县、宁强、略阳、镇巴、留坝

续表

地级市	影响范围	地级市	影响范围
铜川	宜君、洛川、黄龙、黄陵、旬邑、白水、富平	榆林	神木、府谷、横山、靖边、绥德、米脂、佳县、吴堡、清涧、子洲
咸阳	兴平、礼泉、淳化、泾阳	安康	汉阴、石泉、宁陕、紫阳、岚皋、平利、镇坪、旬阳、白河、镇安
宝鸡	岐山、太白、凤翔、千阳、凤县、陇县	商洛	洛南、山阳、丹凤、商南
渭南	华阴、华县、潼关、蒲城、大荔、澄城、合阳、韩城	杨凌	长武、彬县、乾县、麟游、永寿、乾县、扶风、武功、眉县、佛坪
延安	延长、甘泉、富县、宜川、延川、清涧、子长、安塞、志丹、吴起、定边		

根据城镇中心性及其影响范围，采用自然断裂法将所有城镇划分成五个等级（见表6-4）。

表6-4   基于中心性和影响范围的城镇等级划分

等级	2000 年		2012 年	
	数目	城市名称	数目	城市名称
1	1	西安	1	西安
2	2	宝鸡、咸阳	3	宝鸡、咸阳、神木
3	5	铜川、渭南、延安、汉中、安康	11	榆林、铜川、渭南、延安、府谷、韩城、汉中、安康、靖边、蒲城、兴平
4	24	神木、榆林、韩城、蒲城、兴平、户县、富平、岐山、商洛、三原、南郑、大荔、洛南、泾阳、华县、蓝田、澄城、乾县、华阴、礼泉、城固、旬阳、勉县、周至	40	高陵、户县、定边、凤翔、彬县、富平、岐山、志丹、商洛、三原、吴起、南郑、大荔、洛南、黄陵、泾阳、华县、扶风、蓝田、山阳、眉县、澄城、横山、乾县、华阴、礼泉、城固、洛川、合阳、旬阳、勉县、武功、凤县、旬邑、周至、子长、安塞、丹凤、白水、镇安
5	62	其他城镇	39	其他城镇

（三）等级规模变化

城镇等级规模的变化在综合考虑上述城镇人口规模变化以及以城镇中心性、影响范围确定的等级变化的基础上，将陕西境内主要交通线路对城镇等级规模的影响考虑进去，最终确定城镇等级规模。

采用常用的五级打分法为表6－1、表6－2、表6－4中各等级城镇由高到低依次赋予9分、7分、5分、3分、1分，交通线路赋分如表6－5所示。根据得分最终确定陕西2000年、2012年城镇等级规模划分结果（见表6－6）。

表6－5　　　　　　　　　陕西主要交通干线沿线城镇汇总

类型	主要交通线路	沿线城镇（2000年交通沿线城镇用粗体表示）	分值
航空	—	西安（9/9）、榆林（7/7）、延安（5/5）、汉中（3/3）、安康（3/3）[a]	见左
铁路	南北向	府谷、神木、榆林、米脂、绥德、子长、延安、甘泉、富县、黄陵、蒲城、白水、铜川、富平、三原、咸阳、西安 韩城、西安 陇县、千阳、宝鸡、凤县、略阳 西安、柞水、旬阳、安康、紫阳 西安、渭南、商洛、丹凤、商南	5
铁路	东西向	宝鸡、陈仓、眉县、杨凌、武功、兴平、咸阳、西安、临潼、渭南、华县、华阴、潼关[b] 勉县、汉中、城固、西乡、石泉、汉阴、安康、旬阳、白河	5
高速公路	包茂高速	神木、榆林、横山、靖边、安塞、延安、洛川、黄陵、宜君、铜川、西安、柞水、镇安、安康、紫阳	5
高速公路	青银高速	定边、靖边、子洲、吴堡	5
高速公路	青兰高速	宜川	5
高速公路	连霍高速	宝鸡、陈仓、扶风、杨凌、武功、兴平、咸阳、西安、临潼、渭南、华县、华阴、潼关	5
高速公路	福银高速	长武、彬县、永寿、咸阳、西安、蓝田、山阳	5
高速公路	沪陕高速	商洛、丹凤	5
高速公路	京昆高速	韩城、合阳、富平、高陵、西安、户县、宁陕、洋县、城固、汉中、南郑、宁强	5

续表

类型	主要交通线路	沿线城镇（2000年交通沿线城镇用粗体表示）	分值
高速公路	十天高速	略阳、勉县、汉中、西乡、石泉、汉阴、安康、旬阳、白河	5
	高速环线	西安、户县、周至、武功、乾县、三原、渭南、蓝田	
	其他高速	府谷、榆林、米脂、绥德、清涧、 吴起、志丹、延川 凤翔、麟游、彬县、旬邑、白水、澄城、合阳 陇县、千阳、凤翔、陈仓、眉县、太白、留坝、汉中、南郑	
国道	G108	韩城、合阳、富平、西安、周至、佛坪、洋县、城固、汉中、勉县、宁强	3
	G210	榆林、米脂、绥德、清涧、延川、延安、甘泉、洛川、黄陵、宜君、铜川、高陵、西安、宁陕、石泉、镇巴	
	G211	旬邑、淳化、三原	
	G307	定边、靖边、绥德、吴堡	
	G309	富县、宜川	
	G310	宝鸡、陈仓、眉县、咸阳、西安、临潼、渭南、华县、华阴、潼关	
	G312	长武、彬县、永寿、乾县、礼泉、咸阳、西安、蓝田、商洛、丹凤、商南	
	G316	凤县、留坝、汉中、城固、西乡、石泉、汉阴、安康、旬阳、白河	
省道		略c	

注：a. 按照航线数量打分，榆林6条，延安5条，汉中1条，安康1条。括号内分值分别为2000年和2012年分值。b. 陇海铁路线于1953年全线贯通。c. 本书中城镇是县城及以上城镇，这些城镇均都有省道贯穿，在得分中累加的结果不会改变城镇所处等级规模，因而在此不计入总得分中。

资料来源：《陕西省"十五"基础设施建设专项规划》《陕西省"十二五"交通运输发展规划》《陕西省高速公路网规划图》。

表6-6 陕西城镇等级规模结构变化

等级	2000年		2012年	
	得分	城市名称	得分	城市名称
I	[80，+∞)	西安	[80，+∞)	西安
II	[30，80)	咸阳、宝鸡、渭南、安康、榆林、延安	[30，80)	咸阳、**汉中**、安康、榆林、宝鸡、渭南、延安

续表

等级	2000 年		2012 年	
	得分	城市名称	得分	城市名称
Ⅲ	[20，30)	铜川、汉中、韩城、富平、华阴、商洛、兴平、旬阳、华县	[20，30)	铜川、**神木**、韩城、**靖边**、旬阳、**城固**、商洛、**武功**、兴平、**府谷**、富平、华阴、**三原**、**眉县**、**合阳**、**蓝田**、**彬县**、**绥德**、**石泉**、华县、**黄陵**、**丹凤**、**勉县**
Ⅳ	[10，20)	三原、神木、眉县、黄陵、户县、蒲城、潼关、城固、武功、绥德、靖边、合阳、丹凤、定边、洛川、府谷、勉县、乾县、周至、高陵、米脂、白河、商南、凤县、甘泉、富县、蓝田、白水、陇县、扶风、横山、礼泉、子长	[10，20)	户县、定边、高陵、**南郑**、**凤翔**、蒲城、米脂、**西乡**、**汉阴**、洛川、乾县、白水、潼关、白河、**志丹**、**吴起**、周至、**商南**、陇县、略阳、扶风、横山、**澄城**、**安塞**、**山阳**、凤县、**千阳**、**旬邑**、**洋县**、**紫阳**、**柞水**、**永寿**、**延川**、**杨凌**、**礼泉**、**子长**、**镇安**、甘泉、富县、**长武**、**宜川**、**宁强**、**留坝**、**吴堡**、**清涧**、**宁陕**、**麟游**
Ⅴ	[0，10)	其他城镇	[0，10)	其他城镇

注：2012 年相对于 2000 年等级发生变化的城镇用加粗字体表示。

陕西城镇等级规模结构发生较大变化。与 2000 年相比，Ⅰ 级城镇仍为西安，其综合得分远高于其他城镇；Ⅱ 级城镇以地级市为主，其中汉中跃升为 Ⅱ 级城镇，仅次于西安和咸阳；铜川、商洛仍为 Ⅲ 级城镇，神木、靖边、府谷、彬县、黄陵进入 Ⅲ 级城镇行列，与能源开发密不可分，其余城镇则与坚实的经济发展基础和交通条件改善有关；Ⅳ 级城镇的数量由 33 个上升至 47 个，成为整个城镇体系中数目最大的类别，多为发展条件一般的县（区）；Ⅴ 级城镇数目大幅减少，由 44 个减至 16 个，仍多集中在发展基础薄弱、发展条件差、交通便捷度较低、地理环境限制较大的落后县域。其中，Ⅲ 级城镇数量增长最快，Ⅳ 级城镇虽数量变化不大，但多由以往 Ⅴ 级城镇提升而来，表明以人口规模、中心性和辐射范围确定的城镇等级规模中间层级城镇综合实力不断增强（见图 6-6）。

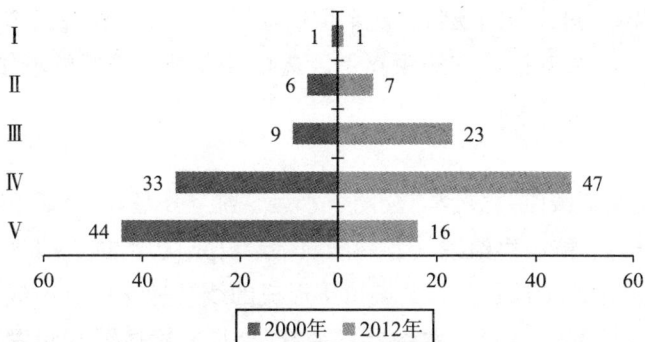

图 6 - 6 各等级城镇数量变化

二、空间结构演变

（一）区域空间结构

区域空间结构是由若干个在区域发展中处于领先地位的城镇为极核、以串联主要城镇的线状基础设施（束）为发展轴带、以面状区域为主体功能的区域城镇空间形态。它是自然、人文等要素长期作用下的抽象与概括，是点、线、面等要素在空间上的相对位置关系和空间分布形式。在区域规划中，运用点—轴开发模式确定区域空间结构是一件事关区域发展全局的工作，是许多国家和地区引导空间结构优化、实现人口经济合理布局的重要方式（樊杰等，2013）。

1. "点"

"点"指经济活动在空间上聚集引起人口等其他要素向该点聚集从而形成的点状分布形态，是区域中的各级中心城镇，它们均有各自的吸引和影响范围，是一定范围内人口和产业集中的地方。点的判别应考虑以下因素。

（1）城镇发展条件、地位。根据各等级城镇的位置、发展条件，分析其在区域城镇体系中的主要职能和发展方向，明确各自的影响范围。一般来说，要优先选择发展条件优越、在区域中占据较高地位、对发展轴的形成和发展作用较大的城镇作为中心城镇。

（2）城镇规模。一般来说，城镇规模包括人口规模、用地规模、经济规模等。城镇规模越大，其吸引范围就越广，辐射能力就越强，往往能够成为中心城镇。

（3）城镇空间分布的现状。确定重点发展城镇时，应根据城镇空间分布现状，在与中心城市相适宜的距离上，选择发展条件较好的城镇作为重点，使其成为次一级发展中心。

2. "线"

"线"指交通线路（铁路、公路、水运、航空等组合）、通信线路（各种通信设施线路）、能源供给线（各种能源供给设施）、给排水线（各种水利设施）以及由一定数量线状分布的城镇所形成的线，是连接点的线状基础设施束；线状基础设施经过的地方称为"轴带"，是城镇体系空间发育要素流动的集散通道（陆大道，2002）。线的判别应考虑以下因素。

（1）有水陆交通干线作为轴带的依托。水陆交通干线不仅是连接不同等级中心城镇之间的连接线，也是各城镇间要素流通的渠道。一般来说，具备多种功能的轴带可成为区域发展主轴，如铁路、高速、河流等多种功能的线状设施；反之，单一功能的线路则较难成为区域发展轴。

（2）自然条件优越、用地条件好、资源禀赋优厚的地带。一般来说，地势平坦开阔、无断裂带、工程地质水文条件较好、不受灾害威胁，以及水资源、矿产资源禀赋雄厚且无须大量土石方工程的地带是空间轴带优先选择的地方，这样可以提高轴带的时间效率和资本效率。

（3）经济发展较好的区域或者工业带为佳。区域发展轴线的作用之一是要带动轴线周边区域的发展，因而不是一般的交通线路或水系，其实质是经济发展轴，应具备较强的经济吸引力和凝聚力。

3. "面"

"面"指点、轴在一定地理空间范围内聚集并进行渐进式扩散所形成的较为密集的连续分布区域，如城镇密集区域、城市群等。面的判别需要考虑以下因素。

（1）面状区域内各城镇间联系密切。城镇之间紧密的相互作用会不断增强各城镇的发展实力，增强城镇间联系，形成网络状空间格局，进而扩大城镇的辐射影响范围。

（2）面状区域内形成不同等级的中心城镇和发展轴带。均质的面状区域内城镇间相互作用强度较弱、缺乏紧密联系。城镇等级的存在是传递辐射的前提，只有存在等级之差的面状区域才能够实现城镇间相互作用的增强和辐射作用的等级间传导。

可见，区域空间结构的演化必然要求以"点—轴开发模式"对区域空间进行组织（陆大道，2002）。点和轴对周边区域具有很强的吸引力和凝聚力，反映了区域社会经济客体的空间组织过程和规律，回答了地理研究中过程和格局的关系问题（陆大道，2001）。点、轴扩散是渐进式扩散，扩散的结果即形成了面状发展形态。因此，点—线—面的空间演进形式是地域经济组织发展变化的客观趋势，这种演进趋势顺应了城镇发展在空间上首先聚集成点，然后不断沿轴线渐进式扩展的客观要求，对发挥聚集经济极为有利。

因而，本书基于点—轴开发模式，按照"中心城镇（点）—城镇空间轴带（线）—城镇化重点发展区（面）—城市群（面）"的演化思路来分析陕西区域空间结构的演变过程（见图6-7、图6-8）。

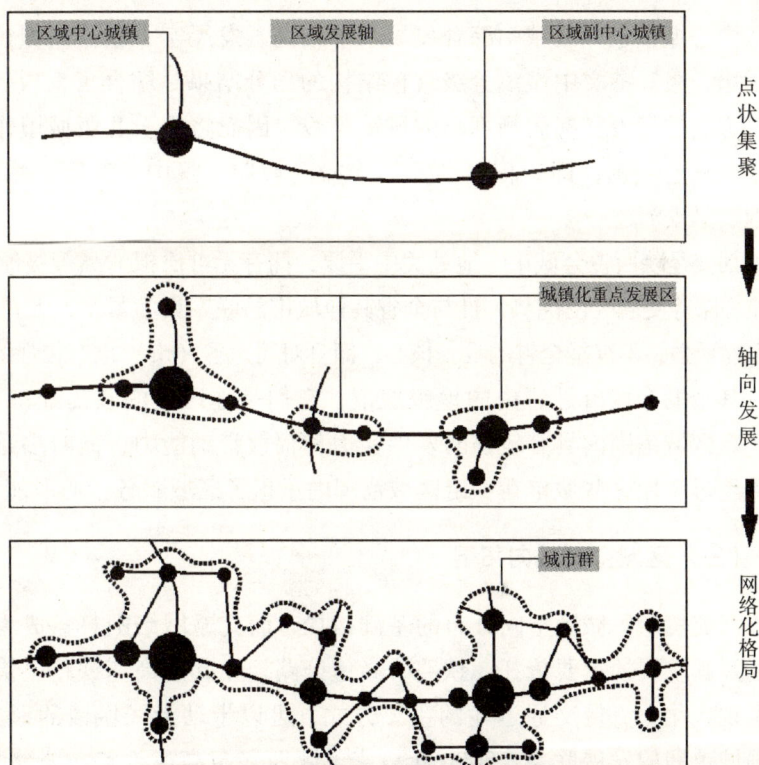

图6-7　基于点—轴理论的区域城镇空间组织过程

113

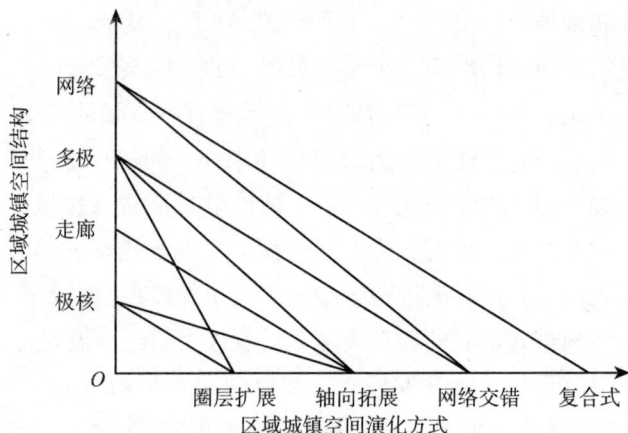

图 6 - 8　区域城镇空间格局与演化的关系

（二）区域中心城镇的形成

中心城镇也即区域中综合发展水平较高、发展实力较强的城镇，是区域中的增长极。前文中城镇等级规模结构的划分结果是综合了人口、经济、社会等方面的发展指标而测算出的城镇等级，因而将Ⅰ、Ⅱ级城镇作为区域发展中的核心城镇，即一核（西安）多极（咸阳、汉中、安康、榆林、宝鸡、渭南、延安）。

西安是陕西省会城市，地处关中平原，拥有无可比拟的高等级航空、铁路、高速公路等交通区位优势，且与全省其他城市的联系最为紧密，人口规模最大，中心性最强，不仅是全省的唯一核心，而且对周边省（市）也有较强的影响力。

其余七个城市是省内的地级城市，它们是地区性的政治经济文化中心，在一定区域范围内具有较强的发展实力和辐射带动能力，同时多条骨干交通线路经过，使这些城市在一定区域范围内承担了区域服务中心职能。

（三）区域空间轴向拓展

河流奠定了城镇空间分布的基础格局，而交通网络则日益成为城镇空间布局及其发展的重要依托。铁路、高速公路，尤其是高速铁路、快速轨道交通是现代化大流量交通运输的主要方式，可以带动沿线城镇的形成及演化，增强城镇间的发展联系。2000 年以来，陕西多条高速铁路、公路相继建成，对周边沿线城镇发展的带动作用日益显现（见图 6 - 9、图 6 - 10）。

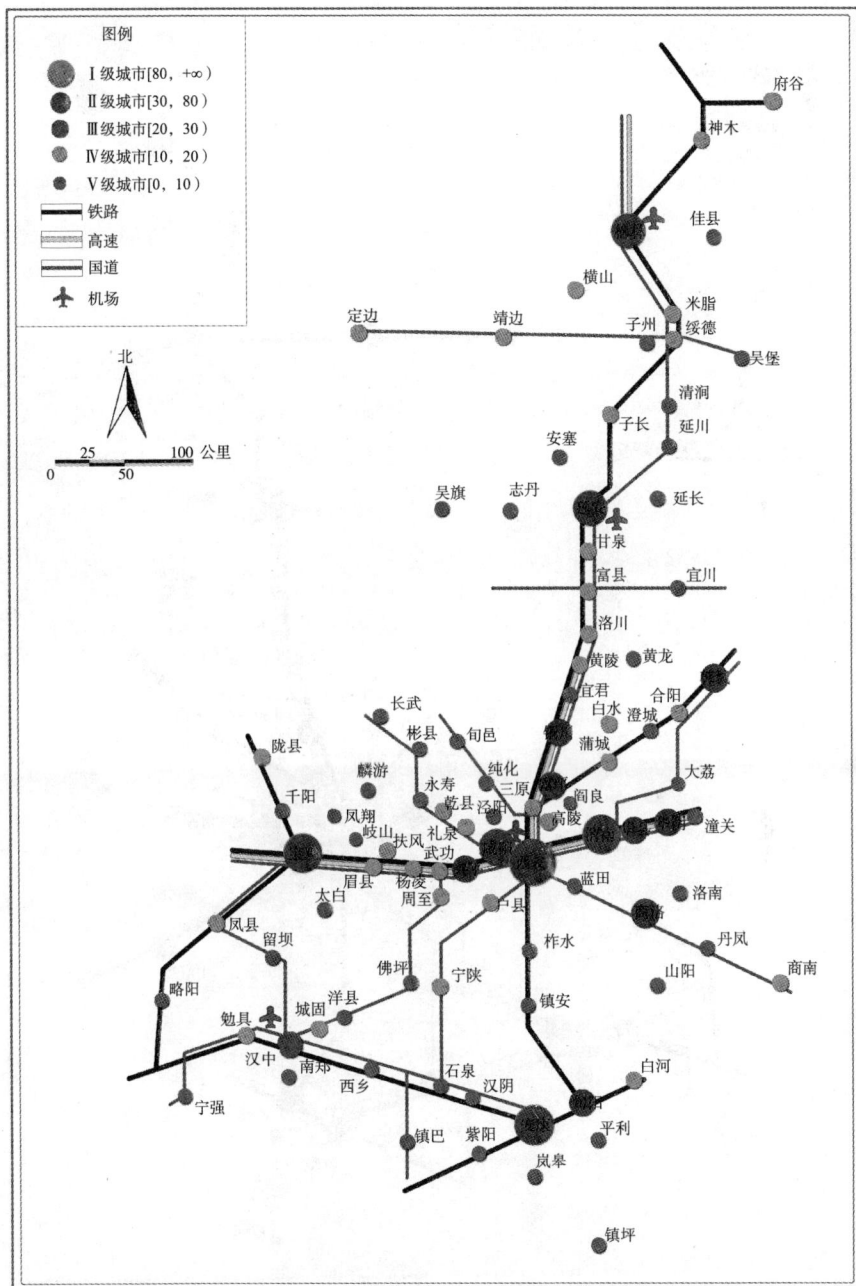

图 6-9 交通轴线对陕西城镇空间结构演变的影响（2010 年）

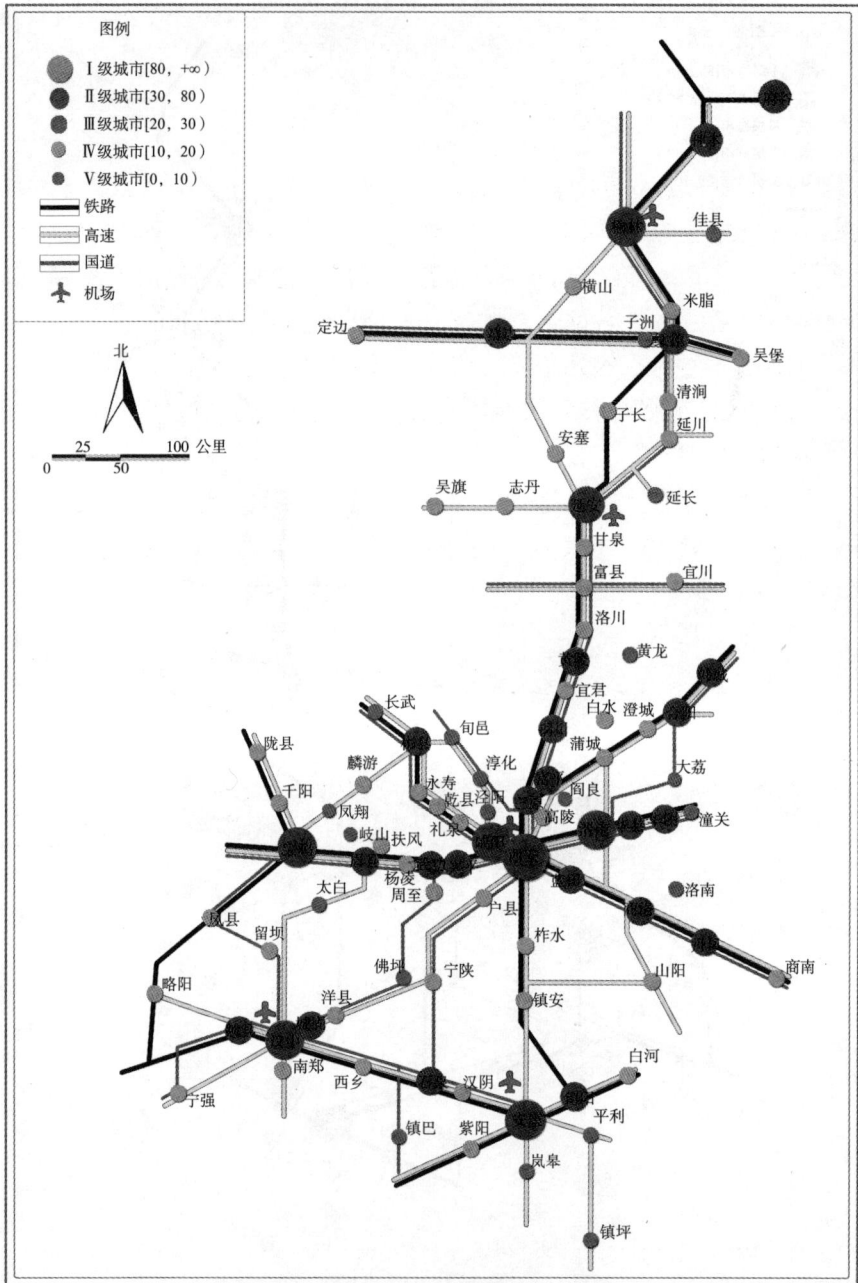

图 6-10　交通轴线对陕西城镇空间结构演变的影响（2015 年）

随着主要交通干线的建成和交通网络体系的进一步完善，陕西城镇空间逐渐形成了轴向扩展的态势，实现了加强内外城镇间联系、整合区域发展空间、轴向辐射带动周边的目的。

1. 主要轴带的确定

主要轴带应该是能够体现区域整体发展实力的轴线，应联通区域内重要的发展城镇来搭建省域空间骨架。陕西地形南北狭长，东西较窄。能够贯穿南北的交通线路有包茂高速公路和西包—西康铁路，贯穿东西向的交通线路有陇海铁路和连霍高速公路，且东西向还有渭河贯穿，以上均是由多个功能集中起来的轴线。由于这几条线路的沿线分布着陕西区域经济和社会发展比较好的城镇。而且历来水系沿线都是城镇分布的主要地区，因而可以将西包—西康铁路和包茂高速公路、陇海铁路和连霍高速公路沿线作为城镇发展的主要轴带（见表6-7）。从这两条主轴的空间布局来看，二者相交于省会西安，可将西安这个核心城市巨大的资源、要素传送出去，带动省域其他城镇的发展。

表6-7　　　　　　　　　　　　陕西城镇发展轴带

方向	主次	轴带名称	主要线路		轴带所经城镇
纵向	主轴带	西包—西康铁路和包茂高速公路沿线城镇发展轴	● 西包—西康铁路 ● 包茂高速公路	● G210 ● S206	榆林—横山—靖边—安塞—延安—富县—洛川—黄陵—宜君—铜川—三原—西安—柞水—镇安—安康—紫阳
横向	主轴带	陇海铁路和连霍高速公路沿线城镇发展轴	● 陇海铁路 ● 连霍高速公路 ● 渭河	● G310 ● S107	潼关—华阴—华县—渭南—西安—咸阳—兴平—武功—杨凌—扶风—眉县—宝鸡
	次轴带	明长城沿线城镇发展轴	● 青银高速 ● 包茂高速 ● 明长城	● G307 ● S204	府谷—神木—榆林—横山—靖边—定边
		十天高速及阳安铁路沿线城镇发展轴	● 阳安铁路 ● 十天高速 ● 汉江	● G316 ● S309	略阳—汉中—城固—洋县—西乡—石泉—汉阴—安康—旬阳—白河

资料来源：《陕西省"十五"基础设施建设专项规划》《陕西省"十二五"交通运输发展规划》《陕西省高速公路网规划图》。

——西包—西康铁路和包茂高速公路沿线城镇发展轴是以西（安）—包（头）和西（安）—（安）康铁路及包茂高速公路为依托，把原本空间联系不便的关中、陕北、陕南以南北方向串联起来，不仅加强了省域南北城镇间的联系，也为城镇间要素流通提供了通道，成为省域内部城镇发展和联系的"脊骨"。该轴带周边的靖边、洛川、三原等城镇都是当地发展水平较高的城镇，一些城镇已经成为区域发展的增长极，对周边城镇的带动作用已经开始显现。

——陇海铁路和连霍高速公路沿线城镇发展轴是亚欧大陆桥上城镇迅速增长的地区，亦是我国国土空间开发东西向陇海—兰新城镇发展轴上城镇最为密集、经济发展实力较强的地段。该地段未来仍将是省域人口和产业快速聚集、经济规模迅速壮大、城镇快速增长的地区。该轴带的发展将会进一步辐射影响到周边近距离的大荔、蒲城、三原、泾阳、周至、兴平、礼泉、乾州、岐山、陇县、凤翔等城镇，其发展实力逐步增强。

2. 次要轴带的确定

从主要轴带的空间走向来看，两条轴带均穿过关中地区，仅有西包—西康铁路和包茂高速公路穿越陕北、陕南地区。为了进一步带动陕北、陕南地区的发展，需要以同样的方式各选择一条地区性发展轴线作为陕西区域发展次轴。陕北地区明长城沿线历来都是城镇密集分布的地区（褚清磊，2010），并且青银高速、包茂高速也在此经过，因此可将长城沿线作为陕西城镇空间结构的一条轴带。陕南地区的区域性交通干线——十天高速、阳安铁路主要沿地形条件较好的汉中盆地和汉江沿线布局，且串联了陕南地区三大区域性中心城市——汉中、安康、商洛，因而将十天高速及阳安铁路沿线作为另一条城镇发展次轴（见表6-7），以此进一步完善区域城镇空间架构。

——明长城沿线城镇发展轴沿线地区煤、石油、天然气等能源资源异常丰富，是我国能源化工基地的重要组成部分。该轴带的核心城市是榆林，其他主要城镇沿东北—西南轴向发展。随着能源化工产业链的延伸，轴带的就业及人口承载能力逐步增强，带动了陕北地区城镇的发展。该条轴带沿线的府谷、神木、榆林、横山、靖边、定边等城镇的综合实力已显著增强。

——十天高速及阳安铁路沿线城镇发展轴具有区域性双中心城市的特征，即汉中、安康这两个汉江流域中心城市。轴带所经区域有色金属、生物资源十分丰富，且以制造业为代表的工业已具备较强的基础，区域性重要交通设施的建成打通了以往比较封闭的联系通道。该轴带的培育对于陕南地区，尤其是汉江沿线地区城镇一体化发展具有重要作用。该条轴带沿线略阳、城固、洋县、西乡、石泉、汉阴、旬阳等城镇对周边区域的带动作用已逐步显现，已成为轴带上的增长极点。

目前，陕西仍处于轴线拓展的区域空间结构演变的初级阶段。随着区域内交通通信设施以及信息网络的建设，各等级城镇间的联系将会不断加强，区域发展轴带将向沿线、周围腹地辐射推进，将逐步形成有序化、网络化的区域空间结构。

（四）城镇化重点发展区变化

城镇化重点发展区域即由不同等级城镇组成的地理条件良好、区位条件优越、经济社会发展基础较好、城镇间联系紧密的区域。不同的发展阶段、资源禀赋类型、历史背景、交通条件、经济基础形成了城镇化重点发展区由初级、规模较小、不成熟阶段向高级、规模增大、成熟阶段的演进（陈春林，2011）。城镇重点发展区在空间上的测度方法有核密度（Kernel密度）分析法和探索性空间数据方法。本书以核密度分析法得出的人口分布峰值区作为城镇聚集区；用探索性空间分析法明确城镇化发展的"热点"和"冷点"区域，将"热点"区域作为重点发展区域中的核心城镇优先发展；最终由城镇化聚集区与"热点"区确定城镇化重点发展区（见图6－11）。

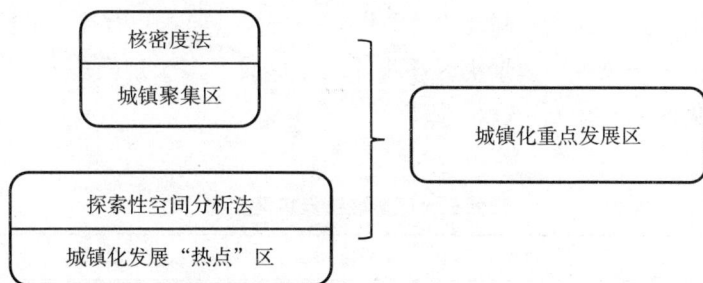

图6－11 城镇化重点发展区的确定

1. 城镇聚集区与"热点"区的判定

（1）基于核密度分析法的城镇聚集区确定。

核密度法是一种非参数估计方法，其原理是借助一个相当于窗口的单元格对点格局的相关密度进行估计，在此基础上生成等值线密度图，从而识别区域空间上所要表达内容的峰值区，具有概念简洁、表达直观等优点（顾朝林、庞海峰，2007）。运用 ArcGIS 10.2 空间分析模块中的密度工具，依托五普、六普中的城镇人口数据，按照 25 千米、40 千米获取搜索半径，对陕西城镇空间进行了时间序列的核密度分析，得到陕西城镇聚集区的分布及演化。

经分析发现，2000 年，陕西城镇空间分布存在显著分异。首先，无论是半径 $R=25$ 千米还是 $R=40$ 千米，区域内空间聚集方向是一致的，仍体现出关中聚集程度高于陕北、陕南的发展格局。其次，三大区域空间聚集趋势进一步显现，城镇聚集尚处于初级阶段，空间影响区域均较小，表现为地级城市的极核作用比较明显，多与周边城镇开始形成聚集区，而与地级市相距较远的城镇则仍以县城为中心，尚未形成人口聚集趋势，较为明显的聚集区有渭南—西安—咸阳城镇聚集区、武功—杨凌—扶风—岐山城镇聚集区、韩城—合阳城镇聚集区、耀州—富平城镇聚集区、榆林—横山城镇聚集区、绥德—米脂城镇聚集区、延安—延长—延川城镇聚集区、汉中盆地城镇聚集区以及安康月河川道城镇聚集区。

随着城镇间联系的增强，以上城镇聚集区实现进一步发展，表现为聚集区范围的扩大和聚集强度的增强，渭南—西安—咸阳城镇聚集区向南、北纵深扩张，向西与武功—杨凌—扶风—岐山聚集区相连并延伸至宝鸡，韩城—合阳聚集区以韩城为核心向南延伸至澄城、蒲城，耀州—富平聚集区以耀州为核心向南绵延至西安；除此之外，彬县—长武、神木—府谷、子长—安塞、洛南—商洛—丹凤等城镇聚集区逐步涌现，形成了多个规模多样、形态各异的城镇聚集区（见表 6-8）。

表 6-8　　　　　　　　　陕西三大区域城镇聚集区变化

区域	2000 年	2012 年
关中地区	渭南—西安—咸阳、武功—杨凌—扶风—岐山、韩城—合阳、耀州—富平	关中渭河沿线、韩城—合阳—澄城—蒲城、耀州—富平、彬县—长武

续表

区域	2000 年	2012 年
陕北地区	榆林—横山、绥德—米脂、延安—延长—延川	榆林—横山、绥德—米脂、神木—府谷、延安—延长—延川、子长—安塞
陕南地区	汉中盆地、石泉—汉阴—安康	汉中盆地、石泉—汉阴—安康—旬阳、洛南—商洛—丹凤

可以发现这些城镇化重点发展区域都是由多个发展基础较好、空间联系紧密的城镇组成的，因而可作为今后推进陕西城镇化的发展重点，增强其核心城镇实力的同时也可带动周边地区的发展。

（2）基于探索性空间分析法的城镇化"热点"区确定。

探索性空间分析法（ESDA）是利用区域、单元之间的空间自相关性来探索社会、经济、地理等现象的空间分布特征与差异（王法辉，2009）。自相关分析的前提是构建空间权重矩阵，可根据区域空间拓扑关系来构建（见图 6 - 12）。这种拓扑关系可基于 R 邻接与 Q 邻接建立（孟斌等，2005）。R 邻接（Rook contiguity），也称边邻接，指两个多边形有一段共同的边界；而 Q 邻接（Queen contiguity），也称广义邻接，指两个多边形有一段共同的边界和邻接顶点，或者基于点（如多边形的重心之间的距离）（见图 6 - 13）。鉴于各区域现阶段相互联系程度的加剧和联系方式的复杂性，将点之间的距离因素考虑到区域空间权重矩阵的构建中较为合适，因而邻接权重的构建采用 Q 邻接。

R 邻接：基于邻接的空间权重矩阵，其定义为：

$$w_{ij} = \begin{cases} 1 & \text{当区域 } i \text{ 与 } j \text{ 邻接，} \\ 0 & \text{当区域 } i \text{ 与 } j \text{ 不邻接。} \end{cases}$$

Q 邻接：基于距离的空间权重矩阵，其定义为：

$$w_{ij} = \begin{cases} 1 & \text{当区域 } i \text{ 和 } j \text{ 的距离} < d \text{ 时，} \\ 0 & \text{当区域 } i \text{ 和 } j \text{ 的距离} \geq d \text{ 时。} \end{cases}$$

空间自相关分析包括全局分析和局部分析。ESDA 软件可以实现全局和局部空间自相关分析来揭示要素的空间依赖性和空间异质性，并建立空间计量模型。全局分析用于探索某属性在空间上的分布特征，局部分析则探索其在区域中是否存在平滑（均质、聚集）还是变异（异质、离散）特征（马晓冬等，2007；彭立、刘邵权，2012）。

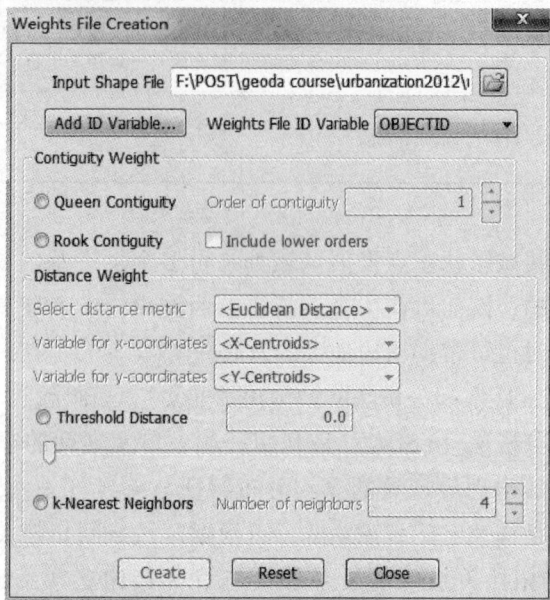

图 6 – 12　空间权重构建窗口

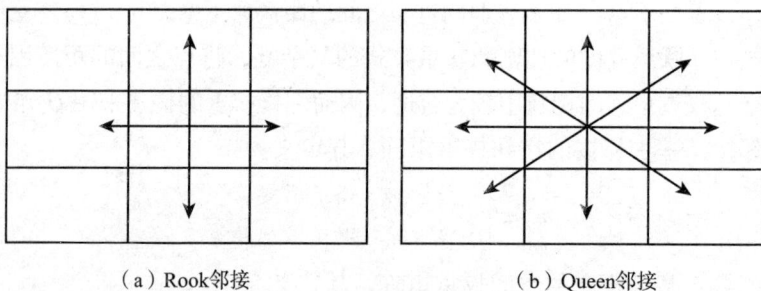

（a）Rook邻接　　　　　　　　　（b）Queen邻接

图 6 – 13　空间邻接类型

①全局自相关分析（Moran's I）。

全局空间自相关分析的基本测度是莫兰指数（Moran's I），Moran's I 最初来源于统计学中的皮尔逊相关系数（Pearson 相关系数）。Moran's I 是将相关系数推广至自相关系数，进而将时间序列的自相关系数推广到空间序列的自相关系数，最后以加权函数（weighting function）来替换滞后函数（lag function），将一维空间推广到二维空间，得到 Moran's I（陈彦光，2009）。其实质是标准化的空间自协方差。全局自相关用来描述区域中所有研究单元之间的关联程度、空间分布模式及其显著性。

$$I = \frac{\sum\limits_{i=1}^{n} \sum\limits_{j=1}^{n} (X_i - \bar{X})(X_j - \bar{X}) W_{ij}}{S^2 \sum\limits_{i=1}^{n} \sum\limits_{j=1}^{n} W_{ij}} \tag{6.6}$$

其中，$S^2 = \dfrac{\sum\limits_{i=1}^{n} (X_i - \bar{X})}{n}$，$S^2$ 是研究样本的方差，n 为研究单元数目，X_i 表示地区 i 的变量数值，X_j 为地区 j 的变量数值，$\bar{X}$ 为变量 X 的均值。W_{ij} 是 $n \times n$ 的空间相邻权重矩阵，对于二值编码（0，1）相邻矩阵，当地区 i 与地区 j 相邻时，W_{ij} 为 1，不相邻则为 0。对于标准化相邻矩阵，如果地区 i 有 n 个相邻区块，当两个区块相邻时，$W_{ij} = 1/n$，否则 $W_{ij} = 0$。Moran's I 指数取值范围为 [−1，1]，取值越接近 1 表明正相关性越强，取值越接近 −1 表示负相关越强（见图 6–14），取值为 0，表明地区间在空间上相对独立（王伟进、陆杰华，2012）。Moran's I 指数有其对应的服从正态分布的期望值和方差，据此可以构建 Z 统计量来对 Moran's I 指数进行统计检验。散点越靠近原点，空间正相关越明显。

$$Z(I) = \frac{I - E(I)}{\sqrt{\mathrm{var}(I)}} \tag{6.7}$$

式中，$E(I)$ 表示数学期望；$\mathrm{var}(I)$ 为总体方差。

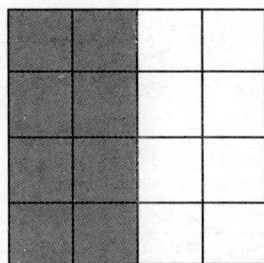

Moran's I >0（正相关）　　　　　　Moran's I <0（负相关）

图 6–14　空间自相关正、负结果示意

　　为了测度陕西县域城镇的全局空间关联水平，用 GeoDa 软件计算得出四个年份的 Moran's I，p 在 0.005 的水平上均通过了显著性检验，说明县域城镇化存在空间依赖与空间相互作用，具备空间上的集聚特征。

　　从四个年份对比来看，县域城镇化 Moran's I 数值处于缓慢提高阶段（见图 6 - 15）。2000 年 Moran's I 为负，表明区域城镇化水平与周边县域城镇化水平呈负相关，2005 年呈现正相关，体现了县域之间城镇化发展的正向相互影响，2010 年 Moran's I 有所上升，正相关性加强，而 2012 年有所下降，但仍呈正相关。总体上看，陕西县域城镇化空间相关性较弱。

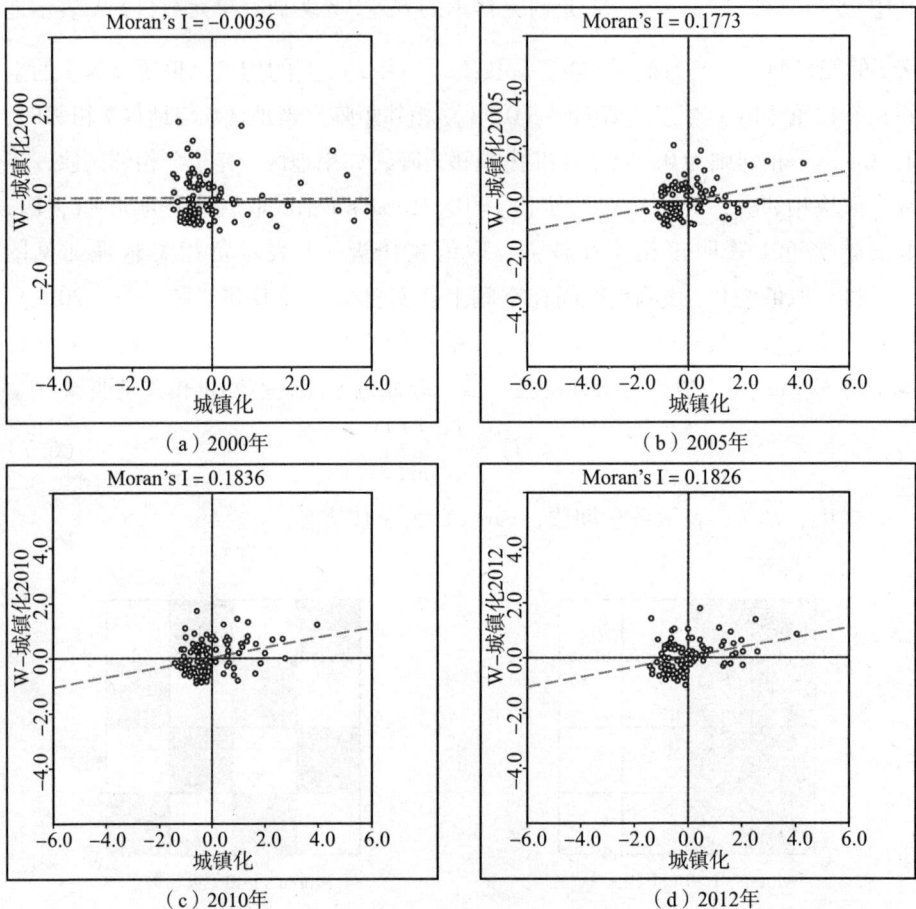

（a）2000年　　　　　　　　　　（b）2005年

（c）2010年　　　　　　　　　　（d）2012年

图 6 - 15　2000 年、2005 年、2010 年、2012 年县域城镇化 Moran 散点图

Moran 散点图分为四个象限，每个象限代表不同的空间相互作用关系（见表6－9）。"高高"（第一象限Ⅰ）表示该区域、空间单元和周围区域、单元的属性值均较高，即城镇化发展"热点"区，"低低"（第三象限Ⅲ）则与"高高"相反，表示该区域、空间单元和周围区域、单元的属性值均较低，即城镇化发展"冷点"区。落入"高高""低低"区域的空间单元之间存在着较强的空间正相关性，若这两种类型区域数目有所增加，则表明区域极化现象日益突出。反之则表现为区域发展均衡化趋势；"高低"（第四象限Ⅳ）表示该区域、空间单元属性值较高，而周围较低，也可称为离散区或孤岛区，有可能成为区域的增长极，"低高"（第二象限Ⅱ）表示该区域、空间单元的属性值较高，而周围则较低，也可称为离散区或萧条区，需要接受"高高"区的辐射和虹吸作用；落入"高低""低高"区域的空间单元存在较强的空间负相关性，即异质性突出（葛莹等，2005；鲁凤、徐建华，2007；黄飞飞等，2009；王磊等，2012）。

表6－9 Moran 散点图象限含义

	第一象限	第二象限	第三象限	第四象限
含义	高高集聚（HH）	低高集聚（LH）	低低集聚（LL）	高低集聚（HL）

从区域城镇化空间类型演变来看，中心城市多属 HH 型、HL 型区域，其中西安、咸阳始终属于 HH 型区域，杨凌受周边县域城镇化发展影响而在 HH 型、HL 型之间徘徊；HH 型、HL 型区域自身发展水平较高且有效地带动了周边县域的发展；宝鸡、榆林、延安在 2010 年之后由 HL 型转向 HH 型，对周边县域的发展有显著影响；铜川、汉中始终属于 HL 型区域，表明其发展并未带动周边县域发展；渭南、安康则分别由 HH 型、HL 型转变为 LL 型，一方面说明自身发展优势逐渐削弱，另一方面也说明周边县域也受到中心城市的带动作用越来越小；而商洛则一直处于 LL 型，自身及周边县域发展条件较差，县域之间相互联系强度和影响程度较低。

从县域城镇化空间分布来看，县域城镇化水平空间格局经历了从分散到聚集的过程，相关性逐渐增强（图6－15中虚线斜率）。2000 年，第一象限（HH）共有 13 个县域，即自身城镇化和周边县域城镇化水平均较高，主要分布在陇海铁路关中段、延安市区及周边一些发展条件较好的地区,如西安、咸阳、延安等;第二象限(LH)共有 31 个县域,即自身城镇化水平低于周边县域城镇化水平,与周边县域发展呈负相关,形成了城镇化发展的洼地,主要分布在关中地区以及陕南汉中;第三象限(LL)共有 38 个县域,即自身城镇化和周边县域城镇化水平均较低,是四类空间作用关系中最多的一类,主要分布在陕北和陕南大部分县域,自然地理条件限制、自身发展基础薄弱、发展潜力不大;第四象限(HL)有 16 个县域,即自身城镇化水平高于周边县域城镇化水平,主要为三大区域中一些发展条件优越、突出的县域,表明即使在城镇化水平普遍较低的区域,也有因行政、政策等因素而形成的资本、人力等要素的极化现象,如安康、汉中等地(见表 6 – 10)。

表 6 – 10 2000 年陕西城镇化县域聚类

聚集类型	象限	数目	名称
HH	I	13	西安、临潼、咸阳、兴平、渭南、潼关、延安、延长、延川、甘泉、黄陵、城固、府谷
LH	II	31	长安、蓝田、周至、户县、高陵、宜君、宝鸡县(陈仓区)、凤翔、扶风、眉县、陇县、千阳、凤县、太白、三原、泾阳、乾县、礼泉、旬邑、武功、华县、大荔、富平、安塞、宜川、南郑、洋县、勉县、宁强、留坝、洛南
LL	III	38	麟游、永寿、彬县、长武、淳化、合阳、澄城、蒲城、白水、子长、吴起、富县、洛川、黄龙、镇巴、佛坪、横山、靖边、定边、绥德、米脂、佳县、吴堡、清涧、子洲、汉阴、石泉、紫阳、岚皋、平利、镇坪、旬阳、白河、丹凤、商南、山阳、镇安、柞水
HL	IV	16	阎良、铜川、宝鸡、岐山、韩城、华阴、志丹、汉中、西乡、略阳、榆林、神木、安康、宁陕、商洛、杨凌

与 2000 年相比,2005 年神木、靖边、高陵、眉县、阎良等县则由于矿产资源开发、科技水平的提高而成为 HH 型区域;宜川、大荔、潼关、商洛、西乡从非 LL 型转变为 LL 型,与周边县域处于低水平聚集状态;吴堡、子长、延安、渭南的周边县域发展环境的变化而成为 HL 型;横山、定边、甘泉、城固

等则由于自身发展优势的削弱，相对于周边地区来说城镇化水平低于周边县域（见表6-11）。同理，受发展条件和环境的变化，2010年、2012年县域城镇化空间自相关性及空间聚集类型也相应发生变化（见表6-12、表6-13）。

表6-11　　　　　　　　　　　2005年陕西城镇化县域聚类

聚集类型	象限	数目	名称
HH	Ⅰ	20	西安、阎良、长安、户县、高陵、扶风、眉县、凤县、咸阳、三原、泾阳、乾县、兴平、延川、志丹、吴起、黄陵、府谷、靖边、杨凌
LH	Ⅱ	27	临潼、蓝田、周至、宜君、陈仓、凤翔、陇县、千阳、太白、礼泉、旬邑、淳化、武功、华县、富平、延长、安塞、甘泉、南郑、城固、洋县、勉县、宁强、留坝、横山、定边、洛南
LL	Ⅲ	36	麟游、永寿、彬县、长武、潼关、大荔、合阳、澄城、白水、富县、洛川、宜川、黄龙、西乡、镇巴、佛坪、绥德、米脂、佳县、清涧、子洲、汉阴、石泉、紫阳、岚皋、平利、镇坪、蒲城、旬阳、白河、商洛、丹凤、商南、山阳、镇安、柞水
HL	Ⅳ	15	铜川、宝鸡、岐山、渭南、韩城、华阴、延安、子长、汉中、略阳、榆林、神木、吴堡、安康、宁陕

表6-12　　　　　　　　　　　2010年陕西城镇化县域聚类

聚集类型	象限	数目	名称
HH	Ⅰ	22	西安、阎良、长安、高陵、凤县、咸阳、三原、兴平、延安、延川、子长、安塞、志丹、吴起、甘泉、勉县、榆林、神木、府谷、横山、靖边、定边
LH	Ⅱ	23	临潼、蓝田、户县、宜君、陈仓、凤翔、陇县、千阳、太白、泾阳、旬邑、武功、富平、延长、南郑、城固、洋县、宁强、略阳、留坝、清涧、子洲、镇安
LL	Ⅲ	43	周至、岐山、扶风、眉县、麟游、乾县、礼泉、永寿、彬县、长武、淳化、华县、潼关、大荔、合阳、澄城、蒲城、白水、富县、洛川、宜川、黄龙、西乡、镇巴、佛坪、绥德、米脂、佳县、吴堡、汉阴、石泉、宁陕、紫阳、岚皋、平利、镇坪、旬阳、白河、商洛、洛南、丹凤、商南、山阳
HL	Ⅳ	10	铜川、宝鸡、渭南、韩城、华阴、黄陵、汉中、安康、柞水、杨凌

表 6 – 13   2012 年陕西城镇化县域聚类

聚集类型	象限	数目	名称
HH	I	27	西安、阎良、长安、户县、高陵、宜君、宝鸡、凤翔、岐山、扶风、眉县、凤县、咸阳、三原、兴平、大荔、安塞、志丹、吴起、黄陵、宁强、榆林、神木、府谷、靖边、定边、杨凌
LH	II	22	临潼、蓝田、周至、陈仓、陇县、千阳、太白、泾阳、礼泉、旬邑、武功、华县、合阳、富平、延川、甘泉、宜川、南郑、洋县、留坝、横山、略阳
LL	III	39	麟游、乾县、永寿、彬县、长武、淳化、渭南、蒲城、白水、延长、富县、洛川、西乡、黄龙、镇巴、佛坪、绥德、米脂、佳县、吴堡、清涧、子洲、安康、汉阴、石泉、宁陕、紫阳、岚皋、平利、镇坪、旬阳、白河、商洛、洛南、丹凤、商南、山阳、镇安、柞水
HL	IV	10	铜川、潼关、澄城、韩城、华阴、延安、子长、汉中、城固、勉县

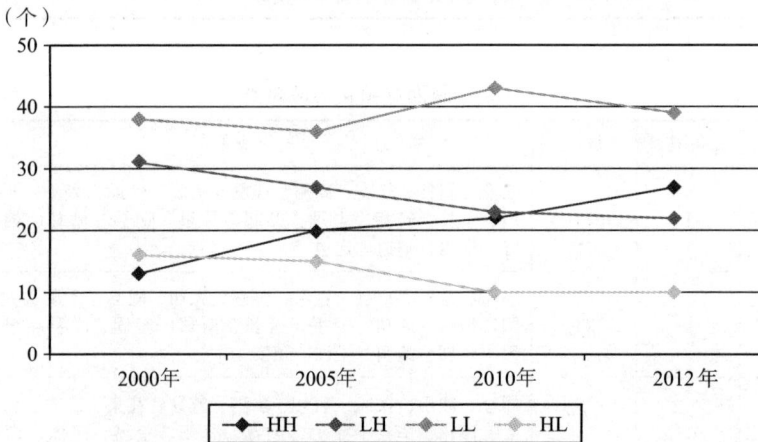

图 6 – 16　四种类型区域数量变化

从四种类型区域数量上来看，LL 型区域在全省中的数量最多，一直居高不下，在 40 个左右，且 HH 型区域不断上升，表明在这些区域城镇化空间聚集现象日益突出；LH 型区域数量大幅度下降，HL 型区域数量也在缓慢下降，表明该类型区域通过自身条件的完善和周边较高发展水平城镇的辐射带动，与周边区域的差距在不断缩小，区域发展趋于均衡。

②局部空间自相关（LISA）。

在全局存在自相关的基础上，进行局部自相关分析，以探索区域城镇化空间发展异质性。局部空间自相关通常用空间联系局域指标（LISA）来表示，它反映的是全局空间 Moran's I 向局部乃至单个空间单元的分解，可以明确表现某区域、单元与周边区域、单元之间的联系，可用于识别"热点、冷点区域"并进行空间异质性检验（local spatial autocorrelation）（Anselin L. et al.，2006；韦素琼等，2007；王磊等，2012；李波、张吉献，2013）。

$$I_i = Z_i \sum_{i,j=1}^{n} Z_j W_{ij} \tag{6.8}$$

其中，$Z_i = \dfrac{(X_i - \bar{X})}{\sqrt{\dfrac{1}{n} \times \sum\limits_{i=1}^{n} (X_i - \bar{X})^2}}$，$Z_j = \dfrac{(X_j - \bar{X})}{\sqrt{\dfrac{1}{n} \times \sum\limits_{i=1}^{n} (X_j - \bar{X})^2}}$。$Z_i$、$Z_j$ 为观测

值的标准化标准差形式。通过局部空间 Moran's I 统计量进行自相关检验（LISA 检验），LISA 的 Z 检验为：

$$Z(I_i) = \dfrac{I - E(I_i)}{\sqrt{\mathrm{var}(I_i)}} \tag{6.9}$$

当 Z 为正且显著时，表明相邻区域存在正的空间自相关，相似的观测值趋向于空间集聚；当 Z 为负且显著时，表明相邻区域存在负的空间自相关，相似的观测值趋向于空间分散；当 Z 为零时，则空间分布呈现随机性。

在县域城镇化存在空间相关性的基础上，为进一步探索城镇化发展的"冷点"与"热点"区域，用局域空间自相关指数 LISA 对陕西县域城镇化与周边县域城镇化的空间差异性进行测算，并在 p 为 0.001 的水平上绘制 LISA 聚集图来反映空间聚集情况。根据学者对空间自相关分析中"热点""冷点"概念的辨别，"热点"区域一般指 HH 型区域，"冷点"区域指 LL 型区域。

通过测算，2000 年以来陕西城镇化发展的"热点"地区不断变化，"热点"地区由集中走向分散。2000 年，临潼、咸阳、渭南是城镇化发展"热点"区域，因为这些地区本身城镇化发展水平较高，且均位于城镇化水平更高的西安周围。当这些地区逐步发展起来之后，与西安的差距不断缩小，并且西安市区周边三原、高陵、长安、户县等县域受西安的辐射带动也逐渐发

展起来，使得本身城镇化发展较高的西安被 HH 型区域包围，也成为城镇化发展"热点"地区。随着陕北地区交通条件的改善以及能源开发，不少县域实现快速发展①，带动人口大量集聚，例如，位于包茂高速沿线、油气开发带动的并受靖边、延安市区、子长、志丹等周边高城镇化县域影响的安塞县。之后随着陕北地区大规模的能源开发，县域城镇化水平均有大幅度提高，神木、府谷、靖边、志丹、黄陵、安塞等县城镇化已超过 50%，处于高水平均衡状态，"热点"区域不明显；而西安国际化大都市建设又使得西安实现前所未有的发展，由此"热点"地区主要还是聚集在西安周围。

2. 城镇化重点发展区判定

城镇化重点发展区的确定要在由核密度法测定的城镇聚集区和由探索性空间分析法确定的城镇化发展"热点"区的基础上综合判定（见图 6 - 11）。城镇聚集区表明该类区域的人口密度较大，人口规模也达到一定规模，而人口聚集的结果主要是源于当地非农产业发展带来的经济发展所致。城镇化"热点"区是以不同年份城镇化水平来考量当年城镇化较为突出的区域，因而将四个年份的"热点"区纳入，作为核心发展城镇。最终，确定全省的城镇化重点发展区（见表 6 - 14、见表 6 - 15）。与 2000 年相比，渭河沿线城镇化重点发展区内的城镇趋于更为紧密的联系，澄城—蒲城、彬县—长武、神木—府谷、子长—安塞、洛南—商洛—丹凤等城镇化重点发展区已经形成。

表 6 - 14　　　　　　　　　　2000 年城镇化重点发展区

区域	城镇聚集区	"热点"区	城镇化重点发展区
关中地区	渭南—西安—咸阳、武功—杨凌—扶风—岐山、韩城—合阳、耀州—富平	临潼、咸阳、渭南	渭南—西安—咸阳、武功—杨凌—扶风—岐山、韩城—合阳、耀州—富平
陕北地区	榆林—横山、绥德—米脂、延安—延长—延川	—	榆林—横山、绥德—米脂、延安—延长—延川
陕南地区	汉中盆地、石泉—汉阴—安康	—	汉中盆地、石泉—汉阴—安康

---

①　神木、府谷等城镇化较高的县域不是"热点"区的原因在于他们与周边县域的城镇化发展水平差异不大，空间相关性不是很显著，但不代表其城镇化水平低于其他县域。

表 6 – 15 2010 年城镇化重点发展区

区域	城镇聚集区	"热点"区	城镇化重点发展区
关中地区	关中渭河沿线、韩城—合阳—澄城—蒲城、耀州—富平—彬县—长武	西安、高陵	关中渭河沿线、韩城—合阳—澄城—蒲城、耀州—富平—彬县—长武
陕北地区	榆林—横山、绥德—米脂、神木—府谷、延安—延长—延川、子长—安塞	安塞	榆林—横山、绥德—米脂、神木—府谷、延安—延长—延川、子长—安塞
陕南地区	汉中盆地、石泉—汉阴—安康—旬阳、洛南—商洛—丹凤	—	汉中盆地、石泉—汉阴—安康—旬阳、洛南—商洛—丹凤

（五）城市群的形成

随着城市数目的增加和规模的扩大，城市之间、城市与交通线路之间、城市与区域之间将呈现新的网络化空间特征（仇勇懿、沈玉芳，2005），区域城镇空间形态将会发生变化，形成新的地域组合形式。城市群有可能替代单一城市主导或多个城市孤立发展的区域空间发展模式，成为区域城镇空间发展的新主体（管驰明、崔功豪，2004），也会成为对原有区域城镇化模式的创新（樊杰等，2013）。

随着我国社会经济及城市建设的快速发展，城市群、城市密集区等空间概念日渐成为学者们普遍关注的焦点。有关城市群的识别标准，国内外学者有不同的研究及结果。早在 1950 年，日本行政管理厅就已提出了"都市圈"这一概念，认为中心城市人口规模应在 10 万人以上，1960 年明确了中心城市人口规模不低于 100 万人且临近地区有人口不低于 50 万人的城市，外围地区到中心城市的通勤人口不低于 15% 这样的新标准；法国地理学家戈特曼（J. Gottmann）于 1957 年提出城市群的标准是区域内有密集的城市，多数大城市有其核心区并与外围地区有密切联系，交通便捷，人口超过 2500 万人，并承担国际交流枢纽的作用等。

周一星（1995）在对都市区和连绵区发展条件进行分析的基础上，提出了连绵区空间范围识别的指标，即有两个以上人口超过 100 万人的大城市，其中至少有一个城市有较高的对外开放度，同时具备国际型城市特征，有多条国际航运线路的空港，有多重现代运输方式叠加而成的综合交通走廊，城镇数量较多且各城市与综合交通走廊联通便捷，人口规模达到 2500 万人，人口密度达 700 人/平方千米，区域内各城市之间、中心城市与外围城市之间有紧密的社会经济联系；姚士谋（2011）在其论著《中国城市群》当中设定了城市群的划定标准，即人口规模 1500 万～3000 万人，特大城市、超级城市不少于 2 座，城镇人口比重不少于 40%，等级规模结构完整，铁路网密度 250～350 千米/万平方千米，公路网密度 2000～2500 千米/万平方千米，社会消费品零售总额占全省比重大于 45%，流动人口占全省比重大于 65%，工业总产值占全省比重大于 70%。方创琳（2009）在综合分析了国内外学者对城市群判断标准的基础上，结合我国发展实际，提出了我国城市群空间范围的 10 个识别标准，具有一定的参考应用价值。

关中地区对于该标准的符合情况如表 6 – 16 所示，多数判定指标均已符合城市群发展标准。

表 6 – 16　　　　　　　　　　　　关中城市群判定

项目	标准	关中地区	符合与否
城市化水平	城市化水平 > 50%	57.7%	√
城市数目	大城市数量不少于 3 个、不超过 20 个	西安、宝鸡、渭南	√
人口	至少有一个城镇人口超过 100 万人的特大或超大城市	西安、宝鸡、渭南	√
	人口规模不低于 2000 万人	2401.74	√
	城镇人口规模不低于 1000 万人	1385.3	√
经济	人均地区生产总值超过 3000 美元	7511[a]	√
	经济密度 > 500 万元/平方千米	2252	√
	非农产值比重 > 70%	91.06%	√
交通	铁路网密度 250～350 千米/万平方千米[b]，公路网密度 2000～2500 千米/万平方千米	12316	√
	中心城市地区生产总值中心度 > 45%	47.78%	√
	周围地区到中心城市通勤率 > 周围地区自身人口 15%	21%	√

续表

项目	标准	关中地区	符合与否
交通	由中心城市向外形成了 0.5 小时、1 小时、2 小时经济圈	咸阳（0.5 小时°）、渭南（0.5 小时）、宝鸡（1 小时）、杨凌（1 小时）、汉中（1.5 小时）、商洛（2 小时）、延安（2 小时）	√

注：a. 以 2016 年底汇率计算。b. 关中地区各城市铁路里程数据缺乏，因而只计算了公路网密度。c. 以高铁、动车等快速交通方式的速度来计算，下同。

资料来源：关中城市群判定数据依据《陕西统计年鉴（2017）》《陕西区域统计年鉴（2017）》相关数据计算而得；其中交通部分周围地区到中心城市通勤率关中地区指标参见：周江评，陈晓键，黄伟，等. 中国中西部大城市的职住平衡与通勤效率——以西安为例 [J]. 地理学报，2013，68（10）：1316–1330.

同时，核密度分析结果显示，关中地区城镇数量多、人口密度大，主要城市均沿渭河分布且有重要的区域性交通干线（如连霍高速、陇海铁路）相连，区域内城镇间联系密切。

可见，从城市群判定结果来看，关中地区已初步具备了城市群的基本条件，且核心城市——西安与外围地区有密切的社会经济联系；城市群内部已形成了由铁路、公路、航空与通信等叠加而成的综合性、一体化网络连通体系。

从地形地貌来看，平原是最适宜推进城镇化的地貌类型。我国较为成熟的城市群均坐落于平原和盆地上，如长江中下游平原上的长三角城市群、成都平原上的成都城市群、华北平原上的中原城市群等；此外，平原上便捷的交通也是加速人口集聚的有利条件（王伟、钟鸿雁，2012）。

从国家发展政策上看，区域、城镇一体化发展趋势不可遏制，俨然已成为当代城镇化发展的时代主题。城市群这一区域空间发展形态已成为落实国家区域发展战略的重要模式，其作为未来城镇化发展的主体形态将会被赋予更多关注。近期，丝路经济带的提出又给关中地区带来了前所未有的机遇。以西安为核心的城市群将会对关中乃至更广泛的地域产生较大影响，进而在更大区域范围内与其他城镇形成互动发展的态势，进一步高效利用资源，有效避免空间无序竞争（段进军，2011）。

（六）区域空间结构的形成

至此，陕西形成了"一核多级、两轴两带、一群多区"的区域空间结构。"一核"即西安，"多极"即咸阳、汉中、安康、榆林、宝鸡、渭南、延安七个区域中心城市；"两轴"即陇海铁路和连霍高速公路沿线东西向城镇发展主轴、西包—西康铁路和包茂高速公路沿线南北向城镇发展主轴；"两带"即陕北长城沿线城镇发展次轴、陕南十天高速及阳安铁路沿线城镇发展次轴；"一群"即关中城市群，"多区"即由多个发展基础较好、空间联系紧密的城镇组成的城镇化重点发展区。

在区域空间发展的初期，区域发展重点集中在"一核多级"和两条主轴上。随着主要城镇和轴带的日渐成熟，会带动更多级别较低的城镇和轴带的形成与发展。随着城镇间联系的进一步增强，城镇化重点发展区、城市群逐渐形成，推动区域空间结构的不断演化。

三、职能结构嬗变

城镇在区域中地位和作用的变化不仅取决于其等级规模及空间结构的演化，也取决于城镇作为空间连接点在区域中所承担的职能和分工的变化（张京祥，2009）。只有结构与功能的互补，才能实现空间形式与内涵的统一，才能形成体系完整、功能完善的区域空间格局（席广亮等，2012）。

李少星（2010）认为城市化空间格局演变的一般过程为：初始地域分工的形成会引起区域间产品的区际贸易，进而促使不同要素在空间上聚集，这样又会形成新的地域分工格局（见图6-17）。从区域城镇空间发展来说，首先，区域间的地域分工具有自然演进的特征，随着经济的不断发展，不同地域之间会形成劳动地域分工，各城镇承担与自身条件相匹配的职能，不断深化的地域分工使得区域职能不断演化与升级。其次，区际贸易扩大了生产规模，推动了要素的集聚，而自然条件、交通、居民、行政等地理要素会使贸易集中在区位较好的地区，成为商品流通的结节点，进而促进此区域更快发展，形成不同的集聚形态（李少星等，2010）。最后，城镇空间聚集的演进体现了地域分工的不断深化，同时城镇空间集聚的协同效应又会进一步提高地域分工水平，地域分工的深化使得能够承担较多职能的城镇具备吸引要素聚集的条件，职能等级以及职能类型的不同组合的叠加会形成不同综合类型的城镇，而在要素竞争中处于劣势的城镇则会面临职能边缘化的境遇。这一方面会导致城镇空间的极化现象，另一方面又会促进区域城镇体系的不断演进。

要素的空间集聚

地域分工

产品的区际贸易

图 6 – 17 地域分工循环

地域分工的演进表现为城镇职能的演替与兴衰。与前述城镇职能解析类似，仍采用纳尔逊分析法对陕西城市和小城镇职能演变进行深入分析。

（一）城市职能演变

通过测算，区域内城市职能演变呈现以下规律：

（1）城市职能类型趋于多元化。2000 年城市职能类型主要以金融不动产业、建筑业、交通运输业、科教文卫业为主，而 2012 年职能类型增加了商贸信息服务业、工业、公共管理业等，丰富了各城市职能类型（见表 6 – 17）。

表 6 – 17 陕西地级市优势职能变化

城市	2000 年	2012 年
西安	金融不动产业、建筑业、交通运输业	商贸信息服务业、交通运输业、建筑业、金融不动产业
铜川	金融不动产业、建筑业	无
宝鸡	无	工业、交通运输业

续表

城市	2000 年	2012 年
咸阳	建筑业、金融不动产业	建筑业、公共管理业
渭南	金融不动产业	无
延安	无	公共管理业、建筑业、
汉中	金融不动产业	金融不动产业
榆林	无	公共管理业、交通运输业
安康	金融不动产业、科教文卫业	科教文卫业、公共管理业、金融不动产业、商贸信息服务业
商洛	无	无

注：城市优势职能按突出程度逐渐减弱排序。
资料来源：《中国区域经济统计年鉴（2013）》。

（2）多数城市向多职能型城市演变。西安、安康职能类型有所增加，分别由 3 个、2 个增至 4 个，由优势职能型城市向综合型城市发展。宝鸡、延安、榆林由无突出优势职能的一般型城市拓展至具有优势职能的城市。铜川、渭南的优势职能逐渐陨落，发展成无优势职能城市。咸阳的金融不动产业优势被公共管理业替代，汉中的优势职能尚未发生变化，商洛始终未体现出优势职能。

（3）工业、商贸服务业职能仍较欠缺。一般而言，城镇经济发展水平取决于非农化水平，而非农化水平高低又取决于非农产业结构的变化，这又会引起社会资源的重新组合和调整。当产业结构向高层次演进时，社会资源的配置即由收入、就业弹性较低的农业部门向收入、就业弹性较高的工业和服务业部门转变。就陕西来说，2000 年各城市在金融不动产和建筑业上的优势职能较为突出，这与 20 世纪 80 年代的住房改革试点和 90 年代住房市场化的全面推行带来的建筑业、金融不动产业就业需求大幅增加密切相关，各城市的优势职能中均缺乏能够有效带动就业的工业和商贸服务职能。至 2012 年，城市职能倾向于向交通运输、公共管理等产业发展，而具备工业、商贸服务优势职能的城市数量仍较少。鉴于陕西目前仍处于工业化初级发展阶段这一现实，今后需重视工业的就业承载对城镇化的巨大推动作用。

（二）小城镇职能演变

受自身发展条件和周边城镇的辐射带动，小城镇职能也处于不断演化之中。2000 年以来小城镇职能演变如表 6－18 所示。

表 6－18 　　　　　　　　　　陕西小城镇职能类型演变

职能类型	2000 年		2012 年	
	数量（个）	城镇名称	数量（个）	城镇名称
农业型	34	蓝田、周至、宜君、陇县、麟游、三原、乾县、礼泉、永寿、彬县、长武、旬邑、淳化、大荔、南郑、洋县、西乡、勉县、宁强、镇巴、横山、定边、米脂、佳县、清涧、子洲、紫阳、旬阳、白河、洛南、丹凤、商南、山阳、镇安	30	宜君、陇县、乾县、礼泉、永寿、长武、淳化、大荔、**合阳**、**蒲城**、**富平**、**富县**、**洛川**、宜川、**黄龙**、南郑、洋县、宁强、镇巴、**留坝**、横山、定边、佳县、清涧、子洲、紫阳、旬阳、洛南、商南、山阳
矿产开发型	11	凤县、太白、华县、潼关、澄城、白水、韩城、延长、子长、安塞、黄陵	11	太白、**韩城**、延长、子长、安塞、**志丹**、**吴起**、黄陵、**略阳**、**神木**、**府谷**
工业型	13	户县、凤翔、岐山、扶风、眉县、武功、兴平、蒲城、富平、城固、略阳、府谷、汉阴	13	户县、**高陵**、凤翔、岐山、扶风、眉县、**凤县**、武功、兴平、**白水**、**勉县**、汉阴、**平利**
交通主导型	1	泾阳	3	三原、泾阳、**绥德**
商贸服务型	5	华阴、留坝、神木、石泉、宁陕	8	**彬县**、**旬邑**、华阴、**延川**、**靖边**、石泉、宁陕、**岚皋**
文化旅游型	3	延川、洛川、绥德	1	**麟游**
科技型	1	杨凌	1	杨凌
行政中心型	7	志丹、吴起、富县、宜川、黄龙、佛坪、镇坪	6	**潼关**、佛坪、**米脂**、**吴堡**、镇坪、**柞水**
一般型	9	高陵、千阳、合阳、甘泉、靖边、吴堡、岚皋、平利、柞水	11	**蓝田**、**周至**、千阳、**华县**、**澄城**、甘泉、**城固**、**西乡**、**白河**、**丹凤**、**镇安**

注：相对于 2000 年的变化用加粗字体表示。

1. 从不同职能类型城镇数目上看

农业型城镇数目有所下降，由 34 个下降至 30 个，但农业型城镇依然是所有城镇类型中数目最多的一类。以采掘业为主要职能的矿产开发型、以工业为主要职能的工业型城镇以及科技型城镇的数目没有变化。工商服务型、交通主导型城镇的数目显著增多，表明小城镇第三产业发展速度较快。一般型城镇，即没有突出优势职能的城镇数目反而增多，该类城镇将会在区域竞争中由于缺乏差异化的竞争力而处于劣势地位。

2. 从不同职能类型城镇空间变化来看

（1）农业型城镇。与 2000 年相比，蒲城、富平的工业职能、洛川的文化旅游职能、留坝的商贸服务职能优势下降，而农业职能凸显；富县、洛川、宜川、黄龙则由缺乏优势职能城镇变为农业生产职能优势突出的城镇。

（2）矿产开发型城镇。起初主要分布在铜、铅、锌、镍、铁、钼等有色金属和大理石、云母、石英石等非金属矿产居多的关中地区，陕北地区的煤、石油等能源资源的开发处于起步阶段；随着陕北能源化工基地的建成，矿产开发型城镇主要位于陕北地区，神木、府谷等资源型城镇兴起并发展迅速。

（3）工业型城镇。起初主要分布在关中地区，这些城镇具备一定的工业基础，且多数为"一五"时期国家重点建设项目所在地；受周边大城市的辐射带动，高陵、凤县等一批城镇成为工业型城镇，主要分布在关中、陕南地区。

（4）交通主导型城镇。起初泾阳位于多条交通干线的交叉点处；随着交通基础设施的不断完善，三原、绥德与泾阳一并成为交通型城镇。

（5）商贸服务型城镇。往往受交通条件的影响较大，良好的交通为城镇间要素与商品的流动提供了便捷的通道，能够更好地承担地区服务功能，彬县、旬邑、靖边等城镇交通条件的显著改善使其成为商贸服务型城镇，也为人口的快速聚集提供了便利条件。

（6）文化旅游型城镇。以往陕北地区城镇的文化旅游职能较为突出，而随着陕北地区大规模的能源开发，文化旅游城镇的重视程度相对降低；仅有关中地区的麟游文化旅游职能较为突出。

（7）农业科技型城镇。杨凌以其雄厚的高技术农业科技优势在全国占有重要地位。

（8）行政中心型城镇。从事公共事业管理、社团组织等行业的人口居多，因而产业支撑较为薄弱，尤其是非农产业欠发达，2000年以来一直多分布于陕南、陕北地区。

（9）一般型城镇。无任何突出职能的城镇，同样缺乏优势、特色产业的支撑，城镇化推动乏力，起初在三大区域均有分布，而后则多分布在关中和陕南地区。

区域小城镇职能演化在空间上呈现出以下规律：第一，农业型城镇被其余类型城镇分隔，空间布局分散，仅在较小区域范围内聚集。第二，矿产开发型、工业型城镇空间聚集现象显著。近些年，受资源枯竭的影响，渭北黑腰带地区矿产开发型城镇日渐隐落，而陕北地区能源开发催生了一大批矿产开发型城镇的形成，其空间聚集效应进一步显现，以榆林北部和延安北部地区较为显著。随着陇海铁路、连霍高速公路的建成通车，以往工业基础较为雄厚的关中地区城镇工业职能进一步增强，以西安至宝鸡渭河沿线城镇聚集规模较为明显。第三，除上述城镇职能在空间上有一定聚集趋势外，城镇职能类型在空间分布上整体较为分散，无显著规律可循，表明陕西小城镇职能发展仍以县域自身发展为主，尚未与周边地区有职能上的密切联系，体现了城镇间空间联系薄弱的特征，同类职能的规模聚集效益也尚未形成，陷入了孤立式的发展境地。面对这一现状，应以中心城镇或在特定职能上发展实力较强的城镇为增长极点，通过其极化与扩散作用，改变城镇现状职能所呈现出的孤岛式发展格局。

3. 从不同区域所包含的城镇类型来看

2000年，关中地区多农业型、矿产开发型、工业型、交通主导型、科技型和一般型城镇，陕北地区以文化旅游型、行政中心型和一般型城镇居多，陕南地区多商贸服务型和一般型城镇。随着城镇化的推进，关中地区除矿产开发型和行政中心型外，其余类型城镇均居多，陕北地区仅有矿产开发型城镇居多，陕南地区以商贸服务、行政中心和一般型城镇较多（见图6-18）。

三大区域不同类型城镇数目的比较可以看出，关中地区具备优越的自然地理条件，工业基础较为雄厚，交通便捷，且省会城市西安位于关中地区，辐射带动强度较大、范围较广，使得关中地区城镇类型多样且数目居多；囿于近年来的能源开发，陕北地区的矿产开发职能异常显著，但需注意在资源开发过程中考虑到资源禀赋差异，避免出现资源诅咒现象；陕南地区各类城镇数目均不多，且无突出职能的城镇居多，这与多山的地形环境以及受此制约的交通条件有关。可见，城镇职能在不同区域是有显著差异的，这种差异主要由经济发展基础和资源禀赋差异决定。

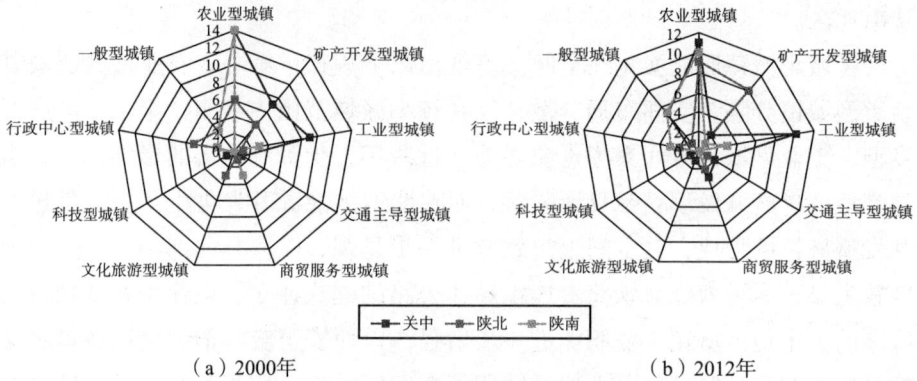

（a）2000年　　　　　　　　　　　　　（b）2012年

图6-18　三大区域不同类型城镇数目比较

第四节　本章小结

城镇化研究不仅要揭示城镇化在空间上的特殊地域差异，也要总结城镇化时空演化过程的普遍规律。本章在区域城镇化演化阶段划分的基础上，以2000年及以后为时间范围，从城镇化水平空间变化及城镇体系演化过程两个角度研究区域城镇化空间演变，以期探索影响城镇化空间变化的原因，对未来城镇化发展提供借鉴。

（1）将中华人民共和国成立以来区域城镇化演化过程划分为两个阶段，即计划经济影响下的城镇化政策驱动时期及市场经济驱动下的城镇化自主发展时期。前一时期，政策推动是城镇人口增加、城镇化水平变化的主要原因；政策的不确定性使得城镇化发展呈现出曲折波动特征。后一时期，政府仅从宏观层面对城镇化发展进行把控，而非计划经济时期的具体调控，以保障城镇化能够在遵循自然历史规律和经济发展规律的前提下实现健康发展。并选取第二个阶段中2000年及以后为时间范围研究城镇化水平空间变化及城镇体系演化过程。

（2）对城镇化水平空间格局变化的研究，应基于不同时期城镇化水平的增长速度，判别城镇化增长类型，在此基础上探索城镇化水平的空间变化规律，为判别城镇化发展趋势提供依据。据此，对陕西城镇化水平空间格局变化进行研究。根据县域城镇化水平增长率均值与 0.5 倍标准差将陕西县域划分为快速增长型、稳定增长型和缓慢增长型城镇。在此基础上得出以下趋势：县域城镇化水平不断升高，陕北地区城镇化增长速度快于关中地区和陕南地区；县域城镇化水平增长趋于稳定；县域间城镇化水平空间差异逐渐缩小，区域城镇化均衡发展态势已经显现。

（3）区域城镇体系演变应从城镇等级规模变化、空间结构演变以及职能结构嬗变三方面展开研究。第一，在城镇等级规模结构变化上，一方面，结合各城镇的中心性强度以及以 Voronoi 图方法确定的城镇影响范围，将陕西城镇等级划分为 5 级；另一方面，以城镇中心城区常住人口为口径，将区域内城镇按照一定规模划分为特大城市—大城市—中等城市—小城市—小城镇五种规模，并分析其变化。综合考虑城镇等级、规模的变化，再结合陕西境内主要交通线路对城镇等级规模的影响，将城镇等级规模确定为Ⅰ至Ⅴ级，Ⅰ级城镇仍为西安，Ⅱ级城镇以地级市为主，除铜川、商洛外，神木、靖边、府谷、彬县、黄陵进入Ⅲ级城镇，Ⅳ级城镇数量显著增多，Ⅴ级城镇数目大幅减少。第二，在区域空间结构演变上，以点—轴开发理论为基础，按照"中心城镇（点）—城镇空间轴带（线）—城镇化重点发展区（面）—城市群（面）"的演化模式分析区域空间结构的演变过程。首先，将等级规模结构中Ⅰ、Ⅱ级城镇作为区域发展核心城镇，即一核（西安）多极（咸阳、汉中、安康、榆林、宝鸡、渭南、延安）。其次，依据区域内部重要的河流和重要交通线路确定城镇空间发展的两条主轴（西包—西康铁路和包茂高速公路沿线城镇发展轴、陇海铁路和连霍高速公路沿线城镇发展轴）和两条次轴（明长城沿线城镇发展轴、十天高速及阳安铁路沿线城镇发展轴）。再次，以核密度分析法得出城镇聚集区，以探索性空间分析法确定城镇化发展"热点"区，结合城镇聚集区与"热点"区确定 12 个城镇化重点发展区。最后，按照国内外学者对城市群的界定及核密度分析的结果，结合自身自然条件与国家政策，认为关中地区已经符合建立区域范围内城市群的基本条件。由此，陕西形成了"一核多级、两轴两带、一群多区"的区域空间结构。第三，在职能结构嬗变上，采用纳尔逊分析法对区域内城市和小城镇职能演化进行系统全面的分析。通过对比，区域内城市职能类型趋于多元化，多数城市向综合型城市发展，城市的工业、商贸服务业职能仍较欠缺。在数量变化上，小城镇职能类型的变化体现为农业型城镇数目有所下降，工商服务型、交通主导型城镇的数目显著增多，一般型城镇，即没有突出优势职能的城镇数目增多；在职能类型空间变化上，除矿产开发和工业城镇职能在空间上有一定聚集趋势外，其余城镇职能类型布局分散，同类职能的规模聚集效益尚未形成，需通过中心城镇的极化与扩散作用来改变城镇现状职能的孤岛式发展格局；在不同区域所包含的城镇类型上，2000 年关中地区多农业型、矿产开发型、工业型、交通主导型、科技型和一般型城镇，陕北地区以文化旅游型、行政中心型和一般型城镇居多，陕南地区多商贸服务型和一般型城镇，2012 年关中地区除矿产开发型和行政中心型外，其余类型城镇均居多，陕北地区仅有矿产开发型城镇居多，陕南地区商贸服务、行政中心和一般型城镇较多。

第七章
区域城镇化过程演化机理

　　区域城镇化演变过程是集多种要素影响的地理过程，因而有必要探究区域城镇化空间格局及其演化过程的影响要素及其影响机理，以期为区域城镇化发展道路的选择提供依据。同时，城镇化也会对经济、社会和生态环境产生影响，亦有必要探究城镇化发展过程对经济、社会和生态环境的作用机制，为进一步分析城镇化响应奠定理论基础。

第一节　区域城镇化空间演化驱动要素及其机理探析

　　城镇化的发展过程是集经济、社会、资源环境等要素为一体的地理空间过程。不同类型、尺度的地域空间及其影响要素的组合、作用强度及影响范围的变化，均会带来城镇化空间格局的不断演化。区域城镇化过程的演化要素，如图 7 - 1 所示。

　　国内外学者们就影响城镇化演化的因素做了大量研究。从经济要素角度看，土地城镇化、非农产业发展、非农就业水平、财政、人均地区生产总值、资本等要素的发展是影响人口城镇化水平空间差异的主要原因（宁越敏，1998；崔功豪、马润潮，1999；王伟、钟鸿雁，2012；秦佳、李建民，2013），且财政支出和外资企业发展水平以及出口规模对城镇化空间差异的影响并不显著（秦佳、李建民，2013）。从社会要素角度上看，全球化、人才竞争力、市场发育、科技进步、国家政策调控、区域体制与战略格局、设施配置、城市规划（段杰、李江，1999；李少星等，2010；王伟、钟鸿雁，2012；姚东，2013）等

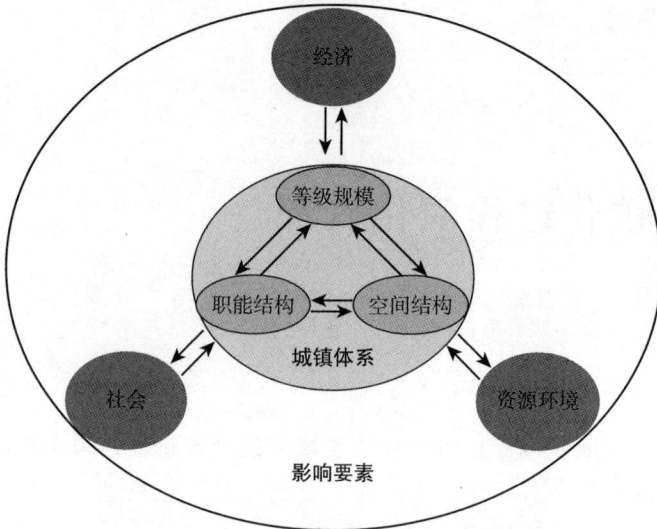

图7-1 区域城镇化过程的演化要素

要素是影响城镇化不断演化的驱动要素。与社会、经济影响因子不同，自然环境、资源条件、生态环境（王国志，2007；王伟、钟鸿雁，2012）对城镇化的格局及其演变具有基础性作用，如地貌、海拔、水系（管驰明、崔功豪，2004；刘辉等，2011）等。可见，学者们在影响因素上的分析中一致认为城镇经济发展是区域城镇化空间演化的内在动力，社会文化、全球化等社会因素是外在推力，自然与生态环境要素是城镇化发展的基础动力。

从前文中城镇化空间格局及演变过程来看，将影响陕西城镇化空间变化的主要因素划分为经济、社会和资源环境要素。若将影响城镇化的要素用函数来反映的话，可表达为：

$$Y = F(X_1, X_2, X_3) \tag{7.1}$$

其中，$X_1 = \{x_1, x_2, \cdots, x_i\}$，$X_2 = \{x_1, x_2, \cdots, x_j\}$，$X_3 = \{x_1, x_2, \cdots, x_t\}$。$i, j, t = 1, 2, \cdots, n$；$Y$ 为区域城镇化，X_1、X_2、X_3 分别为经济、社会及资源环境要素，x_i、x_j、x_t 分别为 X_1、X_2、X_3 对应的子要素，F 为要素对城镇化的影响机理。

一、经济要素及其影响机理

经济活动的空间过程是城镇化进程中的重要方面，是区域经济发展在空间上的投影及其变化过程。对区域城镇化进程产生重要影响的经济要素主要包括交通运输要素以及产业经济要素。

（一）交通运输要素

交通运输是城镇间沟通与联系的先决条件。现代交通运输工具的发展和工业经济的迅速扩张是城镇化发展的重要动力，交通区位条件的改善是影响区域城镇空间布局、推进城镇化进程的主要影响机制。它提高了地区之间及地区与外围区域之间的联系便捷度，降低了资本、物质、人力等要素在空间上的流动成本，也降低了空间距离对社会经济活动影响的重要程度，加速了地区之间要素流动的频繁程度，加快了更多的规模效益和集聚效益的形成，促使区域之间的联系更加紧密，相互作用强度增强、类型多元化，从而实现区域城镇化及城镇体系格局的嬗变（见图 7 - 2）。一般来说，重要交通线路周边地区的城镇能够实现较快发展。相反，远离现代交通运输线路的地区则会逐渐衰落。

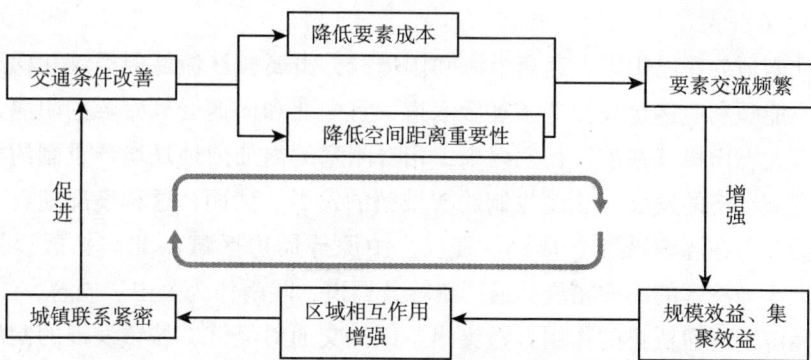

图 7 - 2 城镇化交通要素作用机理

关中地区交通条件历来要优于陕北和陕南地区。自古以来，关中地区就是历代朝都的建都之地，丝绸之路的开通是关中地区区位条件发生变化的重要原因。西安地处关中城镇群和沿 210 国道（榆林—延安—西安—安康）的省内生产布局和城镇发展轴线的交汇点上，以西安为中心的"米"字形交通网络将西安与省内其他城市及部分城镇连为一体，这就为西安在陕西经济社会发展和城镇化进程中发挥龙头作用提供了有利的条件，由此也就决定了西安在全省经济发展和城镇化战略格局中具有举足轻重的地位。从咸阳发展演变过程中可以看出，在影响区域发展的众多因素中，交通通道的作用是一个重要因素。陇海铁路的修建使咸阳市区逐渐取代了泾阳、三原而成为本地的经济中心。渭南历来属于关中东部的门户城市，是进出中原的必经之路，交通条件极其优越；尤其是陇海线和西禹线的建设，渭南市各城镇工业得以快速发展，促进了韩城、华阴、蒲城、华县等工业型城镇的发展，加速渭南由农业区域向工业区域的演化，而历来是渭南市域发展中心的大荔的地位却因远离重要交通线路而逐渐陨落，加剧了渭南市城镇体系格局的松散性。

陕北地区沟壑纵横的地理环境内，密集的河谷和平坦的川道地带即是人口和城镇密集分布的地带，同样也是区域内重要的交通孔道。随着航空、高速铁路等现代交通方式的发展，青银、包茂高速贯穿区域，使得陕北地区交通条件有了较大改观，神木、靖边、绥德等重点城镇已经成为区域不同交通组织方式的结汇点，对于加快地区经济、推动城镇化发展意义重大。

陕南地处秦巴山区，远离沿海和国境线，虽属长江流域但因汉江梯级开发而不能顺利通达至长江这条黄金水道，且向北和向西受到秦岭的阻隔，向南又有大巴山横亘在前。长期以来，相对闭塞的内陆山地环境严重制约着陕南外向型经济的发展，从而也制约着城镇的发展。然而，这种境况随着交通条件的改善在逐渐改变。成渝、江汉、中原等周边区域的北向拓展以及关中—天水经济区的南向拓展打通了秦岭及蜀道，陕南作为关中、成渝、江汉、中原经济区连通桥梁的作用日益突出，以往交通对经济、城镇发展的制约正在弱化，区域外向发展的条件越来越有利。

（二）产业经济要素

产业经济要素对区域城镇化空间发展的影响主要体现在两个方面。

一方面，产业经济要素禀赋形成了区域城镇化初始经济空间格局。在工业化初期，凭借特定资源的雄厚禀赋，区域内各城镇逐步形成了以相应优势资源为依托的资源密集型产业；伴随着资源的进一步开发、基础设施及生产配套设施的完善，前、后产业不断兴起并完善产业链，相关服务性产业也不断跟进；在集聚机制的作用下，不同等级、规模的城镇将会在产业聚集的带动下，逐渐增强城镇间联系，并依据比较优势形成相对合理的地域劳动分工体系，形成相对稳固的区域城镇化空间格局。

另一方面，产业空间组织的演化推动区域城镇空间的演化。产业结构的优化一般呈现为由资源密集型、劳动力密集型产业向技术、信息密集型产业的不断演替，产业结构与类型的变化体现为经济增长、就业结构和职能结构的优化，随之带来经济规模、就业规模的变化，进而形成区域城镇规模、职能以及空间布局的演化；受区域或城镇产业能耗过高、产业需求下降等自身缺陷所带来的产业扩散与外移的影响，产业布局会对城镇用地规模、城镇空间布局产生影响，引起区域城镇空间布局的相应变化；产业园区、城市功能新区的建设对区域空间结构也会产生重要影响。因而，正是区域内产业的承接、演替与空间变动才使得区域城镇化发展处于变动之中。城镇化的产业演进作用机理，如图 7 - 3 所示。

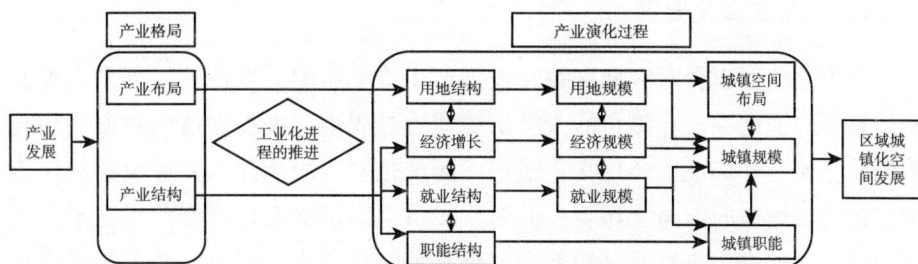

图 7 - 3 城镇化的产业演进作用机理

关中地区产业门类齐全，产业发展水平较高，农副产品生产与加工、轻工业等传统行业以及近现代形成的制造、纺织、电力、机械、化工等现代产业的布局为城镇化发展聚集了大量人口,进而对城镇化空间格局及演化产生重要影响。

陕北地区能源大规模开发为重点城镇的兴起提供了可能。陕西县域经济排行中陕北地区神木、府谷、靖边、定边、洛川、志丹、吴起位列陕西十强县域,这些城镇均是能源开发兴起的城镇。能源产业链的不断完善健全了当地的产业体系,为承载大规模人口转移奠定了坚实的经济基础。

陕南地区最可能带来经济大幅提升的工业开发因顾及作为国家"南水北调"工程水源地这一职能而处于进退维谷的境地。为突破这种困局,陕南依托丰富的水力、森林、中药、农牧业、林特产品、生物质能源、旅游等自然资源,着力发展生态农业、医药、生物制品、生物能源、食品、水电、旅游等绿色产业,对现有基础较好的装备制造、冶金化工等工业也通过高科技的投入使其步入绿色发展之路,有力地推动了区域城镇化进程。

二、社会要素及其影响机理

在区域城镇化空间演化过程中,社会要素扮演着重要角色,是导致区域城镇化空间差异的主要原因,对区域及内部城镇的发展方向也会产生较大影响。对区域城镇化进程产生重要影响的社会要素主要包括历史文化要素、人口要素以及政策制度要素。

(一)历史文化要素

历史文化要素会对区域城镇化发展产生重要影响。城镇的出现是人类文明的重要标志之一。在漫长的人类历史演进过程中,人类创造的物质文明与非物质文明一并形成了各种文化遗产。而文化遗产的承载需要城镇空间作为依托,需要城镇职能与之相容;同时,城镇也因历史文化遗产而增强了其文化职能,能够进一步提升城镇形象、增强城镇竞争力。同时,基于相近文化渊源的城镇之间的文化壁垒较弱,有利于城镇间的交流与合作,会对区域城镇化空间格局的演化产生巨大的推动作用。

陕西是中华文明发祥地,城镇发展历史悠久,现有地市均是在原有居民

点上发展起来的。陕西历史进程中的社会文化留下了深厚的历史人文积淀和
烙印，成为城镇发展旅游产业的核心资源。基于历史文化资源的陕西旅游业
的发展吸纳了大量富余劳动力，一些城镇因旅游业发展而兴起，如延川、洛
川、绥德、黄陵、麟游等，区域城镇体系空间布局及其职能也相应有了一定
改观，极大地推动了城镇化进程。

（二）人口要素

人口是城镇形成与发展必不可少的条件与基础。城镇化的本质即人口向
城镇区域流动并集聚，并从事各种社会经济活动。人口之于城镇化的理论源
自人口迁移理论，包括拉文斯坦（E. G. Raven stein）的迁移定律、配第—克
拉克定律、刘易斯二元经济发展论等。城镇化是基于人口向城镇的迁移来实
现原有地域规模的扩张、非农产业发展以及生活方式的城市型转变等，由此
推动城镇化空间格局的不断演化（见图7－4）。此外，人口结构中年龄结构、
受教育程度等因素对区域城镇化发展也有较大影响。

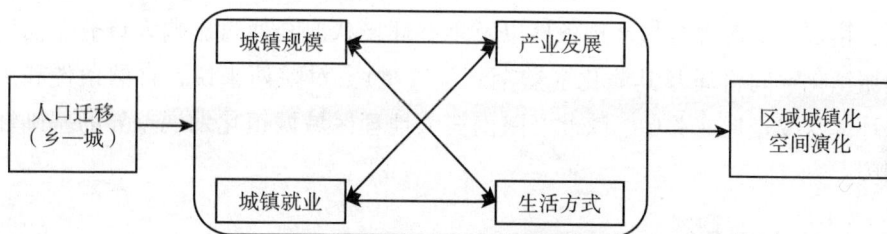

图7－4　城镇化的人口要素机理

（三）政策制度要素

我国城镇化发展区别于西方国家的关键点在于城镇化进程受政府行政力
量干涉较大（陈春林，2011），政府的区域发展政策对城镇化及城镇布局也
会产生重大影响，如计划经济、国有土地的招拍挂制度①等。在我国，基
于行政等级建立的城镇体系仍然是城镇化现状格局的重要基础。陕西的城镇

---

① 我国土地使用权出让方式：招标、拍卖、挂牌和协议方式。

化历史进程与国家和区域政策密切相关。咸阳历史上的辉煌首先来自秦朝定都此地之后的农、工、商业全面发展，是全国的政治经济中心，之后明朝的"食盐开中"和"布马交易"等政策使得泾阳、三原两地商贾云集，咸阳成为当时陕西地区的经济贸易中心；随着市、镇建制标准的调整，城镇体系格局不断变化，进而推动了城镇化的发展变化；"一五"时期国家战略重点的调整为西安、宝鸡、汉中制造业的兴起和发展奠定了雄厚的基础；自1998年国家发展改革委正式确定陕北为国家能源化工基地以来，陕北地区对陕西社会经济发展贡献巨大，有力地推进了陕西城镇化进程；出于区域均衡发展的考虑，省委、省政府为我国重要的水源地和生态保育区——陕南地区制定了"扶持陕南突破发展"的一系列政策措施来支持陕南发展。可见，政策制度要素对区域城镇化格局的形成与演化具有较大影响。

三、资源环境要素及其影响机理

区域发展是在一定地域空间内实现的，其地质、地貌、水文、土壤、气候、植被、资源等自然地理条件以及生态环境状况会通过影响人口分布而影响城镇化空间格局及其演化（曾菊新，1996）。对陕西来说，自然条件和生态环境状况是形成关中、陕北、陕南三大地理区域城镇化发展差异的基础性原因。

（一）地形条件

地形条件是城镇空间格局形成与演变的基础，直接影响了区域城镇发展的方向、速度以及空间结构。具体来说，地形条件会影响城镇初始布局、城镇发展规模、城镇用地选择、设施管网布局与走向等诸多方面，进而影响区域人口、产业聚集的区位、速度与规模。一般来说，盆地、谷地、平原是城镇形成与发展最为适宜的地形，便于基础设施的共建共享，有利于区域城镇空间完整性和连续性的实现；丘陵、山地、高原地形起伏较大，地形对交通设施布局的限制较大，因而城镇间联系较为不便，制约着区域城镇空间演化的速度及其规模。关中地区城镇密度高、聚集速度较快、城镇规模大，与其平原地形密切相关；陕北黄土高原和陕南秦巴山地地形造就了其城镇多布局在川道或河谷之中，城镇进一步发展的自然约束较大。

（二）土地资源

城镇化在空间上表现为农村土地向城镇土地的转化过程，土地资源是城镇化发展必不可少的要素。随着经济发展和人口向城镇聚集，城镇化空间发展需要土地来承载，对城镇建设用地的需求不断扩大，无论是人口聚集、产业发展、基础设施建设，还是社会经济活动的开展，都离不开土地资源。广阔平坦的土地用地条件较好，适于城镇发展。关中地区地形平坦，可用于城镇发展的土地资源相对充足；而对地形限制较大的陕北、陕南地区城镇来说，城镇只能向川道和河谷中布局，土地资源稀缺已成为制约其进一步发展的重要因素。

（三）水资源

水资源对城镇的形成乃至整个演化过程均起到关键性作用。水系决定了城镇的初始布局。城镇化发展离不开水资源，河流能够为城镇的起源和发展提供必需的水源，渭河之于西安、咸阳、宝鸡、渭南，汉江之于汉中、安康，丹江之于商洛，延河之于延安，都足以说明水系对于现在陕西重要城市巨大的影响程度。而水资源短缺制约着产业布局和产业结构的优化，将使一些产业不宜大规模发展，甚至难以为继，城镇体系布局也因此受到很大的影响。同时，人口向城镇集中和产业发展都需要大量用水，水资源短缺无疑会制约城镇化进程。

（四）能源资源

城镇化进程的快速推进离不开能源的基础性支撑和保障作用，因而能源成为区域之间竞争的主要对象。近二十年来，陕北地区和渭北地区能源产业成为带动后续、旁侧产业的主要动力，也带动了地方财政收入的提高，城镇设施水平明显提升，城镇化进程明显加快。伴随着城镇化的快速推进，能源需求与日俱增，若仍按照现有能源消费模式进行，以煤、石油、天然气为能源结构的城镇或将面临或已经枯竭的境遇，如铜川及陕北地区部分能源县域。正因为能源的战略地位，使得现阶段能源危机成为区域关注的焦点，并引起各区域发展战略的调整。由能源危机引起的生态环境问题进而提出的低碳、绿色发展理念成为现今区域制定发展战略的主要考虑因素。因而，基于能源考虑的区域发展战略定会对城镇化产生深远影响。

综上所述，造成城镇化空间差异的影响因素诸多，不同年份城镇化空间格局是各时期各要素对城镇化作用的集中体现：区域经济发展是城镇化发展的内在动力，其中以工业化为核心动力；社会空间对城镇化的质量提升具有重要影响；资源环境条件奠定了城镇化基础空间格局。

第二节　区域城镇化对经济、社会、生态环境的作用机制

城镇化与经济、社会及生态环境之间存在双向作用关系。侯仁之（1994）认为，对于城市起源、发展的研究坚决不能忽视由于区域开发过程引起的地理环境的变化以及经济、交通、景观等要素的变迁。城镇化过程不仅受到经济、社会及自然生态要素的影响，其自身也会对经济、社会和生态环境产生一定的作用。

若将城镇化对要素的作用也用函数来反映的话，可借鉴式（7.1）的反函数的表达形式：

$$Y = F^{-1}(X_1, X_2, X_3) \tag{7.2}$$

即：$X_n = G(Y)$，$n = 1, 2, 3$。其中，$X_1 = \{x_1, x_2, \cdots, x_i\}$，$X_2 = \{x_1, x_2, \cdots, x_j\}$，$X_3 = \{x_1, x_2, \cdots, x_t\}$。$i, j, t = 1, 2, \cdots, n$；$Y$ 为区域城镇化，X_1, X_2, X_3 分别为经济、社会及资源环境要素，x_i, x_j, x_t 分别为 X_1, X_2, X_3 对应的子要素，F^{-1} 与 G 的含义相同，即城镇化对要素的作用机制。

一、城镇化对经济发展的作用机制

从经济发展角度来看，城镇化对经济发展的影响或作用机制是城镇化与经济发展之间双向关系的一个重要侧面。城镇化进程的不断推进意味着依附于人口聚集的经济活动在空间上不断向城镇区域聚集。经济活动的聚集是推

力与拉力共同作用的结果。区域经济活动聚集所带来的外部效益、创新能力的增强、设施的共享成为该区域具备持续拉力的原动力，非经济活动聚集区域（如农村地区）则由于剩余劳动力数量增加、劳动边际产出逐步降低，从而促使劳动力向能够聚集经济活动的区域流动并从事非农业生产。是什么原因造成了劳动力就业结构的变化？英国著名的经济学家科林·克拉克认为，随着国民经济和人均收入水平的不断提高，劳动力逐渐由第一产业向第二产业转移，由第二产业向第三产业转移。这个转变过程中也伴随着居民用于农产品的消费占其收入比重的逐渐下降，即符合经济学家克里斯坦·恩格尔的"收入水平越高，恩格尔系数越低"这样的规律。人口的聚集优化了产业结构和就业结构，实现经济增长，提高居民收入水平。正是基于非农产业能够带来劳动力收入水平提高这样的原因，形成了人口由农村地区向城镇转移的巨大推力（见图7-5）。

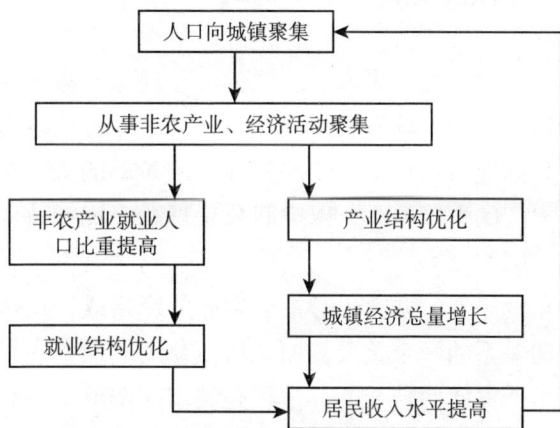

图7-5　城镇化对经济发展的作用机制

一般来说，产业结构是伴随着工业化的不同阶段而不断演化的，并遵循轻工业—重工业—第三产业的演进路线。在工业化初期，随着进入城镇人口数量的增多，对生活用品日益增长的需求促使轻工业迅速发展，且轻工业具有投资少、就业吸纳能力强等特点。随着居民收入水平的提高，对耐用消费品需求的增多以及轻工业发展对新设备、装备的需求均会促使重工业的发展，进入工业化发展中期。当居民生产生活的基本需求得以满足时，又会产生对服务业的升级需求，且工业部门也需要相应的服务配套，催生了以服务业为代表的第三产业的发展，标志着工业化发展向后期和后工业化时期演进。工业化阶段与城镇化发展阶段存在一定的对应关系，工业化初期对应城镇化的起步阶段，中、后期对应城镇化快速发展阶段，后工业化时期对应城镇化稳定发展阶段（钱纳里等，1989）（见表7-1）。可见，城镇化进程衍生出的多元化需求将会推动产业结构的不断演进，进而推进工业化进程。

表7-1   城镇化与工业化的对应关系

工业化阶段	工业化初期	工业化中期	工业化后期	后工业化期
城镇化水平	<30%	30%~70%	70%~80%	>80%
城镇化阶段	起步期	快速发展期		稳定发展期

二、城镇化对社会发展的作用机制

基于新人本主义的"社会平等、区域公正"理念日益成为人文地理学发展的重要转向。对于我国区域发展来说，以社会平等价值观为导向的区域公平、公正发展已日渐成为化解社会空间发展主要矛盾的重要途径。其价值观要求重视人与人之间的平等关系，以空间公正理念审视区域可持续发展问题（王兴中、常芳，2013）。

从社会发展角度来看，城镇化对社会发展的影响或作用机制是城镇化与社会发展之间双向关系的一个重要侧面。城镇化的实质是农村生活、生产方式向城镇生活、生产方式的转变，其过程是城市文明的扩散和传播过程。城镇是文化、科技、信息汇聚的中心，因而城镇化的推进能够不断更新人们的思想观念并扩大视野，人口素质得以不断提升，精神文明程度日益深化，这些属于城镇化发展带来的正向的社会影响。而这种正向的社会影响是有一定前提的，即充分的就业机会、合理的制度设计和环境、良好的城镇社会氛围（当地居民对外来人口的接纳态度和行为）对于形成正向社会影响至关重要。如若前提不成立，则极易造成负向的社会影响，如人口外流、半城镇化以及城乡差距拉大等，这会显著制约城镇化质量的提升（见图7-6）。

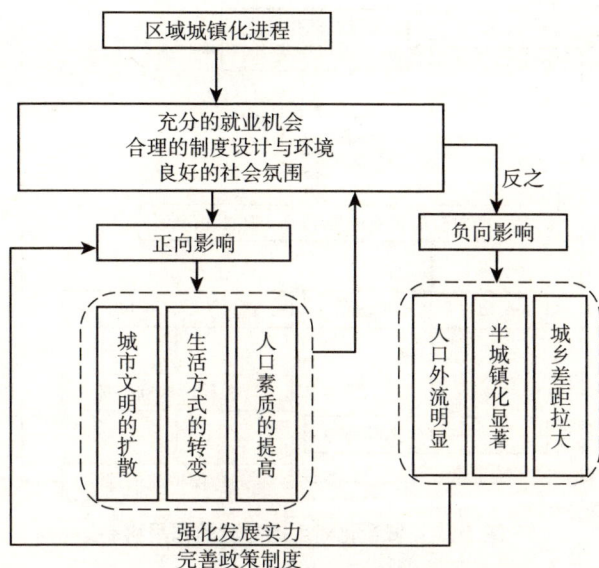

图 7 - 6　城镇化对社会发展的作用机制

三、城镇化对生态环境的作用机制

从生态环境角度来看，城镇化对生态环境的影响或作用机制是城镇化与生态环境之间双向关系的一个重要侧面。快速城镇化表现为人口的快速大规模聚集，对资源产生巨大需求，进而引发了生产要素市场上生产要素价格的长期扭曲，也引发了资本等要素的快速聚集。人口、资本等要素的聚集会对生态环境产生一定干扰和索取，也会产生污染的排放。

区域作为一个复杂的巨系统，其环境容量既是自身自然环境的函数，更是人类活动的函数。但在我国许多大、中城市，城镇化发展对环境的影响已经远超自然环境容量，使得资源面临数量急剧减少、使用效率低下、环境污染、生态破坏等一系列问题（见图 7 - 7），区域可持续发展严重受限（杨东峰，2012）。因而总体上来看，以往城镇化的快速推进对区域生态环境是一种胁迫作用，制约着区域的可持续发展。对这种作用机制的分析有利于扭转城镇化对生态环境的负面影响，通过生态治理与保护推动城镇化质量的提升。

```
                    ┌──────────────────┐
                    │  区域城镇化推进   │
            ┌──────→│    人口聚集      │←──────┐
            │       └──────────────────┘       │
            │                │                 │
            │       ┌──────────────────┐       │
            │       │   资源需求增长   │       │
            │       └──────────────────┘       │
    吸                      │                  吸
    引       ┌───────────────────────────────┐  引
            │  对资源环境产生干扰、索取和污染 │
            │       └───────────────────────────────┘
            │           │                 │
            │  ┌──────────────┐  ┌──────────────┐
            │  │ 未超过资源环境阈值│  │ 超过资源环境阈值│
            │  └──────────────┘  └──────────────┘
            │         │                 │
            │         │          ┌──────────────┐
            │         │          │ 资源环境遭到破坏│
            │         │          └──────────────┘
            │  ┌──────────────┐        │
            └──│ 保持良好生态环境│        │
               └──────────────┘        │
                       │        ┌──────────────┐
                       └───────→│  环境保护与治理│←─┘
                                └──────────────┘
```

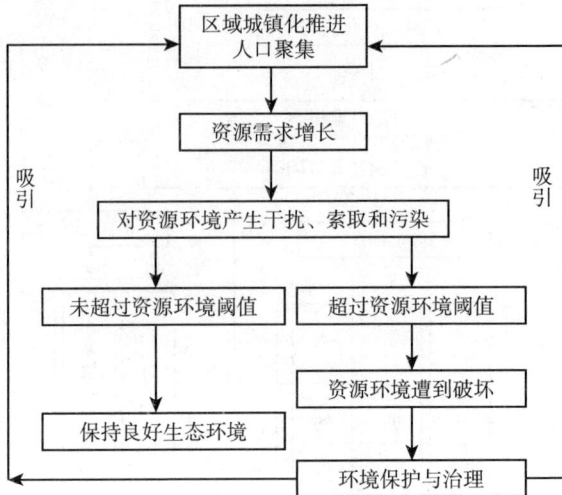

图 7-7　城镇化对生态环境的作用机制

第三节　本章小结

　　明确区域城镇化空间格局及其演化的影响要素及其机理，以期为区域城镇化发展道路的选择提供依据；同时，探究城镇化发展过程对经济、社会和生态环境的作用机制，为进一步分析城镇化响应奠定理论基础。

　　（1）区域城镇化过程是集经济、社会、生态等要素为一体的地理空间过程，影响区域城镇化空间变化的主要因素有经济、社会和资源环境要素。第一，经济要素主要包括交通运输要素以及产业经济要素。交通运输条件的改善对于增强城镇间联系、优化城镇空间布局至关重要；产业经济要素禀赋形成了区域城镇化初始经济空间格局，产业的演进过程通过产业结构升级及产业布局调整影响区域城镇化进程。第二，社会要素中，历史文化要素以文化遗存的形式影响城镇职能，基于相近文化的交流对区域城镇化空间格局的演化产生巨大的推动作用；人口向城镇的迁移会实现原有地域规模的扩张、非农产业发展以及生活方式的城市型转变，由此推动城镇化空间格局的不断演化；政策制度要素对区域城镇空间布局、城镇职能发展有重要影响。第三，资源禀赋、生态环境仍是城镇化空间发展的基础性要素，也是城镇化空间差异的主要原因。区域内地质、地貌、水文、土壤、气候、植被、资源等自然地理条件以及生态环境状况会通过影响人口分布、产业发展而影响城镇化空间格局及演化进程。

因此，以工业化为核心动力的区域经济发展是城镇化发展的内在动力；社会要素对城镇化质量提升具有重要影响；资源环境条件奠定了城镇化基础空间格局。

（2）然而，城镇化对经济、社会及生态环境也会产生一定的作用。首先，城镇化进程的不断推进意味着依附于人口聚集的经济活动在空间上不断向城镇区域聚集。城镇区域经济活动聚集所带来的外部效益、创新能力的增强、设施的共享成为区域具备持续拉力的原动力。人口的聚集优化了产业结构和就业结构，实现经济增长，提高居民收入水平。其次，城镇化的实质是农村生活、生产方式向城镇生活、生产方式的转变，其过程是城市文明的扩散和传播过程。城镇化的社会响应包括正向响应与负向响应。充分的就业机会、合理的制度设计和环境、良好的城镇社会氛围（当地居民对外来人口的接纳态度和行为）有助于形成正向的社会响应。反之，则极易造成负向的社会响应。最后，人口、资本等要素的聚集会对生态环境产生一定干扰和索取，也会产生污染的排放，致使城镇化推进的环境代价与日俱增。城镇化的快速推进对区域生态环境是一种胁迫作用，制约着区域的可持续发展。

第八章

区域城镇化的多维度响应

在明确城镇化过程对经济、社会和生态环境的作用机制的基础上，进一步探究区域城镇化过程所带来的具体的经济、社会和生态环境维度的变化（响应），为探索适宜的调控路径提供依据。

第一节 经济维度响应

城镇化的经济响应指以人口聚集形成的不同等级规模的城镇会通过城镇化发挥其增长效应，带动周边地区经济增长并助推扩散而形成的经济增长、产业结构、就业结构等变化。因而本书中经济响应则以此为主要研究内容。

一、经济响应

在城镇化的经济响应研究上，学者们多定性地探讨城镇化与经济发展的关系，并得出城镇化是经济发展的重要依托和载体，出现城镇化助推经济增长的格局（李海波、陶章华，2001；胡鞍钢，2003；徐祖荣，2004）。由于经济发展常涉及两个概念，空间聚集和结构，因而从经济空间聚集、产业结构（樊杰、田明，2003）和就业结构的变化角度来研究城镇化的经济响应。

（一）经济空间聚集响应

经济活动空间聚集程度是反映区域经济活动最为直观的指标。经济活动聚集与人口聚集密切相关，与居民生产生活密切相关的第三产业发育水平受城镇化影响最大。一般来说，城镇化水平越高的地区越是经济活动趋向聚集的地区，该地区的第三产业发展水平也往往较高。

通过相关数据的测算，得到2000年以来城镇化发展所引起的经济活动的聚集情况（见图8-1、图8-2）。经过对比分析，认为经济活动倾向于在市区范围内聚集，且关中地区市区经济聚集程度高于陕南地区、陕南地区高于陕北地区。2000年，各城市市区经济总量比重与城镇化的发展步调一致，关中地区市区经济总量占比要高于陕南地区、陕南地区高于陕北地区。至2016年，关中地区城镇化水平与市区经济总量占比仍保持相对协调的发展步伐，市区经济对市域经济的贡献较高；陕南地区城镇化提升较快，得益于移民搬迁对城镇化水平的推动，但市区经济集聚速度落后于城镇化发展速度；陕北地区较高的城镇化水平与较低的市区经济占比反映了陕北地区市区日渐衰弱的集聚带动能力，县域能源开发带来的多个经济增长点对市域经济的贡献日渐增强。

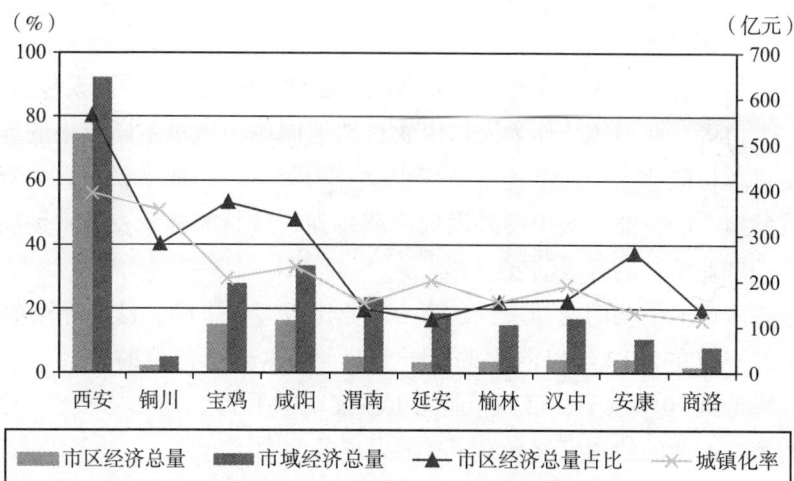

图 8 – 1　2000 年市区经济活动聚集效果

资料来源：《陕西统计年鉴（2001）》《陕西区域统计年鉴（2001）》。

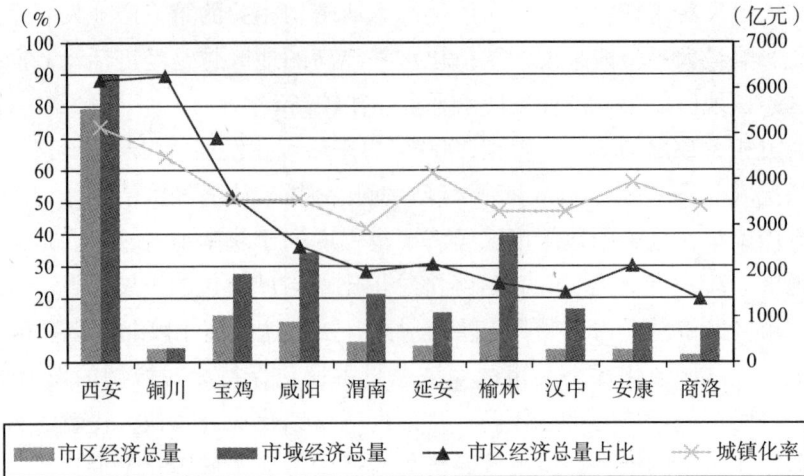

图8-2　2016年市区经济活动聚集效果

资料来源:《陕西统计年鉴 (2017)》《陕西区域统计年鉴 (2017)》。

(二) 产业结构响应

1. 产业结构变化

产业结构转型升级的实质是对要素的不断优化配置,这些要素包括资源、资金、人力等。而城镇化作为人口由农村地域向城镇地域不断集中的地理空间聚集过程,能够为产业结构的演变提供人力资本。一般来说,人力资本越高,其所蕴含的技能、知识的外溢效应就越强,就越能够诱发技术创新,越能够推动产业结构的升级演变。

从三次产业结构的变动来看,第一产业比重缓慢下降,已经降至10%以内,第二产业在2012年以前比重不断上升,约占到总产值的55%,而后比重逐渐降低到50%以下;第三产业比重在波动中不断上升(见图8-3),表明陕西第三产业的快速发展激发了区域发展的活力。

2. 产业结构响应强度

在分析了产业结构变化的基础上,构建城镇化与产业结构的多元回归模型来反映三次产业对城镇化的响应程度,以期对城镇化的经济响应做出更为具体的阐述。

(%)

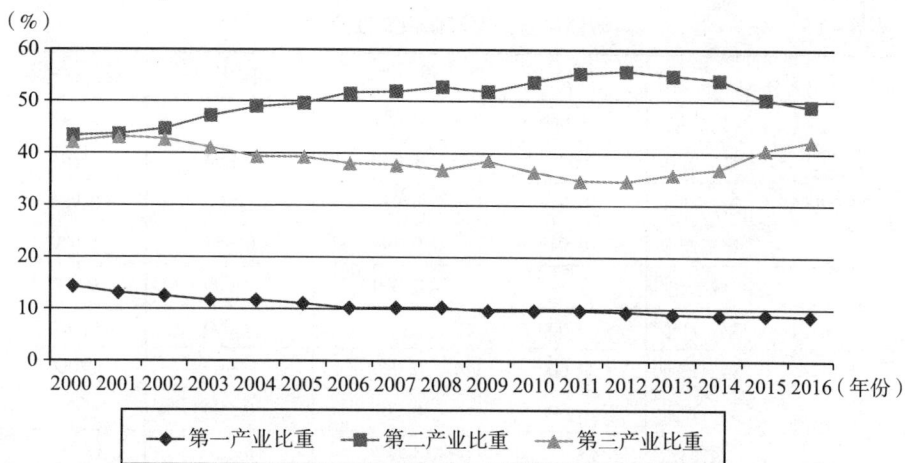

图 8 – 3　2000 年以来陕西三次产业产业结构变化

资料来源:《陕西统计年鉴 (2017)》。

　　模型构建之前,需对城镇化与三次产业的相关性进行分析。由表 8 – 1 知,城镇化与三次产业均有较高的相关性,与第二产业相关性最高,相关系数达 0.947,其次是第三产业,相关系数为 0.942,与第一产业相关性最低(见表 8 – 1)。采用直接进入法建立多元回归模型,模型的拟合优度 R^2 等于 0.899(见表 8 – 2),表示自变量可以解释因变量的 89.9% 的变化,说明拟合度较优;方差检验表中 F 值对应的概率 p 值为 0.000,小于显著度 0.05,因此应拒绝原假设,说明自变量和因变量之间存在显著的线性关系。得到的线性回归方程为:

$$y = 104.96 - 0.914x_1 - 1.415x_3 \tag{8.1}$$

式中, x_1、x_3 分别表示第一、第三产业产值。从回归方程计算结果看出(见表 8 – 3),城镇化发展的第三产业响应要强于第一产业,也即城镇化发展引起的第三产业的逆向变动要强于第一产业的逆向变动,城镇化对第三产业的影响程度较深。第三产业的逆向变动表明产业结构中第三产业仍以产值效益较低的传统服务业为主,具备高产值效益的现代服务业仍较缺乏。这里要注意到,回归方程中没有第二产业这个变量及其系数,原因在于直接进入法会将与因变量具有很强线性相关性的变量剔除掉,也反映出城镇化与第二产业发展的高度正相关性。

表 8 - 1 城镇化与三次产业相关性分析

项目		城镇化	第一产业	第二产业	第三产业
Pearson Correlation	城镇化	1.000	-0.891	0.947	-0.942
	第一产业	-0.891	1.000	-0.954	0.894
	第二产业	0.947	-0.954	1.000	-0.987
	第三产业	-0.942	0.894	-0.987	1.000
Sig. (1 - tailed)	城镇化	—	0.000	0.000	0.000
	第一产业	0.000	—	0.000	0.000
	第二产业	0.000	0.000	—	0.000
	第三产业	0.000	0.000	0.000	—
N	城镇化	13	13	13	13
	第一产业	13	13	13	13
	第二产业	13	13	13	13
	第三产业	13	13	13	13

(三) 就业结构响应

1. 就业结构变化

城镇化过程中城镇吸纳农村人口聚集的主要原因在于城镇能够为劳动力提供比从事第一产业获得更高收入的非农就业岗位,从而带来了就业结构的变动。

从陕西就业结构变动来看,第一产业就业比重缓慢下降,但从业人数仍居三次产业首位;第二、第三产业就业比重不断上升,但第二产业就业比重一直低于第三产业就业比重 (见图 8 - 4)。

2. 就业结构响应强度

同理,构建多元回归模型来反映就业结构对城镇化的响应程度。模型构建之前,需对城镇化与就业结构的相关性进行分析。由表 8 - 4 知城镇化与第一产业就业存在较高的相关性,与第二产业就业相关性次之,与第三产业相关性最低。多元回归模型拟合优度 R^2 等于 0.985 (见表 8 - 5),表示自变量可以解释因变量的 98.5% 的变化,说明拟合度很高;方差检验表中 F 值对应的概率 p 值为 0.000,小于显著度 0.05,因此应拒绝原假设,说明自变量和因变量之间有着显著的线性关系。得到的线性方程为 (表 8 - 6):

表 8－2　城镇化与三次产业回归模型总结

Model	R	R Square	Adjusted R Square	Std. Error of the Estimate	Change Statistics					Durbin - Watson
					R Square Change	F Change	df1	df2	Sig. F Change	
1	0.948ᵃ	0.899	0.879	1.94249	0.899	44.518	2	10	0.000	0.710

注：a. Predictors：（Constant），第三产业，第一产业。

表 8－3　城镇化与三次产业回归结果

Model		Unstandardized Coefficients		Standardized Coefficients	t	Sig.	95.0% Confidence Interval for B		Correlations			Collinearity Statistics	
		B	Std. Error	Beta			Lower Bound	Upper Bound	Zero-order	Partial	Part	Tolerance	VIF
1	(Constant)	104.964	9.836		10.672	0.000	83.048	126.879					
	第一产业	−0.914	0.827	−0.248	−1.106	0.295	−2.756	0.928	−0.891	−0.330	−0.111	0.201	4.968
	第三产业	−1.415	0.440	−0.720	−3.216	0.009	−2.395	−0.435	−0.942	−0.713	−0.323	0.201	4.968

注：a. Dependent Variable：城镇化。

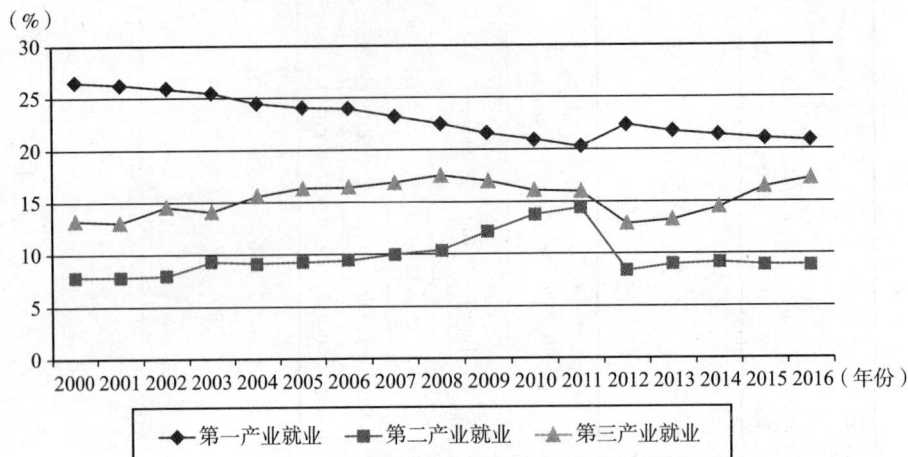

图 8-4 陕西三次产业就业情况变化

资料来源：《陕西统计年鉴（2017）》。

$$y = 81.282 - 1.952x_1 + 0.314x_2 + 0.057x_3 \qquad (8.2)$$

式中，x_1、x_2、x_3 分别表示第一、第二、第三产业从业人员数。

表 8-4　　　　　　　　城镇化与就业结构相关性分析

	项目	城镇化	第一产业就业	第二产业就业	第三产业就业
Pearson Correlation	城镇化	1.000	-0.992	0.958	0.738
	第一产业就业	-0.992	1.000	-0.956	-0.761
	第二产业就业	0.958	-0.956	1.000	0.553
	第三产业就业	0.738	-0.761	0.553	1.000
Sig. (1-tailed)	城镇化	—	0.000	0.000	0.003
	第一产业就业	0.000	—	0.000	0.002
	第二产业就业	0.000	0.000	—	0.031
	第三产业就业	0.003	0.002	0.031	—
N	城镇化	12	12	12	12
	第一产业就业	12	12	12	12
	第二产业就业	12	12	12	12
	第三产业就业	12	12	12	12

表 8 - 5　　城镇化与三次产业就业结构回归模型总结

Model	R	R Square	Adjusted R Square	Std. Error of the Estimate	Change Statistics					Durbin - Watson
					R Square Change	F Change	df1	df2	Sig. F Change	
1	0.993ᵃ	0.985	0.980	0.69000	0.985	180.434	3	8	0.000	1.672

注: a. Predictors: (Constant), 第三产业就业, 第二产业就业, 第一产业就业。

表 8 - 6　　城镇化与三次产业就业结构回归结果

Model		Unstandardized Coefficients		Standardized Coefficients	t	Sig.	Correlations			Collinearity Statistics	
		B	Std. Error	Beta			Zero-order	Partial	Part	Tolerance	VIF
1	(Constant)	81.282	42.930	—	1.893	0.095	—	—	—	—	—
	第一产业就业	-1.952	1.112	-0.844	-1.756	0.117	-0.992	-0.527	-0.075	0.008	126.821
	第二产业就业	0.314	0.829	0.142	0.379	0.715	0.958	0.133	0.016	0.013	76.776
	第三产业就业	0.057	0.551	0.017	0.103	0.921	0.738	0.036	0.004	0.064	15.690

注: a. Dependent Variable: 城镇化。

从回归方程计算结果中看出（见表 8 - 6），城镇化发展的就业响应中，第一产业就业结构响应强度要强于第二、第三产业，也即城镇化发展引起的第一产业就业的逆向变动要强于第二、第三产业就业的正向变动，表明城镇化发展引起农村人口向城镇聚集，第一产业从业人口减少成为一大趋势。同时，第二、第三产业从业人数增多，且城镇化率提高一个百分点增加的第二产业的就业人口数较多，表明第二产业的就业吸纳能力较强。

二、经济响应空间差异

区分区域城镇化经济响应类型是有针对性地提出不同类型区域调控策略的必要前提。由于城镇化对产业结构变化的影响机制具有复杂性，因此对城镇化的经济响应进行测度是一项复杂的工程。为了直观、便捷地测度城镇化的经济响应，并考虑到研究区相关数据可获性的难易程度，借鉴"产业结构演变的城市化响应系数"（刘艳军、李诚固，2009）的构建方法，提出城镇化的经济响应系数模型，其公式为：

$$R = \frac{i/I}{p/P} \tag{8.3}$$

式（8.3）中：R 为城镇化的经济响应系数，i 为非农产业产值，I 为生产总值，p 为城镇人口规模，P 为常住人口规模。i/I 为产业非农化水平，反映非农产业发展以及产业结构变化情况，p/P 为城镇化水平，是城乡人口构成以及城乡人口空间发展的综合反映。该模型通过非农化率与城镇化水平的比值来体现城镇化的经济响应。比值增大，表明经济发展对城镇化的响应程度增强，反之则表示减弱。

该模型的经济学意义在于：假设其他条件不变，在一定时期内，若城镇化的经济响应系数增大，说明城镇化的推进会带来生产要素的集约和规模化效益，这将会在很大程度上提高非农产业的比较收益，促进需求扩张及与之紧密相关的消费增长，从而增强对产业结构升级的带动力度。相反，若城镇化的经济响应系数减小，说明城镇化对非农就业人口的消费需求、农村剩余劳动力向城镇转移的拉动作用下降，城镇的集聚效应难以充分发挥，城镇化对非农产业发展以及产业结构升级的作用强度减弱（刘艳军，2011）。

（一）响应类型绝对差异

通过对陕西县域城镇化经济响应系数的计算来比较 2000 年、2005 年、2010 年、2012 年、2016 年城镇化的经济响应系数的绝对变化和差异。通过对比分析，将城镇的经济响应系数变化按照升、降划分为：先降再升再降型、先升再降型、下降型和上升型。

1. 先降再升再降型

经济响应系数先降再升再降型城镇的城镇化发展对经济发展的支撑作用经历了先减弱再增强再减弱的过程。该类型城镇数目最多，包括扶风、眉县、陇县、麟游、凤县、太白、三原、泾阳、乾县、礼泉、彬县、长武、旬邑、淳化、武功、华县、大荔、合阳、蒲城、白水、富平、韩城、延安、志丹、吴起、洛川、宜川、黄龙、黄陵、南郑、勉县、略阳、镇巴、留坝、佛坪、榆林、神木、定边、绥德、米脂、吴堡、安康、汉阴、石泉、宁陕、平利、镇坪、旬阳、白河、丹凤、商南、山阳、镇安。该类型城镇缺乏持续性的经济发展动力。

2. 先升再降型

先升再降型城镇以市辖区及其周边县域为主。2010 年以前，此类城镇随着城镇化水平的提高其经济响应强度也不断提高，反映了其城镇化对经济发展的带动作用不断增强，而后却逐渐减弱。包括紫阳、岚皋、商洛、洛南、清涧、佳县、城固、洋县、西乡、甘泉、富县、安塞、延长、华阴、潼关、兴平、渭南、永寿、千阳、宜君、高陵、户县、周至、临潼、阎良。

3. 下降型

柞水、子洲、府谷、横山、靖边、宁强、子长、延川、澄城、岐山、凤翔、陈仓、蓝田、长安的城镇化的经济响应系数一直下降，表明城镇化对经济发展的支撑作用在不断减弱。

4. 上升型

主要集中于发展基础雄厚和条件优越的地级城市，如汉中市、咸阳市、宝鸡市、西安市。

总而言之，从区域空间整体来看，陕西城镇化发展的经济响应系数具有较强的空间差异性。从 2000 年开始，多数城镇在经历了城镇化经济响应系数的先降再升再降、先升再降之后，2016 年均呈现下降态势，且降至 1.7 左右，表明全省城镇化对经济发展的支撑作用趋于平稳甚至减弱。也就是说，区域城镇化的经济响应空间绝对差异经历了缩小、增大继而再缩小的历程（见图 8 - 5），呈现出城镇化对非农经济的低水平影响与带动。

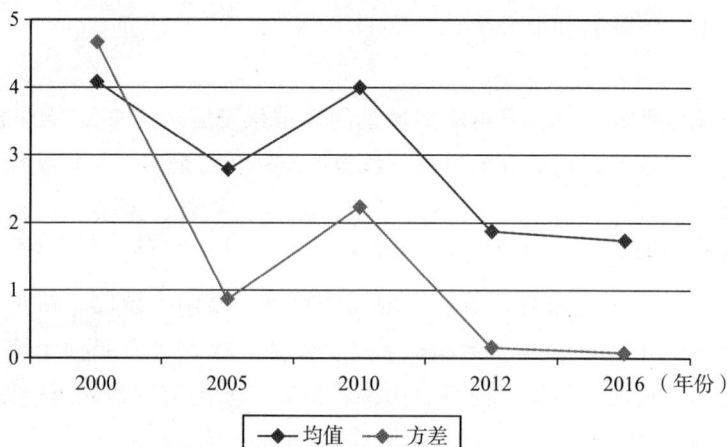

图 8 - 5 城镇化的经济响应系数的均值、方差变化

（二）响应强度相对差异

城镇化经济响应系数的绝对差异仅能反映城镇化对经济发展支撑作用的大小及其变化，是从纵向时间轴过程来比较差异变化的。由于各年份城镇化的经济响应系数的测算值范围差异很大，采用统一的划分标准对区域进行类型划分会出现如 2012 年大部分城镇为弱响应类型这样的结果，这显然与实际不符，也不具有可比性。因而，采用自然断裂法将每一年份的系数值进行类型划分，根据类型的变化来判断响应变化的差异，从而使得各区域具有横向的可比性（类似去量纲化的过程）。

根据测算出的城镇化的经济响应系数，将响应类型划分为强响应类型、较强响应类型、中度响应类型、较弱响应类型以及弱响应类型五种类型（见表 8 - 7）。

表 8-7　　　　　　　　　　　　　　　陕西城镇经济响应类型变化

城镇	2000 年	2016 年	城镇	2000 年	2016 年	城镇	2000 年	2016 年
阎良区	0.83	1.61	岚皋县	3.15	1.80	清涧县	4.50	1.78
杨凌区	0.92	1.65	泾阳县	3.26	1.68	吴堡县	4.50	1.73
西安市	1.09	1.36	子长县	3.32	1.37	白水县	4.51	1.38
咸阳市	1.09	1.90	佛坪县	3.33	1.30	周至县	4.51	2.03
宝鸡市	1.15	1.95	岐山县	3.34	2.23	柞水县	4.57	1.88
兴平市	1.16	1.45	镇坪县	3.35	1.75	陈仓区	4.64	1.37
汉中市	1.45	1.97	紫阳县	3.38	1.92	子洲县	4.79	2.09
铜川市	1.46	1.46	府谷县	3.38	1.50	白河县	4.82	2.02
华阴市	1.63	1.61	留坝县	3.44	1.54	吴起县	4.86	1.56
临潼区	1.79	2.60	潼关县	3.46	1.87	淳化县	4.89	1.55
延安市	1.83	1.61	石泉县	3.47	1.93	蒲城县	4.98	2.02
榆林市	2.06	1.69	麟游县	3.58	2.50	横山县	5.03	1.69
城固县	2.12	1.63	志丹县	3.61	1.55	三原县	5.07	1.58
黄龙县	2.15	1.21	丹凤县	3.69	1.55	扶风县	5.14	2.14
渭南市	2.19	2.13	洋县	3.79	1.60	镇巴县	5.17	1.80
韩城市	2.24	1.36	安塞县	3.80	1.65	彬县	5.30	1.74
富县	2.27	1.55	南郑县	3.93	1.85	旬阳县	5.33	1.80
宁陕县	2.33	1.40	大荔县	3.93	1.80	户县	5.53	1.79
黄陵县	2.33	1.49	汉阴县	3.97	1.97	米脂县	5.61	1.97
千阳县	2.51	1.88	洛南县	3.98	1.52	靖边县	5.78	1.44
西乡县	2.61	1.62	定边县	4.00	1.93	长安区	6.19	1.70
延长县	2.61	1.55	绥德县	4.07	1.97	山阳县	6.34	1.64
神木县	2.62	1.43	宁强县	4.07	1.48	佳县	6.36	2.24
商洛市	2.62	1.83	洛川县	4.13	2.24	长武县	6.61	1.85
永寿县	2.63	1.94	平利县	4.20	1.77	华县	6.88	1.94

续表

城镇	2000 年	2016 年	城镇	2000 年	2016 年	城镇	2000 年	2016 年
太白县	2.76	1.52	凤县	4.23	1.62	澄城县	7.38	1.74
勉县	3.01	1.30	武功县	4.32	2.10	陇县	7.46	1.81
眉县	3.02	2.12	宜川县	4.32	1.40	旬邑县	7.62	2.01
甘泉县	3.04	1.32	凤翔县	4.37	1.90	高陵县	8.00	1.30
宜君县	3.05	2.25	合阳县	4.38	1.72	乾县	9.98	1.75
略阳县	3.12	1.53	商南县	4.42	1.63	镇安县	10.54	1.31
延川县	3.13	1.21	礼泉县	4.45	1.85	蓝田县	15.89	2.17
安康市	3.14	2.00	富平县	4.49	1.98			

注：灰度由浅渐深依次表示弱、较弱、中度、较强和强响应类型。依据 2001 年、2017 年《陕西统计年鉴》《陕西区域统计年鉴》相关数据计算而得。

通过对比各年份五种类型区域的变化，得出以下结论。

（1）多数城市市辖区经济响应强度均不高。与同年份其他县域响应系数相比，市辖区经济响应系数较低，一方面表明市辖区城镇化发展与经济发展已基本进入了稳定互促时期，城镇化与经济发展良性互动，另一方面也表明县域城镇化对县域经济，乃至全省经济的贡献日益凸显。

（2）响应强度类型的区域变化差异大。与 2000 年相比，响应增强的区域主要分布在关中地区，其次为陕南地区，陕北地区最少；响应减弱的地区以关中地区居多，占到减少区域数目的近 50%，其次为陕北地区，陕南地区最少。这种空间变化反映了近些年关中地区增强类型县域集中在经济发展基础较好的县域，动力较为持久，响应减弱类型的县域既反映了城镇化对其经济发展相对乏力的带动和支撑作用，也反映了目前关中地区以传统制造业、传统服务业为主的产业结构面临亟须优化升级的诉求，其产业发展面临转型的境遇。陕北地区增强类型不突出，响应减弱县域集中在原先发展基础较好的县域，反映了资源依赖型城镇在后煤炭经济时代面临发展动力不足的境况。陕南地区虽发展基础薄弱，但移民搬迁的实施以及城镇化进程的推进有效带动了陕南地区的经济发展，与全省经济发展平均水平及关中、陕北地区的差距在逐渐缩小。

第二节 社会维度响应

以社会平等价值观为导向的区域社会公平、公正发展观要求重视人与人之间的平等关系，以空间公正理念审视区域社会的可持续发展问题。因而本书中城镇化的社会维度响应将从人口外流、半城镇化现象以及城乡差距变化入手，分析其产生的原因，为提出基于空间公平、公正的优化路径提供依据。

一、人口流动现象显著

随着城镇之间、城乡之间联系的日益紧密，为追求更高的收入水平和社会地位，作为城镇化过程的核心要素——人口也在不断发生着移动或流动，其规模变化、空间格局以及流动结构均不同程度地推动着社会变迁。以第五次、第六次人口普查资料为数据来源，以居住在本乡、镇、街道，户口在外乡、镇、街道且离开户口登记地满半年以上的人口作为人口流动的数据来源来分析区域流动人口的空间变化，探索城镇化过程中人口变动规律和趋势。

（一）人口流动规模及结构变化

流动人口规模显著增加。2010 年陕西流动人口规模达 589.44 万人，较 2000 年 236.53 万人上升了 149%[①]。流动人口规模占常住人口规模比重已由 6.69% 增到 15.79%。

省内流动人口规模远高于省际流动人口。省内流动人口由 193.93 万人增长到 492 万人，省际流动人口由 42.6 万人增长到 97.44 万人（见图 8 - 6），均呈现大幅增长特征；而与全国多数省份相似，省内流动人口规模占据很高比重（见图 8 - 7）。三大区域流动人口结构中也与全省流动人口结构一致（见图 8 - 8），即绝大多数流动人口均来自本省常居住地以外的地区，从外省流入的人口占据很少比例。这一方面与陕西处于西北内陆这一地理位置密切

[①] 《陕西省 2000 年人口普查资料》《陕西省 2010 年人口普查资料》。

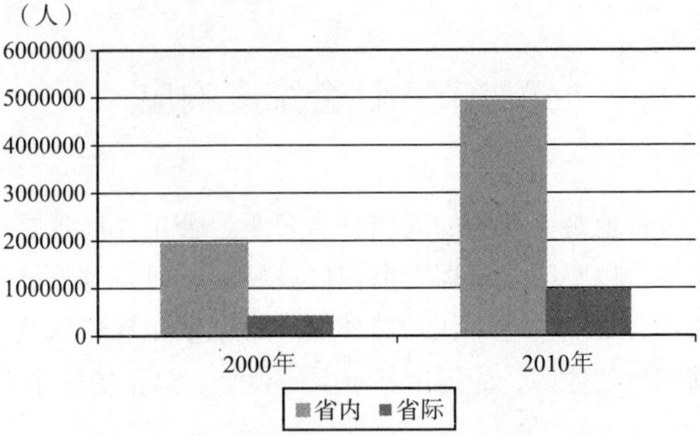

图 8-6　陕西省内、省际流动人口结构及变化

资料来源：《陕西省 2000 年人口普查资料》《陕西省 2010 年人口普查资料》。

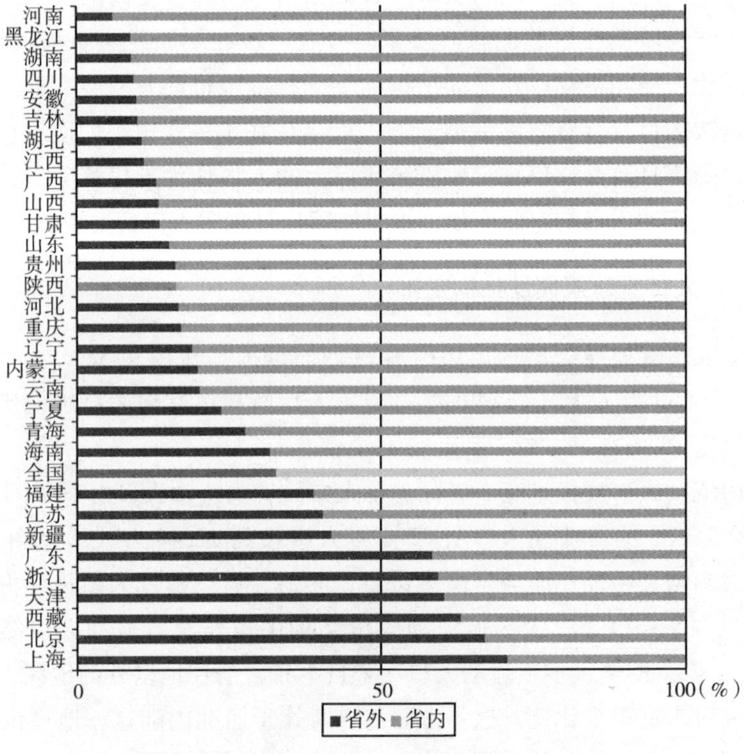

图 8-7　全国各省（区、市）流动人口结构

资料来源：《陕西省 2000 年人口普查资料》《陕西省 2010 年人口普查资料》。

相关，另一方面与沿海经济发达省份相比，陕西经济总量较为落后，对人才的吸引力不及沿海地区，整体发展水平较为落后，这也是造成人口外流的主要原因。

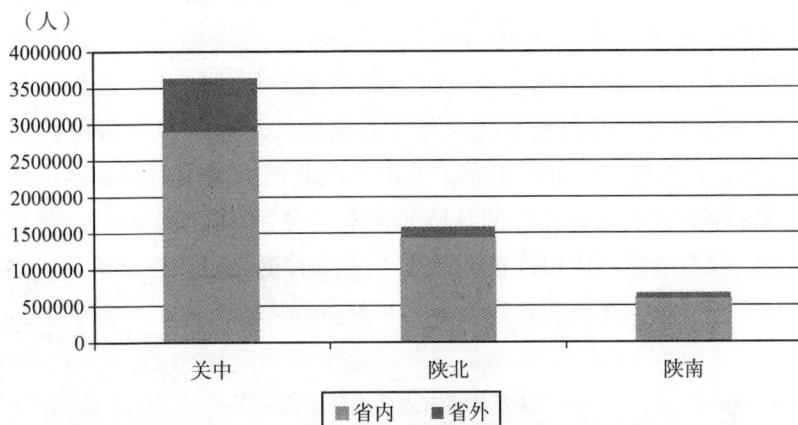

图 8 - 8　陕西三大区域流动人口结构

资料来源：《中国 2000 年人口普查资料》《中国 2010 年人口普查资料》。

人口流动空间分异明显。关中地区流动人口规模最大，约 364 万人，占全省流动人口规模的 62%，陕北地区位居第二，占 27%，陕南地区流动人口规模最少，仅占 11%，见图 8 - 9（a）。在总流动人口规模中，省内流动人口和省际流动人口的空间分布也遵从同样的规律，即关中地区显著高于陕北地区、陕北地区高于陕南地区见图 8 - 9（b）和（c）。

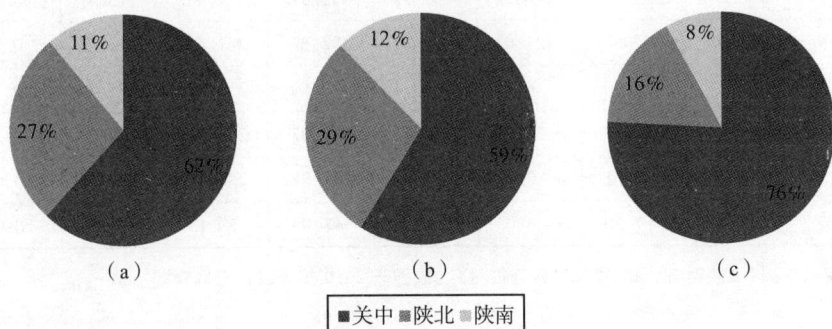

图 8 - 9　陕西流动人口空间分布

资料来源：《陕西省 2000 年人口普查资料》《陕西省 2010 年人口普查资料》。

173

（二）人口流入与流出特征

从陕西全省来看，外省流入 97.44 万人，流出到外省 161.20 万人，净流出人口为 63.76 万人[①]，主要流向北京、上海、广东、浙江、江苏等东部沿海地区和内蒙古、新疆等地，流入人口主要来自周边河南、四川及甘肃等省份。从各地市看，除西安、杨凌外，其余地市均属人口净流出区（见表 8-8）。从县域人口流动角度来看，关中、陕北地区城市市区基本上属人口流入地区，部分发展条件较好的县域如神木、府谷、高陵、靖边、吴起、洛川、凤县、麟游等县域人口净流入，源于坚实的工业基础能够承载较多的劳动力；陕南地区仅有略阳人口净流入；其余多数县域以人口净流出为主。

表 8-8　　　　　　　　　　　陕西各地市人口流动情况

城市	五普				六普			
	户籍人口（万人）	常住人口（万人）	净流出（万人）	净流出比重（%）	户籍人口（万人）	常住人口（万人）	净流出（万人）	净流出比重（%）
西安	688.01	741.14	-53.13	-0.07	791.83	851.34	-59.51	-0.07
铜川	83.22	80.81	2.41	0.03	85.46	83.82	1.64	0.02
宝鸡	363.38	366.47	-3.09	-0.01	383.19	372.72	10.47	0.03
咸阳	474.51	483.88	-9.37	-0.02	525.72	491.23	34.49	0.07
渭南	529.02	539.48	-10.46	-0.02	564.68	530.49	34.19	0.06
延安	196.64	205.59	-8.95	-0.04	232.91	219.40	13.51	0.06
汉中	368.93	347.86	21.07	0.06	382.32	341.51	40.81	0.12
榆林	326.04	319.90	6.14	0.02	370.69	335.24	35.45	0.11
安康	292.43	266.57	25.86	0.10	305.07	263.07	42.00	0.16
商洛	236.72	239.01	-2.29	-0.01	247.87	233.62	14.25	0.06
杨凌	13.27	17.30	-4.03	-0.23	18.93	20.17	-1.24	-0.06

资料来源：《陕西省 2000 年人口普查资料》《陕西省 2010 年人口普查资料》。

---

① 《陕西省 2000 年人口普查资料》《陕西省 2010 年人口普查资料》。

可见，城镇发展水平及其就业吸纳能力的区域差异，导致了劳动力的异地转移，从而产生了明显的人口外流现象，也即异地城镇化现象。

二、半城镇化现象凸显

半城镇化是我国户籍制度约束下与新型城镇化内涵相矛盾的最为明显的特有现象，是新型城镇化亟须解决的问题。半城镇化现象表现为进城农村人口虽在城镇生活，但是尚未在教育、医疗、就业、社会保障、城镇住房、选举等诸多方面与城镇居民享有同等待遇；多从事层次较低、稳定性欠缺、收入水平有限的存在于建筑业、加工制造业以及商贸服务业等非常规行业（廖志豪、张光远，2004），被认可度较低，无法真正融入城镇社会（贾若祥、刘毅，2002；朱东峰、吴立群，2011；陈贝贝，2012），处于被城镇边缘化的境地，是一种不彻底、不完全的转移（吕园等，2013）。半城镇化人口的社会利益被固化在自有的社会空间当中，与具有城镇户籍的居民形成二元社会空间结构；且在政府财政能力有限的制约下二元社会结构出现日益极化的趋势，二者差距日益悬殊。

改革开放前，过分依赖重工业发展的产业结构使得轻工业发展水平较低，人口吸纳能力十分有限，且严格的户籍制度将农村居民长期拒绝在城市之外，致使我国城镇化进程缓慢。改革开放之后，户籍制度开始解冻，允许农村人口进入城镇从事剩余农产品的自销或其他非农生产，加之粮票制度的取消、第三产业对劳动力的大量需求都为部分农村人口扫清了进城道路上的种种障碍。此外，城中村改造、城郊征地拆迁等城市开发建设活动也催生了部分城市新市民。因此，半城镇化人口主要包括进入城镇的农村人口以及就地拆迁改造的农转非人口。

2016年，我国城镇化率达到57.35%[①]。在城镇生活工作的人口中，有相当一部分农民工及其随迁家属未能在教育、就业、医疗、养老及住房等方面与城镇居民平等享受城镇基本公共服务，从而导致在城镇内部出现了新的二元结构矛盾，严重制约了城镇化对产业结构升级、扩大内需的推动作用。对陕西这样的西部省份半城镇化现象的剖析，有助于深入了解区域城镇化发展

---

① 《中国统计年鉴（2017）》。

质量，为探索解决半城镇化问题的合理路径提供依据。作为西部地区的典型代表，陕西的半城镇化问题已相当突出，其半城镇化现象呈现以下特征。

1. 半城镇化人口规模较大、比重过高

首先，从陕西全省半城镇化人口规模来看，十年间全省半城镇化人口由386 万人上升到735 万人，占据城镇人口的46.47%，占常住人口的21.23%（见表8-9）。

表8-9 陕西半城镇化人口及其比重变化

项目	城镇人口（万人）	非农业户籍人口（万人）	半城镇化人口（万人）	占城镇人口比重（%）
五普	1163	777	386	33.22
六普	1706	913	793	46.47

资料来源：全国第五、第六次人口普查资料。

其次，从半城镇化人口规模分布来看，主要集中在经济发展水平相对较高的关中地区，其中西安半城镇化人口规模居全省首位，达到218 万人，占城镇人口比重的38.4%（见图8-10），已经超过了北京、上海半城镇化人口

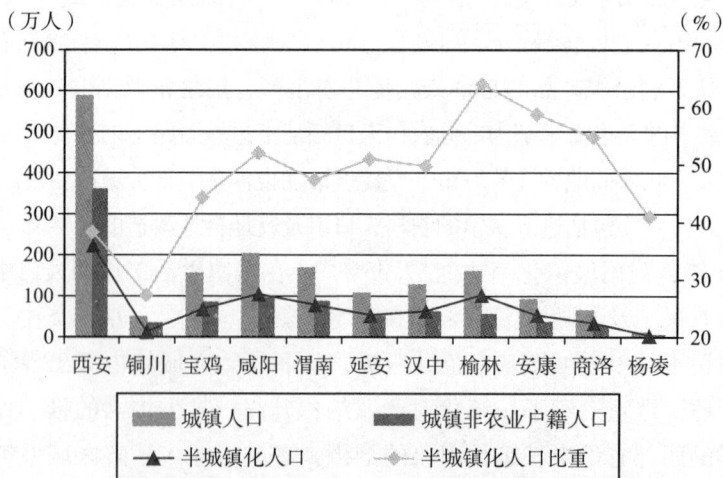

图8-10 陕西省各地市（区）半城镇化水平差异

资料来源：全国第六次人口普查资料。

占城镇人口的比重（见图8－11）；陕北地区半城镇化现象较为明显，以榆林最为突出，半城镇化人口占城镇人口比重达64.2%；陕南地区半城镇化规模虽较低，但半城镇化人口占城镇人口的比重却普遍偏高。可见，半城镇化差异表现为不同财政能力约束下人口倾向于向能够提供较高水平公共服务的地区，而这又会加剧人口分布的空间极化，不利于区域全面、均衡发展（吕园等，2014）。

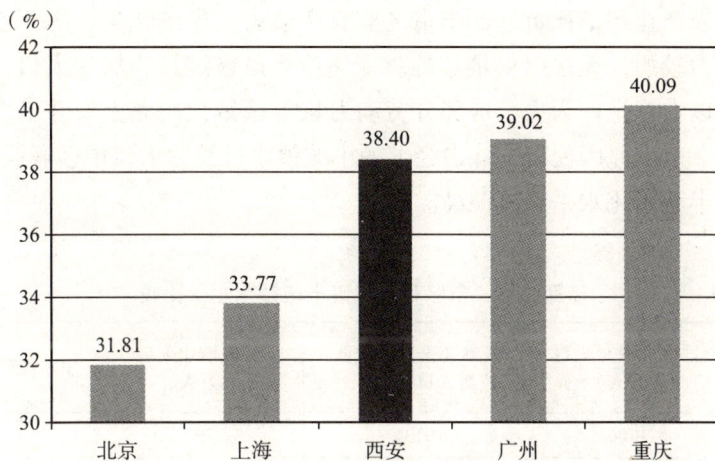

图8－11 陕西省会城市（西安）与全国主要城市半城镇化水平比较

资料来源：全国第六次人口普查资料。

2. 小城镇半城镇化是造成全省半城镇化水平虚高的主要原因

半城镇化人口的原义指居住在城镇并从事非农产业的城镇常住人口。而在半城镇化规模的计算中由于缺乏半城镇化人口的就业情况统计而往往将居住在城镇但尚未在城镇就业的城镇常住人口也统计在内，这部分人口会造成半城镇化水平升高。那么，到底是市区还是小城镇促使了陕西全省较高的半城镇化水平，则需要对比城市市区和小城镇的半城镇化水平。如果城市市区半城镇化水平低于市域半城镇化平均水平，表明市域中除市区外的小城镇半城镇化水平存在虚高现象。

经数据测算，陕西小城镇虚假城镇化现象显著。2010年市区半城镇化水平为36.23%（见表8－10），小城镇半城镇化水平高达58.98%，高于全省46.47%的半城镇化平均水平；且除榆林、商洛外，其余地市市区半城镇化水平也低于市域半城镇化水平（见图 8 – 12），也即小城镇的半城镇化水平要高于市区半城镇化水平。原因在于：第一，2000 年以来陕西建制镇数目由 919个增加到 2010 年的 1136 个，撤乡设镇、设街办等行政建制的调整使得建制镇数目增长了 23.6%，这无形中加大了城镇常住人口统计数量。第二，由于农村地区的迁村并点，学校、医疗等设施相继撤并，出现了农村地区人口到城镇就学、就医，但尚未从事非农产业生产的现象。第三，从经济发展来看，小城镇非农产业产值比重远低于市区非农产值占全省的比重，因而小城镇就业承载能力较弱，无法提供足够的就业岗位；虽被统计为城镇人口，但多数劳动力仍以农业生产为主，这部分劳动力从半城镇化内涵上看并不属于半城镇化人口。以上原因使得统计口径上的小城镇半城镇化人口中虚假成分较高，导致全省半城镇化水平整体偏高。

表 8 – 10　　　　　　　陕西全省、市区和小城镇半城镇化水平比较

类别	城市（镇）人口（万人）	城市（镇）非农业户籍人口（万人）	半城镇化人口（万人）	半城镇化率（%）
全省	1706	913	793	46.47
市区	938	598	340	36.23
小城镇	768	315	453	58.98

资料来源：《陕西省 2010 年人口普查资料》。

3. 半城镇化人口市民化进程缓慢

从享受公共服务角度来看，半城镇化人口市民化进程十分缓慢且障碍重重。在进城农村人口子女教育方面，陕西虽出台了保证随迁子女享有与城镇居民同等义务教育的相关政策，但在实际落实中却出现"招生名额已满""提供'身份证、户口簿、监护人暂住证、与本地用人单位签订的劳动合同或在本地的纳税证明、原户籍所在地乡镇政府或县级教育行政部门出具的同意流出就学的证明'"等各种障碍；2017 年陕西异地高考方案中规定在陕参加高考需满足"随迁子女父母户籍在陕或公安部门证明在陕西居住 3 年以上、缴纳养老保险 3 年及以上，在陕西连续学籍满 3 年，获得陕西省高级中等教育阶段学校颁发的毕业证书方可参加本省高考报名"等诸多条件。陕西保障

性住房要求外来人口在户籍、劳动关系和各项社会保险①方面均应符合相关要求，较高的进入"门槛"将多数外来人口排除在住房保障范围之外。在医疗、养老保障上，亦存在医疗保险无法与户籍所在地有效对接、养老保障无处落实等问题。可见，不健全的政策是造成半城镇化现象的根源（何为、黄贤金，2013）。

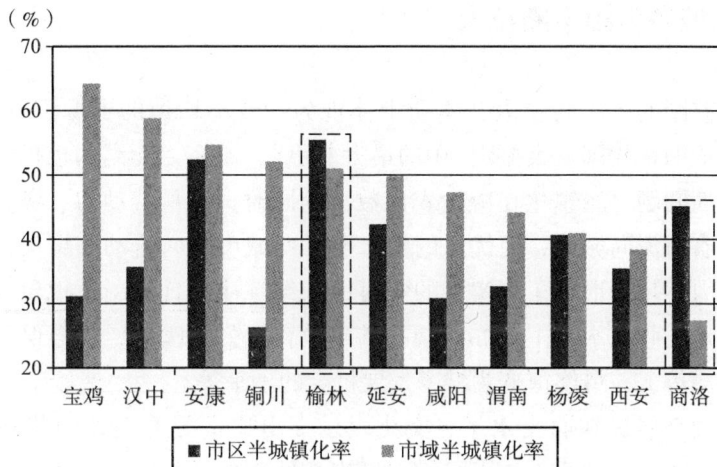

图 8 – 12　陕西地级市市域、市区半城镇化水平比较

资料来源：《陕西省 2010 年人口普查资料》。

从生活方式转变来看，无论是被征地拆迁村民的就地城镇化，还是迁移到城市的农村人口的异地城镇化，在生活方式上均未彻底实现从农村型生活方式向城市型生活方式的转型。以西安市为例，城市新区开发建设征用了近郊农民的大量土地，农民"被"赶上楼房居住，由"农业户口"被改为"城镇居民户口"，但因其区位、邻里、文化等环境均未发生本质变化，仍旧保持原先的生活方式。虽置身于城市当中，却很难接受也不愿意去融入周边的城市环境与文化当中；异地迁入城市的外来人口虽然为尽快在城市扎根生存而努力融入、接受城市生活，但面对巨大的城乡文化差异与时空隔离，多数

---

① 陕西省人民政府 . 陕西省保障性住房管理办法（试行）［EB/OL］.［2011 – 08 – 30］. http：//www. shaanxi. gov. cn/0/1/9/39/104848. htm.

人选择与同乡聚集，又返回至初始小范围的乡村人脉环境中，其生活和消费方式仍保留着农村的习惯和特征，市民化程度较低（吕园等，2013）。可见，多数半城镇化人口保持着农业户籍、生活习惯和邻里环境，部分城中村居民以房租作为主要收入来源，缺乏自主谋生的意愿，与新型城镇化内涵相悖，不利于人口城镇化进程。

三、城乡差距不断拉大

城乡差距的产生与拉大在本质上体现为城乡不均衡的资源配置。目前，城乡差距依旧是我国三大差距[①]中的最大差距[②]，城乡二元结构也仍然是最突出的结构性问题。城镇化在减少农民数量的同时，大量劳动力、资金、资源不断地从农村流向城镇，使优质的生产要素向城市单向流动和聚集，导致农村内生动力不足，形成了事实上的农村地区经济社会日益凋敝现象。城乡差距不仅体现在收入水平上，亦体现在基础教育、公共医疗、社会保障等公共服务的不均等上，最终演变为城乡发展机会的不平等。

陕西城乡居民在收支水平、文化娱乐支出比重等方面差距依存（见图8－13），且在收入水平等方面呈扩大趋势（见图8－14），且收入、消费的城乡比也一直高于全国平均水平（见表8－11），城乡发展不均衡现象十分显著。可见，城乡差异往往表现为城乡经济结构差异，而本质上更多的是反映社会地位、社会保障、公民权利等方面的差异。

可见，城乡差距根源于城乡之间不平等的公共资源配置。与城镇相比，农村地区获得很少的公共资源，且在很多情况下，农村资源反被城镇占据，造成了农村地区长期处于被剥夺的劣势地位，限制了农村地区的长久发展。而城镇的公共资源又是与户籍制度挂钩的，进城农村人口享受公共资源的制度成本被提高，造成了城镇和农村居民社会地位的显著差异，严重阻碍了城镇化质量的提升。

---

① 城乡差距、区域差距及贫富差距。
② 参见：中央农村工作会议，2012。

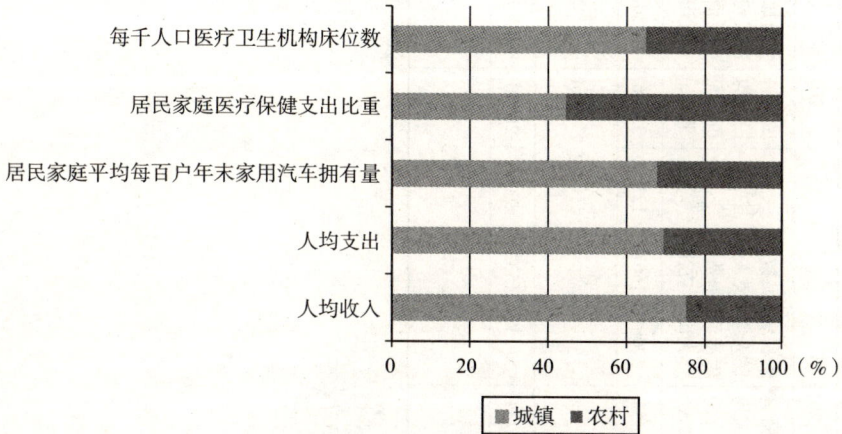

图 8 - 13　2016 年陕西城乡居民生活水平差距

资料来源：《中国统计年鉴（2017）》《陕西统计年鉴（2017）》。

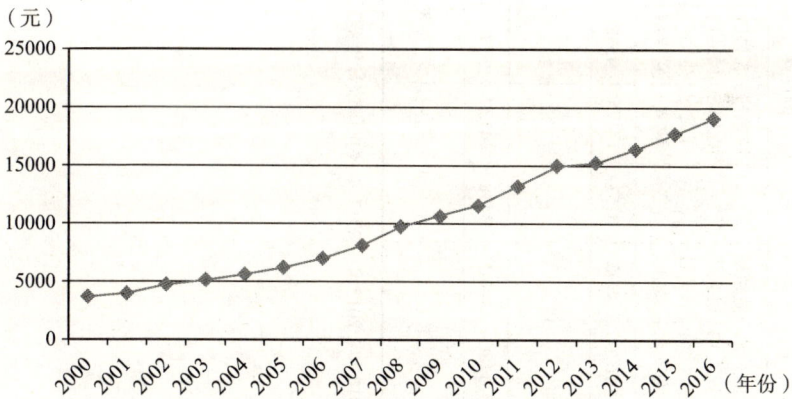

图 8 - 14　城乡居民收入差距变化不断扩大

资料来源：《陕西统计年鉴（2017）》。

表 8 - 11　　全国、陕西城乡收入、消费比对比

项目	2000 年				2009 年				2012 年				2016 年			
	农村居民人均纯收入	城镇居民人均可支配收入	农村居民人均生活消费支出	城镇居民人均消费性支出	农村居民人均纯收入	城镇居民人均可支配收入	农村居民人均生活消费支出	城镇居民人均消费性支出	农村居民人均纯收入	城镇居民人均可支配收入	农村居民人均生活消费支出	城镇居民人均消费性支出	农村居民人均纯收入	城镇居民人均可支配收入	农村居民人均生活消费支出	城镇居民人均消费性支出
全国	2253	5425	1670	4995	5153	17175	4382	13471	7917	24565	5908	16674	12363	33616	10130	23079
城乡消费比		2.4		3		3.3		3.1		3.1		2.8		2.7		2.3
陕西	1444	5124	1186	4891	3438	14129	3794	11822	5763	20734	5115	15333	9363	28440	8567.7	19369
城乡消费比		3.6		4.1		4.1		3.1		3.6		3		3		2.3

资料来源：2001 年、2010 年、2013 年、2017 年《中国统计年鉴》《陕西统计年鉴》。

第三节　生态环境维度响应

生态文明是以实现社会和谐共生、良性循环全面发展为基本宗旨（薛冰等，2012）的人与自然、人与人、人与社会之间的文化伦理形态。中共十八大在"四位一体"基础上增加了生态文明，构建"五位一体"①的总体布局。可见生态环境建设已被赋予了更高、更多的关注，这也是新型城镇化的重要内涵之一。地理学对生态环境的关注以协调好人地关系为出发点，从区域宏观层面聚焦于城镇化过程对生态环境的影响及其对策研究（刘耀斌等，2005）。

本书将在明确城镇化对生态环境影响作用机制的基础上，从土地利用结构变化、水资源变化、能源开发以及空气质量污染角度定量分析城镇化过程带来的生态环境响应，并提出维持生态环境容量阈值的调控路径。

一、土地利用结构变化明显

区域城镇化进程的有序推进离不开土地资源的承载。城镇化的空间过程作用于土地上，带来了土地利用结构的变化。最为显著的变化即为耕地数量的减少以及建设用地数量的迅速增加。

（一）耕地资源面积大幅减少

资源节约型社会中最迫切需要节约的资源就是土地资源。城镇化对土地利用结构的作用表现为城市建成区范围不断扩大而向外侵占周边各类农用地，挤占生态空间。2000～2011 年，除铜川耕地面积稍有减少外，陕西各城市市辖区耕地面积均在减少（见表 8–12），十年间共减少 8125.42 平方千米，相比 2000 年减少了 16.93%。其中关中、陕北地区减少规模较大，占总减少规模的 74.34%，这与其快速城镇化密切相关，关中地区优越的地形条件更是

---

① 经济建设、政治建设、文化建设、社会建设、生态文明建设。

加速了城镇扩张带来的耕地数量减少速度；陕南地区虽与关中、陕北地区的耕地减少规模相比较少，但与 2000 年相比，其耕地面积也大幅减少。可见，过快的城镇化进程不仅破坏了耕地的生态服务功能，也打破了土地利用多样化的复合生态功能，对我国粮食安全也会形成一定影响，是一种重建设、轻质量的城镇化道路。高效、集约、节约用地，适度高强度开发已有建设用地是有效的解决途径。

表 8−12　　　　　　　　　陕西各城市市辖区耕地面积变化

地区		2000 年（平方千米）	2011 年（平方千米）	变化（平方千米）	相对 2000 年变化百分比（%）	占市辖区农用地减少面积的比例（%）
关中	西安	3385.71	2957.44	428.27	12.65	5.27
	咸阳	4131.74	3645.41	486.33	11.77	5.99
	宝鸡	4004.33	3627.52	376.80	9.41	4.64
	渭南	6403.27	5710.83	692.44	10.81	8.52
	铜川	945.62	984.96	−39.34	−4.16	−0.48
陕北	延安	6651.53	3614.85	3036.68	45.65	37.37
	榆林	11381.92	10322.54	1059.38	9.31	13.04
陕南	汉中	3967.17	3566.89	400.28	10.09	4.93
	安康	4635.22	3417.77	1217.46	26.27	14.98
	商洛	2497.94	2030.83	467.12	18.70	5.75
陕西全省	合计	48004.45	39879.03	8125.42	16.93	100.00

资料来源：2000 年、2011 年《陕西省土地利用现状数据集》。

（二）城镇建成区快速扩张

城镇化空间过程主要体现为以不断占据城镇周边农业生产用地和农村居民点用地为特征的城市扩张。城市扩张是城市发展到一定阶段的产物。城镇建设扩张所占据的土地多位于受中心城市较大辐射影响的、城市与农村景观混杂、基础设施配置不完善的城中村、城市边缘或城乡接合部（贾若祥、刘毅，2002；何为、黄贤金，2012）。在欧洲国家，城市蔓延出现不多，而多出现在北美及亚洲城市的空间发展中，如印度尼西亚的雅加达、美国西部沿海城市、中国多数大城市等（Goldblum & Wong，2000；谷凯，2002；苏建忠等，2005；蒋芳等，2007）。麦基提出在亚洲大城市之间存在着与城市相互作用强烈、非农产业飞速增长的既区别于城市又区别于原始乡村的地区，他称之为城乡融合区（desakota），认为该区域是由乡村地区向城市化地区转变的过渡地带（郑艳婷等，2003）。目前，城市扩张在我国现阶段各大城市并不鲜见，陕西城市建成区的快速扩张现象也十分显著。

1. 建成区扩张速度飞快

在新型城镇化的背景下，城镇土地粗放利用、盲目扩张等土地"被城镇化"现象将造成愈加突出的人地矛盾。近十年，陕西人口增长率仅为0.3%，与周边及东部部分省份相比增速缓慢，而其建成区面积则以6.54%的速度扩张，远高于全国以及部分东、中部地区（见图8-15）。

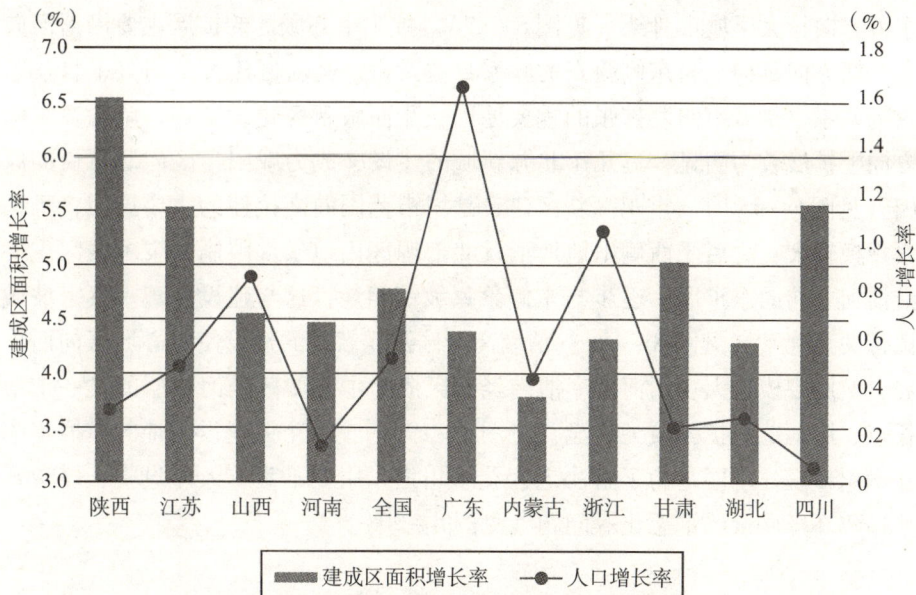

图8-15 陕西与周边省份、东部省份及全国建成区扩展及人口增长情况的对比

资料来源：依据2001~2017年《中国统计年鉴》相关数据计算而得。

2. 新区成为城市空间扩展的主导诱因

城市空间扩展最为直观、真实的描述即以遥感影像记录的时间变化来反映。本书采用 ENVI 5.0 遥感影像图像处理软件，以基于监督分类的面向对象遥感影像解译方法对 2000 年、2005 年以及 2010 年各城市市辖区遥感影像进行分析，通过裁剪、图像分类、辐射定标及大气校正等一系列预处理，结合关键地域野外核实等方法，划分用地类型为建设用地、农用地、林地、草地、水域及未利用地，提取出建设用地，来描述陕西各城市市辖区建设用地时空变化特征。

从陕西内部来看，各城市市辖区的扩张现象也十分显著（吕园等，2013）。

关中地区城市扩张速度普遍较快，建成区面积增长速度均快于城镇化率增长速度（见图 8 – 16）。十年间，西安市政府的北迁、西安经开区建设引导城市向北扩张，南郊大学城的建立以及西南方向西安高新区快速发展使得城市西南方向扩展强度和规模均较大，曲江新区以高品质居住为着眼点快速向东南方向拉大了城市骨架（见图 8 – 17）。咸阳中心城区的扩展主要沿渭河向东、西方向延伸，与东侧西安的联系日益紧密，高新区建设及与兴平日益紧密的联系也是城市向西扩张的重要原因；受西咸新区建设影响，咸阳在东南方向上扩展较为明显；近几年北塬新城的建设又成为咸阳市区向北发展的原因（见图 8 – 18①）。宝鸡高新区建设是城市范围向南拉伸的主要原因，且扩张规模较大；之后受西侧山地地形及北部塬区用地条件限制，宝鸡城区主要沿渭河方向向东扩展，逐步与东侧蔡家坡镇相连，这与建设宝鸡—蔡家坡城镇带关系甚密（见图 8 – 18）。渭南高新区及职教城的建设使中心城区向西扩展，扩展规模较大；渭河北岸渭南经开区成为中心城区隔河相望的又一个增长点，用地范围扩张较为明显（见图 8 – 19）。铜川市区建设用地的扩展集中在铜川新区，主要是为了解决老区狭窄川道、用地不足、人口过密、煤炭开采导致环境质量严重恶化等问题（见图 8 – 20）。

---

① 为进一步探讨西咸两市的发展方向，故将西安、咸阳放入一张图中分析。

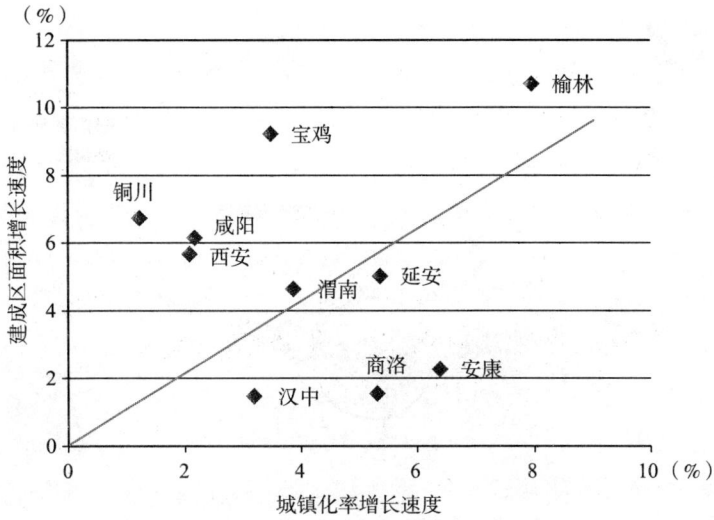

图 8 – 16　2000 年以来陕西各地级市市辖区建成区面积与城镇化率增长关系

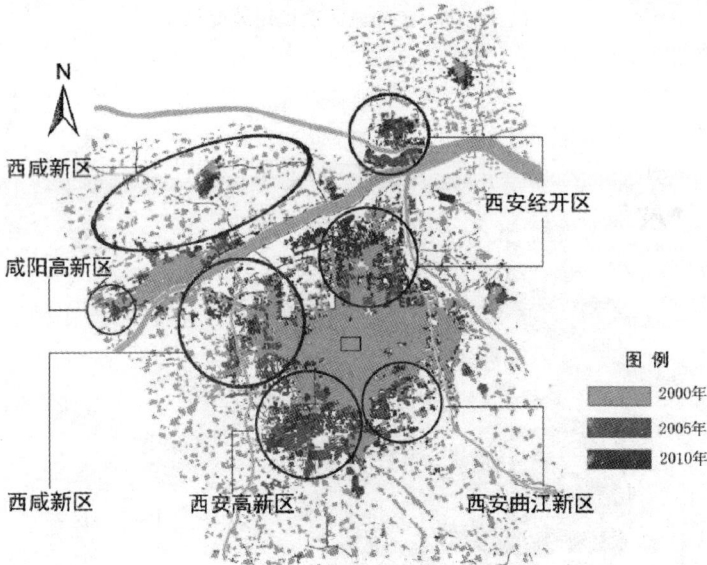

图 8 – 17　西安—咸阳城区建设用地变化

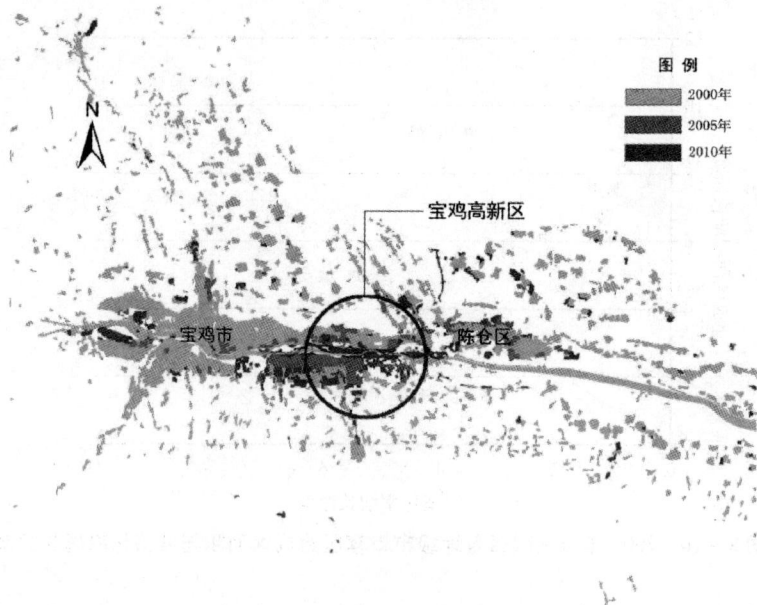

图例
2000年
2005年
2010年

宝鸡高新区

宝鸡市   陈仓区

图 8 - 18　宝鸡城区建设用地变化

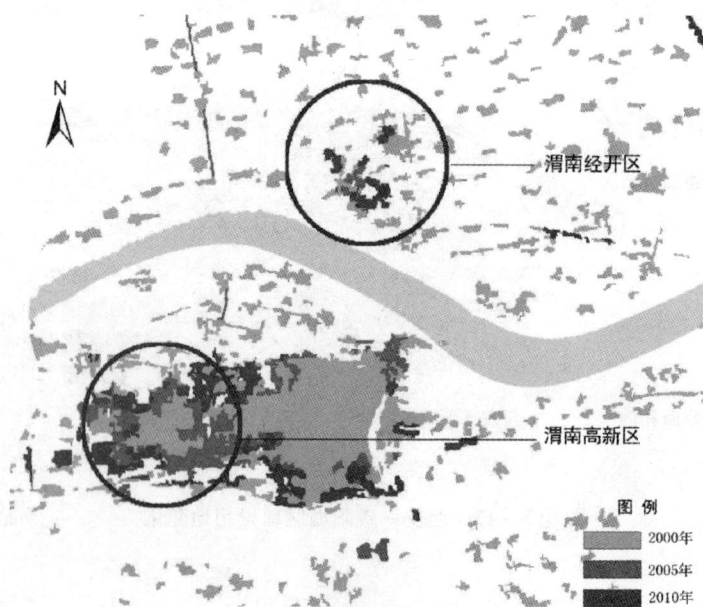

渭南经开区

渭南高新区

图例
2000年
2005年
2010年

图 8 - 19　渭南城区建设用地变化

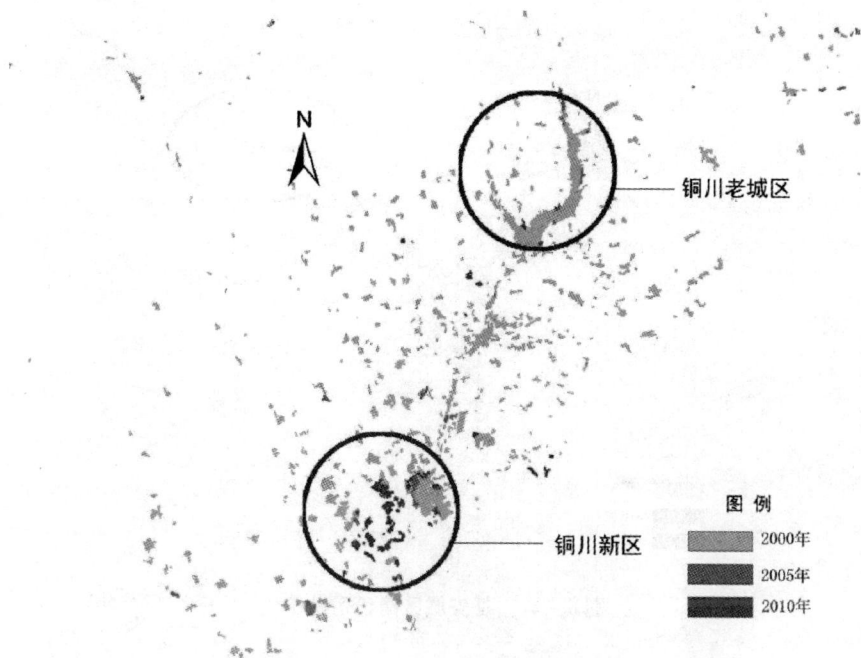

图 8 – 20　铜川城区建设用地变化

　　陕北地区建成区面积增长速度也较快（见图 8 – 16）。延安建成区面积增长速度与城镇化率增长速度基本相当，达到 5.02%，受川道地形限制，城市只能沿川道拓展，2005 年以前，西北川和南川是主要拓展方向；随着延安经济开发区建设，东川方向成为延安市区主要的拓展方向；近几年延安的"削山填谷造城"将会使建设用地规模大幅增加（见图 8 – 21）。榆林的建成区面积增长速度已超过 10%，是增幅最大的城市；榆林高新区（原经开区）自 1999 年设立以来，以能源化工基地综合配套服务基地为主要职能实现迅速发展，中心城区南扩现象十分显著；榆神工业园区建设也拉动了中心城区向东北方向扩展；芹河新区又将中心城区向西扩展，成为中心城区一个新的板块（见图 8 – 22）。

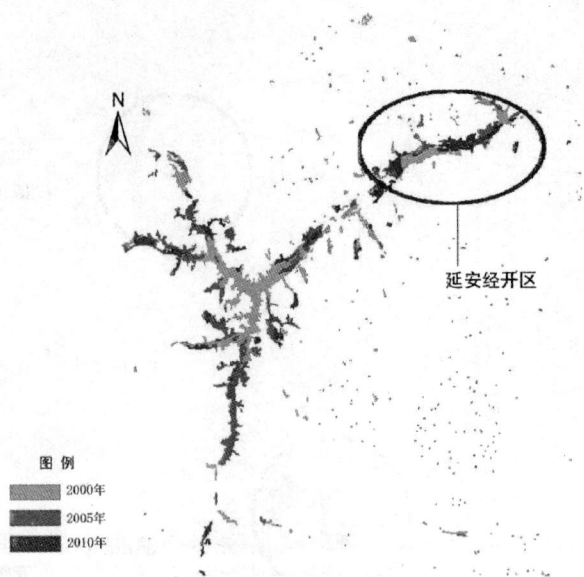

图 8 - 21　延安城区建设用地变化

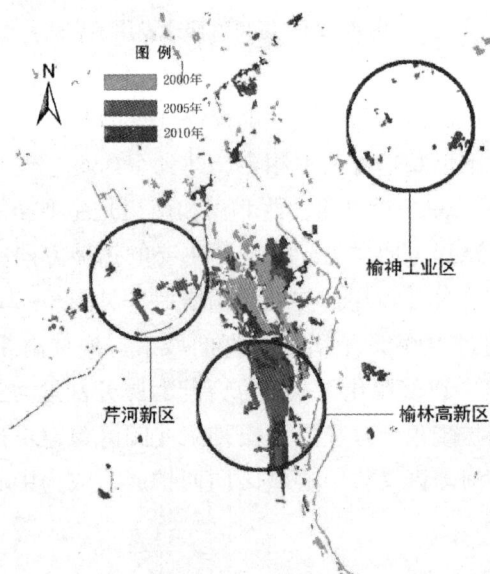

图 8 - 22　榆林城区建设用地变化

陕南地区则由于地形等自然因素限制，整体上建成区面积增长速度明显慢于城镇化率增长速度（见图 8 - 16）。汉中中心城区扩展较慢，主要以填充式扩展为主；西北方向褒城工业区、东侧经开区空间扩展较为明显（见图 8 - 23）。安康中心城区的扩展主要沿汉江实现外围式填充；前期西北方向的扩展与安康高新区建设相关（见图 8 - 24）。以商丹循环工业园区为主要载体的商丹一体化成为商洛中心城区向东南缓慢扩展的主要动力（见图 8 - 25）。

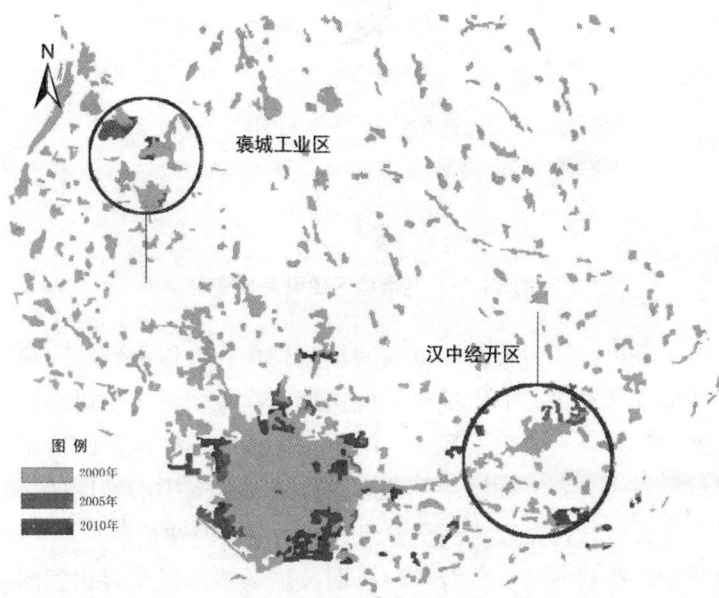

图 8 - 23　汉中城区建设用地变化

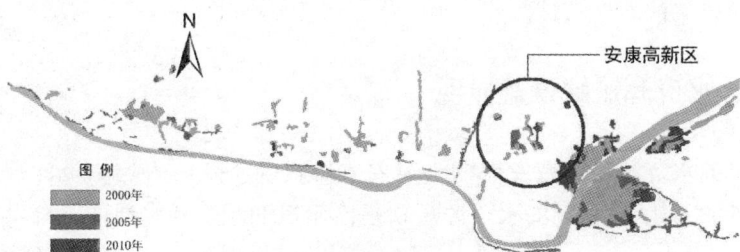

图 8 - 24　安康城区建设用地变化

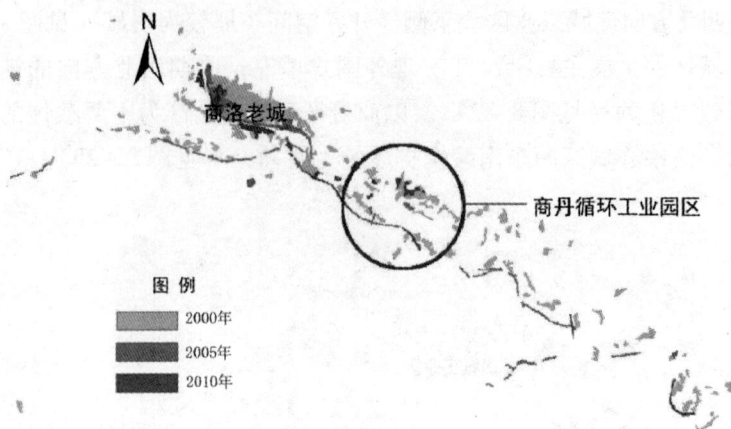

图 8－25　商洛城区建设用地变化

　　基于以上分析，认为陕西城镇空间扩张现象存在以下特征：第一，城镇空间扩展速度整体较快。平原城市扩展速度规模最快，主要以外延式扩张式为主，如西安、宝鸡、咸阳、渭南、铜川、榆林中心城区；山地城市扩展较慢，主要以填充式为主，如汉中、安康、商洛、延安中心城区。第二，城市新区建设是导致各城市以及陕西全省建成区面积飞速增长最为显著的驱动力。城镇土地巨大的获利空间、政府部门任期政绩的追求以及寻租意图使得征占土地、建立新区成为快速实现预期目标的捷径。在城镇化进程中，过分强调城镇规模的扩大，而未注重从城市内部土地潜力的挖掘，进而造成了城区面积扩大而带来的不经济性。

二、水资源短缺日益显现

　　充足的水资源是区域发展的必需要素。目前，陕西人均水资源仅为全国平均水平的 1/2[①]，出现的水资源短缺是由水量的减少和水质的下降共同造成

---

　　① 中国网. 陕西人均水资源仅是全国一半，严重缺水 ［EB/OL］. （2013－02－21）. http：// money. 163. com/13/0221/11/8O7VO8B600252G50. html.

的。水体的水量、水质与城镇化过程中人类活动的干扰密切相关。

一方面，快速城镇化带来的人口规模增长导致需水量、用水量剧增，城镇发展需水大量挤占生态用水。2000 年以来，陕西工业用水总量从 12.47 亿立方米增加到 14.2 亿立方米，城乡生活用水增长了 45%[①]。水资源时空分布不均更加剧了省域内部不同地区水资源供需矛盾。在时间分布上，降雨主要分布在夏季，冬季干枯少雨；在空间分布上，地处秦巴山地的陕南地区占据全省水资源总量的 71%，水量充沛，而土地占全省 2/3、人口占 3/4、经济总量占 90% 以上的关中、陕北地区的水资源仅占全省的 29%[②]。关中地区作为陕西政治经济文化的核心区域，是人口规模最大、聚集速度最快的地区，缺水的境遇与其战略地位极其不符；陕北地区由于降雨稀少且水资源贫乏，资源性缺水已成为陕北能源化工基地建设的重要制约因素。

另一方面，水体污染严重减少了可用水资源量，水环境日趋恶化，进一步加剧了水资源短缺现象。人口增长既带来生活污水排放量的同步增长，也对工业产品的需求日趋旺盛，工业生产的"三废"排放也日趋增多。首先，污水排放直接影响地表水体的水质。2000 年以来，陕西城镇化发展引起了工业废水、生活污水排放量的快速增多，其中城镇化与生活污水量的相关性更强，而工业废水量则在近几年出现下降势头（见图 8-26），这是由于国家节能减排政策的实施推动了节水设施的启用以及工业污水的回收与循环利用；氨氮排放量是影响地表水质的首要指标，是各类型氮中危害最大的一种污染物，生活污水中的氨氮排放量要远高于工业废水中的氨氮排放量（见图 8-27），且根据环保部的监测数据，近几年渭河断面水质均在 V 类、甚至劣 V 类水质[③]，主要污染物均是氨氮。其次，城镇化无论与工业固体废物，还是城市生活垃圾之间的相关性均已达到 0.8 以上（见图 8-28），随着城镇化的推进，固体废弃物的产生量也日益增多，其堆积会对地表土壤、周边河流水系以及地下水产生严重污染。

---

① 2001~2017 年《陕西统计年鉴》。

② 中国网. 陕西人均水资源仅是全国一半，严重缺水 [EB/OL]. [2013-02-21]. http://money.163.com/13/0221/11/8O7VO8B600252G50.html.

③ 中华人民共和国环境保护部数据中心. 陕西渭南潼关吊桥断面水质周报分析 [EB/OL]. [2014-3-18]. http://datacenter.mep.gov.cn/report/water/report_52weeks_waterplace_new1.jsp? waterplace＝陕西渭南潼关吊桥 &year＝2011&wissue＝20&page＝1&tableValue＝ph.

（万吨）

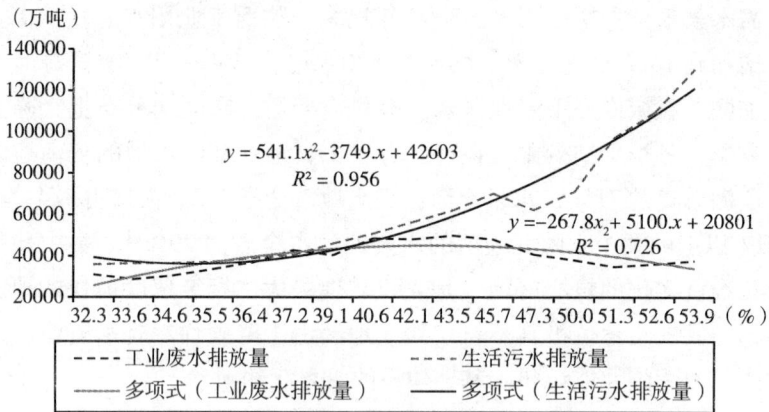

$$y = 541.1x^2 - 3749.x + 42603$$
$$R^2 = 0.956$$

$$y = -267.8x_2 + 5100.x + 20801$$
$$R^2 = 0.726$$

- - - - 工业废水排放量   - - - - 生活污水排放量
——— 多项式（工业废水排放量）   ——— 多项式（生活污水排放量）

图 8 - 26   城镇化水平与工业废水、生活污水的相关分析

资料来源：2001～2016 年《中国环境统计年鉴》《陕西统计年鉴》。

（吨）

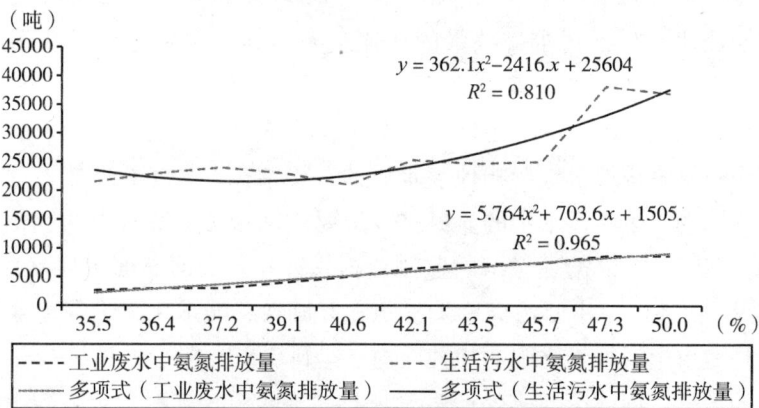

$$y = 362.1x^2 - 2416.x + 25604$$
$$R^2 = 0.810$$

$$y = 5.764x^2 + 703.6x + 1505.$$
$$R^2 = 0.965$$

- - - - 工业废水中氨氮排放量   - - - - 生活污水中氨氮排放量
——— 多项式（工业废水中氨氮排放量）   ——— 多项式（生活污水中氨氮排放量）

图 8 - 27   城镇化水平与氨氮排放量的相关分析

资料来源：2001～2016 年《中国环境统计年鉴》《陕西统计年鉴》。

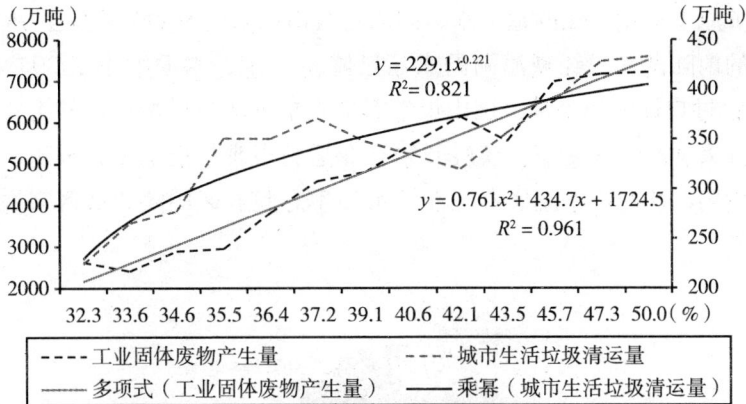

$$y = 229.1x^{0.221}$$
$$R^2 = 0.821$$

$$y = 0.761x^2 + 434.7x + 1724.5$$
$$R^2 = 0.961$$

图 8-28　城镇化水平与固体废弃物的相关分析

资料来源：2001~2016 年《中国环境统计年鉴》《陕西统计年鉴》。

三、能源消耗引发生态问题

　　城镇化的快速推进加剧了对能源的需求。随着照明、取暖等生活设施配套的完善以及职住分离造成的通勤距离的增加，城镇化进程大大增加了对能源的需求，人均能源消耗不断增加。在经济利益的催促下，展开了对能源的掠夺式开发，带来了一系列难以恢复的生态问题。

　　陕西是我国能源种类齐全、存量丰富的能源大省之一。其中，能源储量丰富的陕北地区人均能源消耗远高于关中和陕南地区（见图 8-29）。在能源快速消耗的背景下，多个典型地区的生态环境已经遭到了巨大破坏。陕西铜川是典型的资源型城市，在对煤炭资源的快速采掘之后，单一的产业结构难以为继，资源开始出现枯竭，并于 2009 年被国家列为资源枯竭城市；老城区因资源开采造成的环境污染、地表沉陷、水体污染等问题层出不穷，倒逼政府寻求新的宜居之地——铜川新区进行整体搬迁。陕北地区煤、石油、天然气能源储量丰富，是我国重要的能源化工基地之一，地区产业结构也是以能源化工产业为主，产业结构较为单一。高额的能源经济利益链引诱了许多煤矿、油矿的开采，造成地面塌陷、环境恶化、水体干涸等严重的生态问题，煤矿周边居民点的搬迁使得耕地撂荒，村庄废弃。据资料报道，榆林神木县的采空区面积已达 220 平方千米，损毁水浇地、旱地、林草地各数万亩，严重破坏了原本蕴藏较浅的地下水，湖泊总数由原来的 869 个减少至 79 个，陕西最大的内陆湖——红碱淖湖的水位已降至 3 米，水面缩小了 30% 以上①。2013 年，进口煤大幅增加，国内煤炭需求大幅下滑，煤炭价格的大幅下跌使得煤炭开采利润空间骤缩，煤炭开采企业运转艰难，根本无力承担高额的生态治理费用，这对原本就属资源性缺水和生态脆弱区的陕北地区来说无疑是雪上加霜。

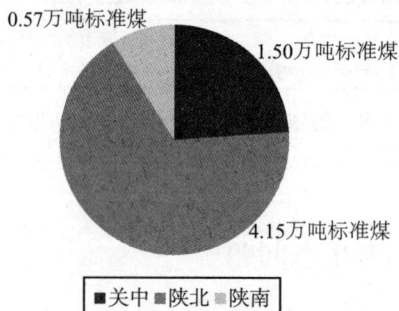

图 8 - 29 陕西三大区域人均能源消费量

资料来源：《陕西统计年鉴（2016）》。

四、空气质量污染严重

人类活动对大气环境质量的影响是多方面的。

第一，工业废气是造成大气污染的主要原因。国家实施了相关污水排放标准和要求，与工业废水监测相比，废气排放的监测较困难也难以衡量，使得对废气的排放难以控制。近五年，陕西能源结构中煤炭消费比例均在 70%以上②，2012 年工业废气排放量已达 2000 年的 6 倍，城镇化率每增加一个百分点带来的工业废气排放量逐年增多（见图 8 - 30），燃煤烟气中的氮氧化物、二氧化硫等污染物质成为大气污染的主要源头。

---

① 长江商报. 缺水、地面塌陷、环境恶化"煤矿挖完了该怎么办？"［EB/OL］.［2010 - 08 - 29］. http://www. changjiangtimes. com/2010/08/287210. html.

② 《陕西统计年鉴（2017）》。

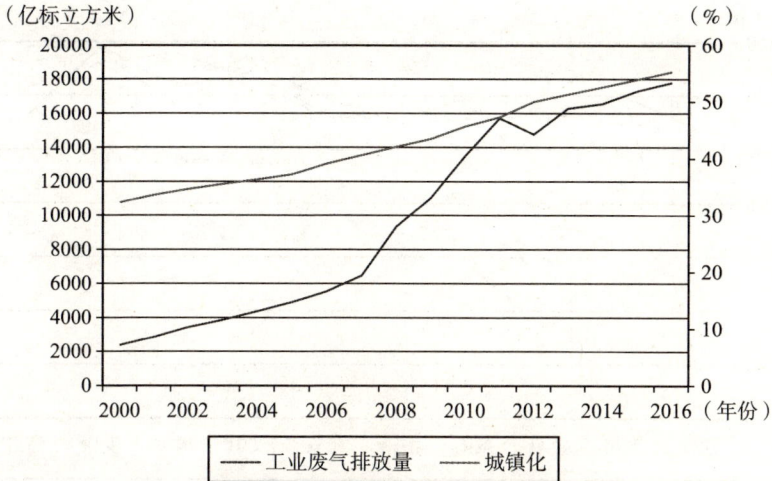

图 8 – 30　城镇化发展与工业废气排放量的增长

资料来源：2001～2017 年《陕西统计年鉴》。

第二，烟尘是造成大气污染的又一重要来源。首先，工业烟尘排放是所有烟尘排放量中最多的一类，占到 80% 以上[①]。其次，城镇化的快速推进以大规模的人口聚集和城市建设为表象，居民日常生活和城市建设均会产生大量烟尘、扬尘，再加上城市高密度、高层住宅的骤增挤压了城市空间和绿地，也阻碍了污染物的疏散通道，直接导致了大气烟尘的久浮不散。最后，城镇规模的扩大增加了居民对机动车需求量的增加，使得机动车尾气现已成为空气污染的重要原因之一。

工业废气与烟尘综合作用于大气环境，就形成了空气质量下降这一直观表现。空气质量优良率是反映空气环境质量的常用指标。近几年，陕西空气质量整体上呈现不断下行趋势（见图 8 – 31），其中关中地区的空气污染较重，省会城市西安多次位列全国空气质量最差城市行列。

---

① 《陕西统计年鉴（2017）》。

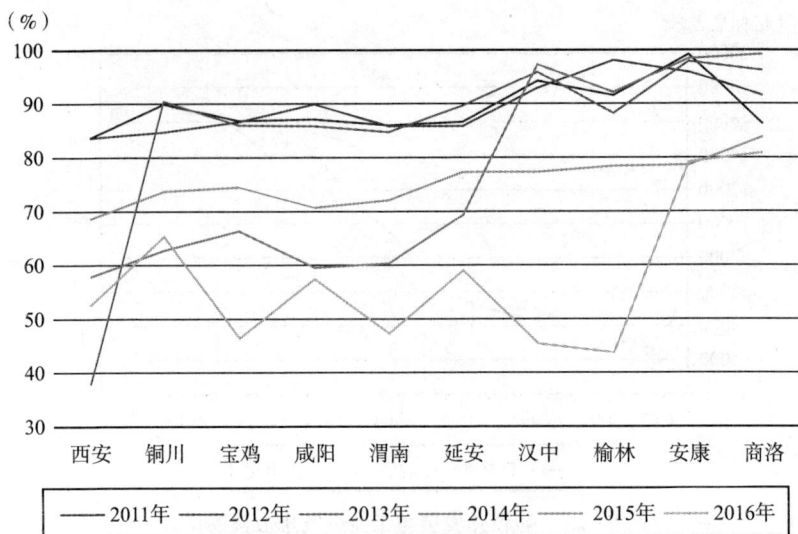

图 8 – 31　陕西城市空气日报优良率

资料来源：各年份《陕西统计年鉴》。

第四节　本 章 小 结

城镇化的核心要义是农村人口向城镇转移，其表现不仅仅是农村人口向城镇的聚集，也表现为城镇经济、社会、生态环境方面要素在空间上的变化与重新安排。伴随着城镇化的快速发展，区域内社会、经济以及生态环境以响应的方式展现出城镇化对社会、经济和生态环境的作用。

（1）城镇化的经济响应以经济空间聚集、产业结构及就业结构的变化为主要表现。首先，经济活动倾向于在市区范围内聚集，且关中地区市区聚集程度高于陕南地区、陕南地区高于陕北地区。其次，不断上升的第二产业比重和不断下降的第三产业比重凸显了陕西不发达的第三产业以及就业吸纳能力欠缺的第二产业；通过多元回归模型的构建，认为陕西城镇化引起的第三产业的逆向变动要强于第一产业的逆向变动，城镇化对第三产业的影响程度较深，与第二产业呈高度相关性。最后，与产业结构不同，就业结构中第二、第三产业就业比重均呈上升态势且第二产业就业比重低于第三产业比重；通过多元回归模型的构建，认为第一产业就业的逆向变动强于第二、第三产业就业的正向变动是引起农村人口向城镇聚集的依据之一，也是第二、第三产业对于城镇化发展的就业弹性较大的主要原因。

陕西城镇化发展的经济响应系数具有较强的空间分异特征。基于经济响应系数的绝对差异，得出各城镇的经济响应类型呈现出先降再升再降型、先升再降型、下降型、先降再升型、先升再降再升型五种类型，且前两种类型居多。基于经济响应的相对差异，将全省城镇划分为强响应类型、较强响应类型、中度响应类型、较弱响应类型以及弱响应类型五种类型。相对差异的空间分析更能反映出城镇之间的横向比较结果。

（2）城镇化的社会响应以人口外流、半城镇化和城乡差距变化为主要表现。首先，陕西流动人口规模大幅增长，其中省内流动人口占据规模较大；从空间分布上来看，总流动人口、省内流动人口和省际流动人口均遵从关中地区显著高于陕北地区、陕北地区高于陕南地区的规律；整体上来看，陕西属于人口外流省份，主要流向北京、上海、广东、浙江、江苏等东部沿海地区和内蒙古、新疆等地，经济总量落后、吸引力薄弱是造成人口外流的主要原因。其次，半城镇化现象凸显。半城镇化人口规模较大、比重过高，其中小城镇半城镇化人口中虚假成分较高，导致全省半城镇化水平虚高；半城镇化人口的市民化进程缓慢，难与城镇居民享有同等公共服务和社会保障。最后，城乡差距不断扩大。城乡之间不均等的公共资源配置造成城乡居民在收支水平、生活条件等方面的差距不断扩大，且在收入水平、固定资产投资等方面呈扩大趋势，且收入、消费的城乡比也一直高于全国平均水平。

（3）生态环境对城镇化过程的响应表现为：首先，土地利用结构变化明显：耕地数量锐减，破坏了耕地的生态服务功能，打破了土地利用多样化的复合生态功能；城市建设用地扩张问题较为突出，城市新区的设立成为城市建成区扩张的主要原因。其次，人口增长带来的用水量剧增以及水体污染共同造成水资源短缺现象。再次，能源的掠夺式开发造成了环境污染、地表沉陷、水体污染等一系列难以恢复的生态问题。最后，空气质量污染严重，工业废气和烟尘是造成大气污染的主要来源。

第九章

区域城镇化发展调控路径

与区域城镇空间发展相适应，未来区域城镇化空间发展需要有效的整合路径，以期为统筹区域、城乡、经济社会与生态环境发展奠定良好的空间承载基础。同时，经济、社会实现可持续发展和生态环境良好的城镇化才是新型城镇化所要实现的重要目标，因而寻求优化响应路径，对于切实推进新型城镇化具有积极的实践意义。

第一节　基于城镇化空间格局与过程的空间整合路径

基于区域城镇化空间格局与演化过程的分析，提出区域城镇空间整合与优化的提升路径，以期实现对区域城镇化空间发展的合理引导。

一、城镇分等级引导

不同等级规模的城镇形成了一个中间数量庞大、两头欠缺的橄榄形的城镇等级体系。位于城镇体系顶级的核心城市仅有西安一个，位于最低等级的城镇数目也远远小于中间层次城镇数目。因而针对不同等级的城镇，其城镇化空间发展应采用差异化的发展策略。

做优核心城市。Ⅰ级城市西安位于整个城镇体系的顶端，是省域范围内的核心城市，其自身经济发展实力已经显著强于省内其他城市；而由前述分析得知，西安的辐射响应范围却并未覆盖至更大区域。因而，核心城市的发展重点应该是：一方面，继续增强城镇发展综合实力，以及在更大区域范围内同成都、武汉等城市的竞争力，加快国际化进程；另一方面，增强西安对省内其他城市及周边城镇的辐射带动作用。

做强中间层级城市。中间层级城市主要包括Ⅱ、Ⅲ、Ⅳ三个等级城镇。现阶段Ⅱ级城市均为省域范围内的地级城市，这必然与能够获得更多发展机遇与政策优待的政治经济文化中心职能相关；城镇化发展的根本动力在于工业化的发展，也即非农产业的发展，而从职能演化过程的分析中得出，陕西地级城市的工业和以商贸服务为代表的第三产业优势并不突出，使得这些城市城镇人口增长缓慢，城镇化举步维艰。因而强化城镇化的非农产业支撑是Ⅱ级城市推进城镇化的首要任务。Ⅲ级城镇基本上是近些年省域范围内发展基础好或增长速度快的县域，其职能多为工业型、矿产开发型、交通主导型和商贸服务型城镇，应进一步增强此类城镇的发展实力，提升其在城镇体系中的层级，优化Ⅱ级城市的现有结构。Ⅳ级城镇数目众多，多为农业型城镇和一般型城镇，也有部分传统工业基础较为雄厚的城镇，此类城镇应注重非农产业的培育和传统产业的改造升级、优化，以产业聚集带动人口聚集，逐步向上一层级城镇演进。

做大底层城镇。底层城镇即Ⅴ级城镇，多为农业型城镇，其城镇化发展的持续动力不足使得人口向城镇聚集缓慢。而城镇规模的扩大是城镇社会经济效益提高的前提。目前多数底层城镇尚未达到城市集聚功能得以发挥的临界规模，其首要任务是整合城镇资源，重点培育就业弹性高的非农产业，逐步扩大城镇规模。

二、区域整体协同发展

现今社会经济发展形势以及区域一体化趋势使得城镇俨然已不是自我整合、孤立的内生式的发展单元，城镇之间的联系日益密切。因此，城镇的发展不能就城镇论城镇，而应将一定区域范围内的城镇综合起来，统筹考虑区域的整体发展目标和方向，再以此来确定为了实现区域发展目标各城镇应该如何协调，承担何种职能分工并确定各自发展重点。对于陕西来说，区域整体协同发展即要以西安为核心，以次一级城市为地区性中心城市，其余城镇突破行政界线藩篱，按照资源要素市场化的最佳地域组合方式将以上城市围合起来，形成不同的中心—外围地区，使得外围获得中心的拉力，中心获得外围的支撑作用，再通过交通、信息等设施和技术的不断完善、革新，推进区域空间的整体演进。区域整合发展还亟须加强陕北、陕南地区与关中地区的联系，培育陕北、陕南地区中心城镇，增强其辐射带动能力，使其具备承接发达地区产业和辐射的能力。

三、地区差异化发展

在实现区域整体协调发展目标的框架之下，区域内部各地区也应实行差异化的发展重点，避免区域内部出现同质资源的恶性竞争与发展同构。

关中地区应紧抓丝绸之路经济带建设契机，以城镇化重点发展区为重点，以轴向联系为纽带，向东加快西渭融合步伐，向西重点发展宝鸡—蔡家坡百里城镇带，拓展关中城镇发展空间，强化东西向城镇发展轴两端城镇的联系；通过发展轴的旁侧影响，带动关中城市群发展，提升关中城市群的地位和作用，形成一个经济实力雄厚、发展势头强劲的城市群。以西安、咸阳、宝鸡、渭南、铜川为核心，以陇海铁路为骨架，建设东西向城际快速干道体系，同时加快建设环线公路，推进县际公路的规划和建设，加强城市群内部联通便捷度；通过陇海铁路、西潼—西宝高速公路建设，强化关中城市群与周边城市及城市群的联系。

陕北地区以榆林—横山、绥德—米脂、神木—府谷、延安—延长—延川、子长—安塞等城镇化重点发展区为重点，依托能源产业发展相关劳动密集型工业，着重增强城镇的就业吸纳能力。

陕南地区要充分利用现有基础，以汉中盆地、石泉—汉阴—安康—旬阳等城镇化重点发展区为依托，增强陕南十天高速及阳安铁路沿线城镇发展带的辐射带动能力，大力发展洛南—商洛—丹凤城镇化重点发展区，引导人口与生产要素的合理聚集，使之成为带动城镇化发展的先导区域。

第二节　基于城镇化多维度响应的调控路径

基于城镇化的多维度响应，分别从经济、社会及生态环境三方面提出具体的调控路径。

一、经济调控路径

基于不同类型区域城镇化的经济响应差异，从各区域的发展基础、现实条件以及进一步发展的潜力出发，提出适合区域经济整体发展的调控路径，以期促进城镇化经济响应能力的提升。

（一）以提升第三产业为手段，优化产业结构

上文中分析到，第三产业较低的产值却容纳了较多的劳动人口，表明现有第三产业的产业层次较低，以商贸、住宿、仓储、餐饮、交通运输等居民传统生活服务业为主，产值的就业弹性较大；相反，第二产业以较少的从业人口得到较高的产值，产值的就业弹性较小，与第二产业主要以资本密集型、技术密集型产业为主有关。与工业不同，第三产业，尤其是现代服务业，不仅能源消耗较少、环境污染小，而且能提供较多的工作岗位，投入产出效益高，有助于实现拉动消费和创造就业的双重目的。因此，今后推动城镇化的关键在于有能够充分承载劳动力的就业岗位，因而发展作为具备强劳动力吸纳能力、就业弹性强的第三产业是十分必要的；在现有第三产业结构的基础上，应大力发展金融、保险、信息传输等高就业弹性的现代服务业。

（二）市辖区产业结构调整升级与县域产业空间聚集

特大、大、中城市市辖区城镇化的突出表现是人口、资源、资本等要素大规模聚集，城市用地规模扩大，空间无序扩张，"城市病"不断涌现，这与层次较低、高能耗高污染并且趋同的产业结构密切相关。

除西安具有较强的工业比较优势、杨凌农业高新技术产业示范区具有较

高的专业化优势之外，其他城市在产业结构上均存在不同程度的趋同，且由于缺乏比较优势和梯度互补，各个城市与开发区之间发展存在较强的竞争关系。以关中地区为例，宝鸡、咸阳、铜川等城市在装备制造、能源化工等优势产业上基本相同。同时，各城市在产业发展上又与区域核心城市西安存在产业同构现象，特别是咸阳、宝鸡的装备制造业与西安在竞争时则处于劣势。不仅如此，区域内各产业园之间也存在产业同构现象。以国家级开发区为例，西安高新技术产业开发区和咸阳高新技术产业园区存在严重的产业同构现象，西安经济技术开发区和渭南高新技术产业开发区等均存在不同程度的产业同构现象（见表9-1），职能重复和产业结构趋同导致城镇发展空间相对缩小、生产要素浪费以及有效流动不畅等问题，部分园区之间由于相距较近而存在招商引资上的恶性竞争。

表9-1   陕西国家级开发区一览

开发区名称	批准时间	核准面积（公顷）	主导产业	依托城市
西安经济技术开发区	2000年	988	机械电子、生物医药、新材料	西安
西安高新技术产业开发区	1991年	2235	电子与信息、光电机电一体化、生物医药	西安
宝鸡高新技术产业开发区	1992年	577	先进制造产业、新材料产业、电子信息	宝鸡
渭南高新技术产业开发区	2010年	1423	精细化工、机械电子、现代医药、食品加工	渭南
陕西航天经济技术开发区	2010年	374	民用航天产业、新能源新光源产业、以服务外包及动漫创意为主的数字航天产业	西安
陕西航空经济技术开发区	2010年	460	飞机及零部件制造、航空维修、机械加工	西安
咸阳高新技术产业园区	1992年	2037	电子、医药、化工	咸阳

续表

开发区名称	批准时间	核准面积（公顷）	主导产业	依托城市
杨凌农业高新技术产业示范区	1997年	2212	现代生物技术（制药）产业、农牧良种及环保农资产业、农副产品精深加工产业	杨凌
榆林高新技术产业园区	2012年	1320	新能源、新型加工制造、新材料、生物医药、环保产业	榆林
秦汉新城	2009年	29100	金融保险、信息服务、商务办公、文化产业	咸阳
空港新城	2009年	14400	航空维修、航材供应、航空零部件制造检测、航空培训	咸阳
泾河新城	2009年	14600	节能环保、高端制造业、测绘、新能源	咸阳
曲江新区	1993年	4097	文化旅游、会展创意、影视演艺、出版传媒	西安
浐灞生态区	2004年	12900	金融、商务、会展、旅游、居住、创意产业	西安
沣东新城	2009年	16100	高新技术研发及创业孵化、商业贸易、文化旅游、房地产开发和都市农业	西安
沣西新城	2009年	14300	信息产业、生物医药、科技创业、新材料、节能环保、健康养生、安防等	西安

资料来源：李建伟. 空间扩张视角的大中城市新区生长机理研究［D］. 西安：西北大学，2012.

因此，市辖区的城镇化的经济调控路径应着重于提升中心城区的主导产业职能，以优势资源和条件优化产业结构；通过城市空间的合理拓展，将产业职能与区域空间结合起来，形成与区域城镇空间结构体系相适应的产业结构体系。

县域经济日益成为区域经济的重要组成部分。县域非农产业发展迅速，县域经济在区域经济中的地位日益显赫。因此县域经济的进一步增长需要通过特色重点非农产业的培育，促进产业向城镇空间聚集，以产城融合形成城镇与产业相协调的空间布局体系。

（三）分区域合理引导产业发展

合理引导不同区域实现产业差异化发展是十分必要的。

关中地区要以整合资源、提升功能、强化特色、有效集聚为原则，以高新技术产业为龙头，以先进制造业为支柱，以现代服务业和现代农业为支撑，培育优势产业集群，优化产业空间布局，提高产业集中度，减少资源消耗和污染排放，严控落后产能扩张，把关中地区建设成为在国内领先的研发创新基地、国际上有影响的先进制造业基地。同时，以丝绸之路经济带为契机，利用地缘优势，整合文化旅游资源，以对外联系的加强来凸显国际大都市的文化职能。

陕北地区产业结构的突出特点是产业结构单一，资源型产业占据主导地位。现今，资源的有限性和资源开采造成的生态环境问题已经给单一的产业结构敲响了警钟，且资源产业布局与城镇空间布局脱离。未来陕北地区产业发展要注重延伸产业链，以产城融合为着眼点，在城镇发展与资源产业密切相关的配套服务产业。同时，也要积极培育资源替代产业，避免资源诅咒而带来的城镇凋敝。

陕南地区社会发展条件相比以上区域较为落后。但近些年经济发展较强地响应了城镇化发展，表明以生态安全、扶贫为主要目的的移民搬迁极大地促进了区域城镇化进程，人口等要素的聚集也带来了区域经济的崛起。因而今后陕南地区要在坚持移民搬迁政策的前提下适度引导城镇化发展，并结合人口迁移合理优化城镇布局，强化城镇的非农产业支撑，以各类园区为载体，形成产业合理布局的城镇空间布局。同时，要坚持生态化道路，发展循环经济，实现城镇化与经济发展的可持续性。

二、社会调控路径

（一）强化城镇化的就业支撑

日益显著的人口外流趋势凸显了薄弱的非农产业就业支撑，城镇非农产业的规模和层次决定了劳动力的去留。因此，要进一步增强各城市产业发展实力，尤其是发展具有较强就业弹性的第三产业，以就业为导向，以各类园区为载体，促进产业和人口等要素聚集，拓展城镇就业空间，注重提高产业发展的就业弹性，推动农村劳动力转移。

完善城镇非农产业布局，引导人口合理分布。产业布局是引导人口空间分布的重要影响因素。因此要依据地域优势，围绕城镇空间格局，合理布局三大区域及各城市的主导产业，因地制宜地发展优势产业，形成"关中先进制造、陕北能源化工、陕南循环经济"的特色鲜明、优势突出、错位发展、吸纳能力强的区域产业协调发展格局。适时在特大、大城市着重发展第三产业，完善产业结构的同时创造更多的就业；中小城市仍以第二产业为主，增强城市发展实力；小城镇和农村地区要鼓励广泛发展现代农业。

（二）加快半城镇化人口市民化进程

1. 革新户籍管理制度

新型城镇化区别于传统城镇化的关键在于它是"以人为核心"的城镇化，是从要素、空间城镇化向人的城镇化的彻底转变。半城镇化人口实现了人的空间转移，但尚未实现社会保障的共享，由此形成了半城镇化人口只有职业城镇化而没有人之生存的城镇化这一悖论现象。而社会保障是与城镇户籍严格绑定的，户籍制度成为一系列社会保障制度的核心载体。户籍制度的改革并不复杂，真正复杂的是依附在户籍制度上的社会保障制度以及由此形成的社会利益分配格局的复杂性。因此，需要改革户籍制度。

河北、辽宁、广西、重庆等多个省（区、市）已取消了农业人口与非农业人口的区分，实行城乡统一的户口登记制度。然而，一次性完全放开户籍限制将会加速城市交通拥挤，使得教育、医疗等公共资源急剧紧张、社会保障压力剧增、城市原有居民产生心理和行为排斥，这些均造成了半城镇化人口的社会地位、福利保障不能与城镇居民同日而语。因此，要循序渐进地进行户籍制度改革，按照"城郊被征地农转非居民—城中村居民—符合省上落户政策的外来人口"这样的顺序逐步接纳，以户口回归本位为目标，将城镇承载容纳能力考虑进去，逐步解决符合条件的半城镇化人口的落户问题。

2. 增强市民化的财政支持

户籍制度只是半城镇化现象产生的表层原因，究其根本在于财政支出管理体制。市民化成本的一部分是由政府财政支出的，一方面，地方政府出于利益考虑，优先为具备本地户籍的人口提供社会保障，这就将外来人口，尤其是半城镇化人口排除在社会保障覆盖范围之外；另一方面，城镇流动人口的自由迁移使得政府难以确定公共服务的内容和规模。这种制度安排存在较大的社会隐患。原因在于，具备当地户籍但是在外地工作为外地创造价值的劳动力却享受当地的社会保障，而为当地城市发展建设做出贡献的进城非户籍劳动力却不能享受到城镇的社会保障，且部分外来人口已在当地缴纳了个人所得税，为当地财政贡献了税收来源，这无形中就会加剧外来人口的社会积怨，与以人为本、社会公平、公正（王立、王兴中，2010）的新型城镇化发展内涵相悖。

因此，增强财政支撑能力要从三方面着手。第一，从全局角度出发，需要从中央层面进行统筹规划和顶层设计，全国一盘棋来考虑社会保障等各方面的问题，明确各级政府在不同内容市民化成本上的分担比例，便于各地在统一的制度框架下推进改革，协调跨区域的要素统筹，也便于自上而下地统筹管理和市民化成效比较；也能够避免人口向能够提供较高公共服务和社会保障的区域流动而带来的过度聚集。第二，与户籍改革步调一致，为逐步在城镇落户的半城镇化人口提供社会保障、公共服务成本。第三，完善地方政府的财力来源渠道，逐步建立与地方社会经济发展水平相适应的税收制度，健全城镇税收体系，适度增加税收种类，拓宽财政收入来源。

（三）设定城市增长边界

城镇人口规模与其空间扩展的相互协调才是健康城镇化的重要含义之一。精明增长理论是针对美国城市化高速发展所带来的城市蔓延而导致经济成本、社会成本、环境成本过高而提出的，该理念认为城市应该集中建设（Preuss & Vemuri, 2004; Davis & Schaub, 2005; Gabriel et al. , 2006; Bhatta et al. , 2010; 英格拉姆等，2011; 孔令刚、蒋晓岚，2013; Altieri et al. , 2014）。设定城市增长边界（UGB[①]）是精明增长管理的手段之一。尽管国内外不同学者对增长边界的划定方式有不同的理解，但其初衷是一样的，就是在中心城区外围设一条界线作为控制开发的边界，是由农田、森林、草地等绿地系统构成的开放空间，界线以内的土地才可开发为城市用地，美国塞勒姆市最早进行了尝试。城市空间增长边界实际上就是城市发展在城市土

---

① Urban Growth Boundary.

地空间上的一种极限表现（张有坤、樊杰，2012），目的是防止城市无限制蔓延、土地利用不集约节约带来的社会、生态成本的剧增。

设立城市增长边界的常用方法为在城市规划编制中明确城市发展建设外延。2006 年 4 月 1 日实施的《城市规划编制办法》中明确提出："在开展城市总体规划时，要研究中心城区的空间增长边界。"目前国内很多城市的总体规划中已经将规划区范围进行了四区（禁建区、限建区、适建区、已建区）空间管制，明确了不同分区的建设强度，其含义已经十分接近 UGB。但规划区范围除建设用地外一般还包括城市外围绿地，而 UGB 主要是对建设用地进行控制。因此，UGB 的划定也是为了保护城区周边的生态环境。在陕西各城市的规划中，宝鸡、渭南在城市总体规划中均明确了中心城区的增长边界，其余城市只是划定了规划区范围，而对于主要控制建设用地快速增长的UGB 均未涉及。

近日，"三规合一"① 试点已在全国展开，意味着新一轮的规划工作即将展开，城乡规划要严格按照土地利用总体规划的建设用地范围为边界来编制。那么，对于陕西，尤其是陕南、陕北的用地极其紧张的城市来说，划定 UGB对当地城镇发展意义重大，这将是对土地集约节约利用的有力尝试，能够有效规避规划过多、用地相互矛盾带来的城乡分割、用地粗放等问题，也有利于规划实施的监管。

（四）逐步缩小城乡差距

城乡差距的不断扩大不利于社会的长治久安，城乡统筹即成为缩小城乡差距、实现城乡一体化的有效途径。城乡统筹就是要摒弃以往"重城市、轻农村"的观念及做法，通过相对均衡的配置城乡资源，以非农产业的着重培育增加农村居民收入，促进农村经济发展，不断完善农村基础设施和公共服务设施，规范农村空间开发秩序等措施，不断缩小城乡差距。

而缩小城乡差距的重点应放在农村的建设上来。对陕西来说，就是要以小城镇和村庄的建设为重点，以移民搬迁为抓手，搞好陕南、陕北移民搬迁工程，推进农村劳动力有效转移，加快连片特困地区扶贫开发；大力培育县

---

① 国民经济和社会发展规划、城市总体规划、土地利用规划的"三规合一"或"多规合一"。

域、镇域经济，加快基础设施和公共服务设施建设，优化城乡教育资源配置，完善新型农村合作医疗制度，推进城乡基本公共服务均等化。最终实现农村居民与城市居民享有平等的公民权利、均质化的公共服务以及同质化的基本生活条件，实现城乡一体化协调发展。

三、生态环境调控路径

（一）合理确定城镇规模

新城市主义认为，城市规模受区域内自然生态环境容量的限制较大（汤培源、周彧，2007）。特定区域自然条件决定了区域内生态承载力和环境容量是有一定阈值的，这个阈值很难随着人为的改造而产生较大变动。城镇规模应该以此为界，否则将会导致生态环境破坏。从城镇化的生态响应分析中可以得出城镇化发展对生态环境的负面影响已显而易见，在较难改变生态环境容量的前提下，放缓城镇化发展步伐，合理确定城镇发展规模来减缓对生态环境的影响是首选之举。城镇规模包含用地规模和人口规模两种含义。

1. 科学确定城镇用地规模

2014 年国土资源部下发了《关于强化管控落实最严格耕地保护制度的通知》，通知中要求"加大土地利用规划管控力度，严格建设占用耕地审批，划定永久基本农田范围，原则上不再安排城市人口 500 万人以上特大城市中心城区的新增建设用地，人均城市建设用地严格控制在 $100m^2$ 以内"。因而陕西要严格按照《全国国土规划纲要（2016～2030 年)》，及时研究部署省域和地区的国土规划编制。在规划中合理划定永久基本农田，使之成为城市建设的禁地；规划中要以区域资源禀赋、环境容量等多个生态环境方面的承载能力分析为基础，严格按照国家确定的地区差异化的人均建设用地标准和发展需求，以存量土地结构的优化替代建设用地指标的增加，科学确定城镇用地规模。

2. 合理确定适宜人口规模

生态环境承载能力的下降与人口数目急剧增长有关，因而探讨适宜人口规模十分必要。经济学中，收益与成本相较的结果是决策者进行决策的主要依据。理性行为人往往会将效益最大化（边际收益等于边际成本）作为选择决策的依据（高鸿业，2006）。将经济学这一基本原理应用到城镇化发展中，可用来确定适宜人口规模（王婷，2013）。

城镇化对生态环境的作用具有双面性。一方面。城镇化能够促进人口向城镇聚集，可降低主要河流流域、山地等生态敏感区的人口承载压力，可将其理解为城镇化的生态收益；另一方面，城镇化也会对生态环境造成一定程度的破坏，可理解为生态成本。以人口规模作为生态收益与成本的自变量，当边际生态收益（MR）与边际生态成本（MC）相等时所对应的人口规模即为适宜人口规模 P，也即边际生态净收益为零（见图 9 – 1）。若边际生态收益大于边际生态成本，则在存在收益空间的前提下，人口还可以增加，直至适宜人口规模 P；若边际生态收益小于边际生态成本，净收益为负，表明人口已经超过适宜人口规模 P。

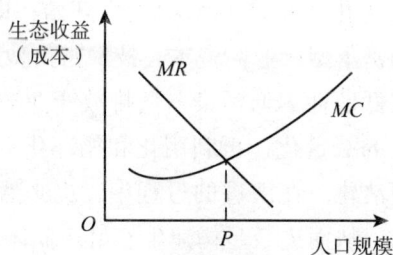

图 9 – 1 适宜人口规模的确定

适宜人口规模是与生态环境承载能力密切相关的，生态环境承载能力的变化也会引起适宜人口规模的变化。生态移民、生态环境的自我恢复能够提高人口的边际生态收益，使得边际收益曲线上移（MR'）；对生态环境的保护和治理又会降低人口的边际生态成本，会使得边际成本曲线下移（MC'），这样就会引起适宜人口规模的提高（P'）（见图 9 – 2）。反之，区域适宜人口规模则会下降。

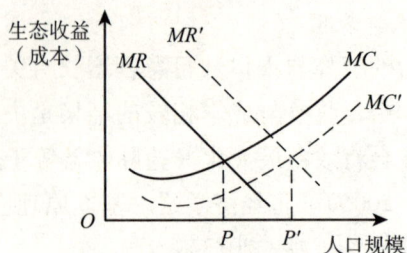

图9-2 适宜人口规模的变化

因此，在城镇规划中，要合理确定城镇用地规模和人口规模，防止人口过度集聚引起的生态环境破坏。同时，在城镇化发展过程中，适时根据生态环境的承载能力，调控人口的适宜规模，使得城镇化发展与生态环境实现良性循环。

（二）优化资源利用结构

不合理的资源利用方式和利用结构对生态本底容量造成了巨大威胁，是生态环境质量下降的重要原因之一。资源禀赋是产业发展的前提条件，因而资源利用方式和结构的优化要从产业结构优化开始，即从第一产业向第二、第三产业演进，由劳动密集型产业向资本、技术密集型产业演进，由高消耗、高污染、高排放产业向低消耗、低污染、低排放产业演进。这种演进在生态方面则要实现资源投入的减量化、再利用化和循环化，产业园区、产业链的生态化和生产过程的清洁化。在演进的过程中，也必然伴随着技术更新带来的资源利用效率的提高，从而进一步构建生态型产业体系。

生态型产业体系即资源高效利用、生产过程中废弃物的减量化排放形成的资源节约、环境友好的现代产业体系。陕西是一个以重工业为主导产业的省份，能源仍旧是现今电力、化工、制造等多个主导产业部门的关键资源。煤炭、石油等传统不可再生能源的大量消耗已被证实为不可持续的发展模式，以风能、核能等新型可再生能源替代不可再生能源将是优化资源利用结构的重要途径。发展生态型产业是实现城镇化由粗放向集约、由高碳向低碳、由不可持续向可持续转变的必要途径。

（三）加大生态治理力度

生态治理是近些年城镇化发展必须承担的任务。2009 年，哥本哈根全球气候变化大会上，我国承诺至 2020 年将单位地区生产总值的碳消耗减少40% ~45%（金瑞庭、王桂新，2013），这个艰巨的任务需要各区域共同完成。

首先，加大生态治理投入。破坏后的生态恢复所需要的投资要远高于提前保护所花费的资金，因此对遭到破坏的生态环境进行治理需要大量的资金投入。一方面，可在以往征收税费的基础上，进一步加大资源税、排污税的征收力度，加大对污染排放超标者的惩罚力度。另一方面，生态转移支付是另一条增加治理投入的途径，即区域内生态位势较低的地区（如关中、陕北地区）向生态位势较高的地区（陕南地区）支付资金，以使生态位势较高的地区（陕南地区）能够有效地发展经济（王亚丰，2011）。例如，"引汉济渭""引汉济黄"是将汉江水调度到关中和陕北地区的重要引水工程，汉江作为水源的地位使得汉江周边城镇发展严重受限，影响了陕南地区的进一步发展。因而从汉江获益的关中、陕北地区就要向陕南地区给付一定的生态补助，作为陕南地区经济发展受限所造成的机会成本的补偿，也能够增加陕南地区在生态环境保护上的积极性，从而建立起区域经济平衡、生态协调的生态转移支付体制。

其次，明确不同区域生态建设重点。关中地区要构筑区域生态安全格局，重点加强秦岭北坡、北山、渭河沿岸、国家级黄河湿地等地区生态环境保护治理，加强绿化建设和环境污染治理，严格控制水泥、煤化工等重污染企业布局。推广绿色建筑、清洁能源，加强汽车尾气治理，推进低碳城镇建设。陕北地区要突出绿化和生态保护，继续做好水土流失、土地荒漠化治理、退耕还林和矿区土地塌陷治理，强化城镇防护林带建设，推进生态城镇建设；加强水资源保护，推动节水和水资源循环利用，依据水资源承载力确定产业发展方向和城镇发展规模。陕南地区要依据《陕西省秦岭生态环境保护条例》和《陕西省主体功能区规划》，以秦巴山区森林生态和生物多样性保护为主要内容进行综合治理，划分城乡居民点建设空间，加强空间管制；推进汉、丹江流域水环境综合治理，强化水源地保护；加大污染防治和生态保护修复力度，积极做好山洪和地质灾害防治和矿山地质环境恢复治理。

最后，注重生态治理监督管理队伍建设，提高人员的综合素质。区域生态环境治理要注重调整人才使用政策，多吸纳懂生态治理的高层次管理人员，注重对相关人员的业务培育，加强其城乡规划学、生态学、环境学等学科的融合学习。

（四）更新政策规划理念

科学制定生态保护政策。城镇化的健康推进需要良好的生态环境保护政策，政策对区域生态环境协调发展的调控路径是管理科学化。在区域性的生态保护政策制定中，继续保持用水许可证制度、征收资源税、生态移民（陕南地区对生态脆弱地区环境保护的有益尝试）、退耕还林还草（陕北地区有效遏制了林地、草地面积的锐减）等政策，进一步缓解城镇化与生态环境之间激烈的矛盾。在城市发展的生态政策制定中，要为产业部门提出高标准节能减排要求，制定不同产业门类的节能减排任务，向下细分，实现产业的低碳化发展。

改变传统规划工作模式。传统的城市规划正是源自前瞻性的缺乏，造成了城市建设、拆迁、规划并行的恶性循环，这种发展模式的不可持续性已成为各界的共识。今后城市规划管理要变"事中管理"为"事前筹划"，按照人口的动态变化趋势提前、合理构建城市交通结构，如采取限号通行、大运量公共交通规划等手段控制机动车废气的排放；建立健全的规划监督机制，确保经批准的规划得到全面贯彻落实和有效体现，确保违反规划的建设行为及时得到纠正；增强公众在规划起草、编制、审批、实施各环节的参与力度，并结合环保意识教育和宣传，通过公众的言传身教提高全民生态环境保护责任意识。

厉行节约、集约的发展理念。在21世纪初，欧洲就提出了"绿色城市主义"这一城市发展理念，该理念主张发展紧凑型生态城市。在厉行实践上，一方面，注重对城镇周边农用地的保护，尤其是对基本农田的保护，严格遵从土地利用总体规划中建设用地范围来控制城镇建设用地的蔓延，节约土地资源；另一方面，秉承产业集群、产城融合的原则，充分整合城镇内部空闲用地，严格控制产业园区的建设规模，增强城镇土地利用的集约度，提高城镇土地整体效益。

因此，城镇化发展要与生态环境协调一致，以区域整体的生态安全为着眼点，注重长远利益与短期利益的协调，妥善解决城镇化发展与生态环境之间的矛盾，实现区域的可持续发展。

综上所述，城镇化是包罗经济、社会、生态环境为一体的复杂的巨系统，经济、社会实现可持续发展和生态环境良好的城镇化才是新型城镇化所要实现的重要目标，系统中各维度的协调发展才能够推动城镇化向新目标迈进（见图9-3）。

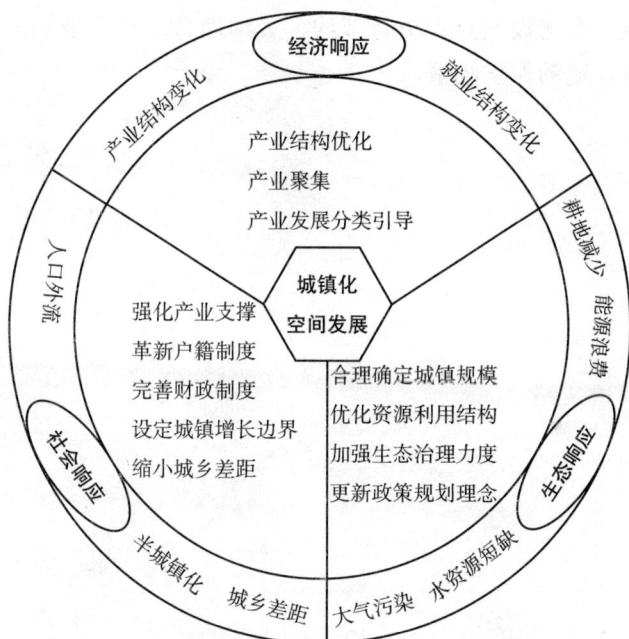

图 9-3 城镇化的多维度响应及其调控路径系统

第三节 本章小结

（1）未来区域城镇化空间发展需要有效的整合路径，因而提出区域城镇化空间整合构想，即城镇分等级引导、区域整体协同发展以及地区差异化发展路径，以期为统筹区域发展，统筹城乡发展，统筹经济、社会与生态环境发展奠定良好的城镇空间承载基础。

（2）寻求优化响应内容的有效调控路径是十分必要的。基于城镇化的经济响应，提出要以提升第三产业为手段来优化产业结构，加快市辖区产业结构升级，加速县域产业空间集聚，分区域合理引导产业发展等调控路径。基于城镇化的社会响应，提出要强化城镇化的产业支撑，革新户籍管理制度，增强市民化的财政支撑，设定城市增长边界，缩小城乡差距等调控路径。基于城镇化的生态响应，应根据区域资源环境承载能力，科学确定城镇用地规模和人口规模；提高资源利用效率，优化资源利用结构；加大生态治理投入，明确不同区域生态建设重点；厉行节约、集约理念，改变规划工作模式，制定有利于生态环境的保护政策。

参考文献

［1］安虎森，吴浩波．我国城乡结构调整和城镇化关系研究——一种新经济地理学的视角［J］．中国地质大学学报（社会科学版），2013，13（4）：85－90.

［2］安瓦尔·买买提明，张小雷，杨德刚．阿图什市城市化过程的大气环境污染效应［J］．干旱区地理，2012，34（2）：274－280.

［3］敖凌航，余辉．城市化加速发展期的特点及其社会影响——以19世纪末20世纪初德国城市化为例［J］．中外企业家，2009（18）：14－16.

［4］白春梅．城市化与产业结构调整的响应与反馈机制［D］．南京：河海大学，2005.

［5］白莹莹，张焱，何泽能，等．城市化进程对重庆都市圈降水空间分布的影响［J］．气象，2013，39（5）：592－599.

［6］蔡军．城市化滞后于经济发展的制度化因素分析［J］．城市规划，2006，30（1）：67－72.

［7］蔡俊豪，陈兴渝．"城市化"本质含义的再认识［J］．城市发展研究，1999，6（5）：22－25.

［8］陈贝贝．半城市化地区的识别方法及其驱动机制研究进展［J］．地理科学进展，2012，31（2）：210－220.

［9］陈春林，梅林，刘继生，等．国外城市化研究脉络评析［J］．世界地理研究，2011，20（1）：70－78.

［10］陈春林．地理学视角下的我国城市化理论构架与实证探究［D］.

长春：东北师范大学，2011.

[11] 陈春林. 多尺度视角下的吉林省城市化地域格局研究 [J]. 资源开发与市场，2013，29（1）：8–12.

[12] 陈明星，陆大道，查良松. 中国城市化与经济发展水平关系的国际比较 [J]. 地理研究，2009，28（2）：464–474.

[13] 陈明星，陆大道，刘慧. 中国城市化与经济发展水平关系的省际格局 [J]. 地理学报，2010，65（12）：1443–1453.

[14] 陈明星，陆大道，张华. 中国城市化水平的综合测度及其动力因子分析 [J]. 地理学报，2009，64（4）：387–398.

[15] 陈明星，唐志鹏，白永平. 城市化与经济发展的关系模式——对钱纳里模型的参数重估 [J]. 地理学报，2013，68（6）：739–749.

[16] 陈明星，叶超，付承伟. 我国城市化水平研究的回顾与思考 [J]. 城市规划学刊，2007（6）：54–59.

[17] 陈明星. 城市化与经济发展关系的研究综述 [J]. 城市发展研究，2013，20（8）：16–23.

[18] 陈培阳，朱喜钢. 基于不同尺度的中国区域经济差异 [J]. 地理学报，2012，67（8）：1085–1097.

[19] 陈培阳，朱喜钢. 中国区域经济趋同：基于县级尺度的空间马尔可夫链分析 [J]. 地理科学，2013，33（11）：1302–1308.

[20] 陈为邦. 关于城市化的几个问题 [J]. 城市发展研究，2000，7（5）：27–31.

[21] 陈文峰，孟德友，贺振. 河南省城市化水平综合评价及区域格局分析 [J]. 地理科学进展，2011，30（8）：978–985.

[22] 陈彦光，刘继生. 基于引力模型的城市空间互相关和功率谱分析——引力模型的理论证明、函数推广及应用实例 [J]. 地理研究，2002，21（6）：742–752.

[23] 陈彦光. 基于 Moran 统计量的空间自相关理论发展和方法改进 [J]. 地理研究，2009，28（6）：1449–1463.

[24] 陈彦光. 中国城市化水平的自回归与功率谱分析 [J]. 地理研究，2007，26（5）：1021–1032.

［25］程春满，王如松. 城市化取向：从产业理念转向生态思维 ［J］. 城市发展研究，1998，5（5）：15 - 19.

［26］程占红. 论人地关系论与生态旅游 ［J］. 太原师范学院学报（自然科学版），2004，3（3）：72 - 74.

［27］仇保兴. 关于城市化的若干问题 ［J］. 宏观经济研究，1999（4）：12 - 17.

［28］仇江啸，王效科，逯非，等. 城市景观破碎化格局与城市化及社会经济发展水平的关系——以北京城区为例 ［J］. 生态学报，2012，32（9）：2659 - 2669.

［29］仇勇懿，沈玉芳. 城市集群发展与网络化现象研究 ［J］. 世界地理研究，2005，14（3）：7 - 12.

［30］褚清磊. 唐宋时期陕北城镇地理研究 ［D］. 西安：陕西师范大学，2010.

［31］崔功豪，马润潮. 中国自下而上城市化的发展及其机制 ［J］. 地理学报，1999，54（2）：106 - 115.

［32］崔功豪. 近十年来中国城市化研究的进展 ［J］. 地域研究与开发，1989，8（1）：1 - 5.

［33］崔林丽，史军，周伟东. 上海极端气温变化特征及其对城市化的响应 ［J］. 地理科学，2009，29（1）：93 - 97.

［34］董黎明. 中国城市化道路初探 ［M］. 北京：中国建筑工业出版社，1989.

［35］董青，刘海珍，刘加珍，等. 基于空间相互作用的中国城市群体系空间结构研究 ［J］. 经济地理，2010，30（6）：926 - 932.

［36］杜国庆. 发展中国家的城市体系空间结构研究——以中国为例（英文）［J］. 南京大学学报（自然科学版），2006，42（3）：225 - 241.

［37］段杰，李江. 中国城市化进程的特点、动力机制及发展前景 ［J］. 经济地理，1999，19（6）：79 - 83.

［38］段进军. 基于区域视角下对中国城镇化空间转型的思考 ［J］. 苏州大学学报（哲学社会科学版），2011（4）：101 - 105.

［39］樊杰，刘毅，陈田，等. 优化我国城镇化空间布局的战略重点与

创新思路［J］. 中国科学院院刊，2013（1）：20 – 27.

　　［40］樊杰，田明. 中国城市化与非农化水平的相关分析及省际差异［J］. 地理科学，2003，23（6）：641 – 648.

　　［41］方创琳，鲍超，乔标. 城市化过程与生态环境效应［M］. 北京：科学出版社，2008.

　　［42］方创琳. 城市群空间范围识别标准的研究进展与基本判断［J］. 城市规划学刊，2009（4）：1 – 6.

　　［43］房艳刚. 城市地理空间系统的复杂性研究［D］. 长春：东北师范大学，2006.

　　［44］费孝通. 论中国小城镇的发展［J］. 经济研究参考，1996（3）：40 – 43.

　　［45］封志明，杨玲，杨艳昭，等. 京津冀都市圈人口集疏过程与空间格局分析［J］. 地球信息科学学报，2013，15（1）：11 – 18.

　　［46］冯永玖. 大区域尺度下地理系统的空间直观模拟与景观演变［J］. 水土保持研究，2011，18（5）：48 – 51，58.

　　［47］高鸿业. 西方经济学（微观部分）［M］. 第3版. 北京：中国人民大学出版社，2006.

　　［48］葛莹，姚士谋，蒲英霞，等. 运用空间自相关分析集聚经济类型的地理格局［J］. 人文地理，2005，20（3）：21 – 25.

　　［49］耿海清，陈帆，詹存卫，等. 基于全局主成分分析的我国省级行政区城市化水平综合评价［J］. 人文地理，2009，24（5）：47 – 51.

　　［50］辜胜阻，刘传江，钟水映. 中国自下而上的城镇化发展研究［J］. 中国人口科学，1998（3）：1 – 10.

　　［51］辜胜阻，朱农. 中国城镇化的区域差异及其区域发展模式［J］. 中国人口科学，1993（1）：7 – 16.

　　［52］古力加娜提·艾乃吐拉. 论喀什地区城市化进程对社会文化的影响［J］. 新疆师范大学学报（哲学社会科学版），2013，34（5）：85 – 90.

　　［53］谷凯. 北美的城市蔓延与规划对策及其启示［J］. 城市规划，2002，26（12）：67 – 69，71.

　　［54］顾朝林，庞海峰. 基于重力模型的中国城市体系空间联系与层域

划分［J］. 地理研究，2008，27（1）：1 – 12.

［55］顾朝林，庞海峰. 建国以来国家城市化空间过程研究［J］. 地理科学，2009，29（1）：10 – 14.

［56］顾朝林，庞海峰. 中国城市集聚区的演化过程［J］. 城市问题，2007（9）：2 – 6.

［57］顾朝林，吴莉娅. 中国城市化研究主要成果综述［J］. 城市问题，2008（12）：2 – 12.

［58］顾朝林，于涛方，李王鸣，等. 中国城市化：格局·过程·机理［M］. 北京：科学出版社，2008.

［59］顾朝林. 中国城市地理［M］. 北京：商务印书馆，1999.

［60］顾朝林. 中国城镇体系：历史·现状·展望［M］. 北京：商务印书馆，1992.

［61］管驰明，崔功豪. 100 多年来中国城市空间分布格局的时空演变研究［J］. 地域研究与开发，2004，23（5）：28 – 32.

［62］郭俊华，蔡雯，杨畅宇. 工业化带动城市化的对策研究——以陕西关中地区为例［J］. 人文地理，2009，24（6）：59 – 62.

［63］郭克莎. 中国工业化的进程、问题与出路［J］. 中国社会科学，2000（3）：60 – 71.

［64］郭庆军，赛云秀. 西部地区工业化与城市化协调发展水平及趋势研究——以陕西为例［J］. 城市发展研究，2011，18（4）：40 – 46.

［65］郭娅琦. 城市化进程对城市生态环境的影响研究［D］. 长沙：湖南大学，2007.

［66］郝敬锋，刘红玉，胡和兵，等. 南京市湿地水质对城市化影响强度的响应研究［J］. 环境科学，2012，33（7）：2259 – 2264.

［67］何栋材. 关中—天水经济区形成基础及空间结构优化［J］. 地域研究与开发，2009，28（4）：40 – 45.

［68］何为，黄贤金. 半城市化：中国城市化进程中的两类异化现象研究［J］. 城市规划学刊，2012（2）：24 – 32.

［69］赫希. 城市经济学［M］. 刘世庆，等译. 北京：中国社会科学出版社，1990.

[70] 侯仁之. 历史地理学四论 [M]. 北京: 中国科学技术出版社, 1994.

[71] 侯阳, 张宇清, 吴斌, 等. 沙区城镇化过程的生态环境影响 [J]. 水土保持通报, 2013, 33 (1): 97 – 102.

[72] 胡鞍钢. 城市化是今后中国经济发展的主要推动力 [J]. 中国人口科学, 2003 (6): 5 – 12.

[73] 胡序威, 周一星, 顾朝林, 等. 中国沿海城镇密集地区空间聚集与扩散研究 [M]. 北京: 科学出版社, 2000.

[74] 胡序威. 对城市化研究中某些城市与区域概念的探讨 [J]. 城市规划, 2003, 27 (4): 28 – 32.

[75] 黄飞飞, 张小林, 余华, 等. 基于空间自相关的江苏省县域经济实力空间差异研究 [J]. 人文地理, 2009, 24 (2): 84 – 89.

[76] 黄金川, 方创琳. 城市化与生态环境交互耦合机制与规律性分析 [J]. 地理研究, 2003, 22 (2): 211 – 220.

[77] 黄燕芬, 丁力. 中国城市化进程中的社会问题分析 [J]. 河北学刊, 2013, 33 (1): 116 – 121.

[78] 黄耀志, 李清宇. 江南水网小城镇空间格局的生态化发展研究 [J]. 规划师, 2011 (11): 112 – 116.

[79] 黄瑛, 张伟. 大都市地区县域城乡空间融合发展的理论框架 [J]. 现代城市研究, 2010 (10): 74 – 79.

[80] 贾若祥, 刘毅. 中国半城市化问题初探 [J]. 城市发展研究, 2002, 9 (2): 19 – 23.

[81] 姜爱林. 21 世纪初用信息化推动城镇化的战略选择 [J]. 经济学动态, 2001 (9): 46 – 48.

[82] 姜爱林. "城市化" 和 "城镇化" 基本涵义研究述评 [J]. 株洲师范高等专科学校学报, 2003, 8 (4): 46 – 50.

[83] 蒋涤非, 宋杰, 刘蓉. 健康城市化的响应机制及指标体系——基于包容性增长的视角 [J]. 城市问题, 2012 (5): 15 – 20.

[84] 蒋芳, 刘盛和, 袁弘. 北京城市蔓延的测度与分析 [J]. 地理学报, 2007, 62 (6): 649 – 658.

［85］蒋涛，沈正平，李敏．我国经济格局与收入差距演变关系探讨
［J］．经济地理，2013，33（6）：30－35.

［86］金瑞庭，王桂新．中国人口城市化与碳排放关系的实证研究——
基于1978年－2009年时间序列数据的计量检验［J］．人口与发展，2013，19
（1）：38－43，12.

［87］靳诚，陆玉麒．1978年来长江三角洲经济格局空间演变研究［J］．
人文地理，2012，27（2）：113－118.

［88］孔令刚，蒋晓岚．基于新型城镇化视角的城市空间"精明增长"
［J］．中州学刊，2013（7）：27－31.

［89］匡文慧，刘纪远，邵全琴，等．区域尺度城市增长时空动态模型
及其应用［J］．地理学报，2011，66（2）：178－188.

［90］李波，张吉献．基于ESDA的中原经济区城镇化空间关联研究
［J］．现代城市研究，2013（4）：96－99.

［91］李成．经济后进区人力资源与城镇化发展探讨——以陕西北缘六
县市为例［J］．经济地理，2001，21（1）：76－80.

［92］李诚固，高相铎，李如生，等．区域复兴城市化响应的理论与实
践研究［J］．世界地理研究，2008，17（4）：26－34.

［93］李德华．城市规划原理［M］．3版．北京：中国建筑工业出版社，
2001.

［94］李国平．我国工业化与城镇化的协调关系分析与评估［J］．地域研
究与开发，2008，27（5）：6－11，16.

［95］李海波，陶章华．城市化——经济发展动力源［J］．经济体制改
革，2001（3）：91－93.

［96］李辉．中国人口城市化综述［J］．人口学刊，2003（6）：51－58.

［97］李家洋，陈泮勤，马柱国，等．区域研究：全球变化研究的重要
途径［J］．地球科学进展，2006，21（5）：441－450.

［98］李静．三江平原垦区城镇化过程与空间组织研究［D］．长春：中
国科学院研究生院（东北地理与农业生态研究所），2012.

［99］李莉，刘慧，刘卫东，等．基于城市尺度的中国区域经济增长差
异及其因素分解［J］．地理研究，2008，27（5）：1048－1058.

[100] 李倩. 秦淮河流域城市化空间格局变化及其水文效应 [D]. 南京：南京大学，2012.

[101] 李少星，颜培霞，蒋波. 全球化背景下地域分工演进对城市化空间格局的影响机理 [J]. 地理科学进展，2010，29（8）：943 –951.

[102] 李铁立，李诚固. 区域产业结构演变的城市化响应及反馈机制 [J]. 城市问题，2003（5）：50 –55.

[103] 李通屏. 人口经济学 [M]. 北京：清华大学出版社，2008.

[104] 李文. 城市化滞后的经济后果分析 [J]. 中国社会科学，2001（4）：64 –75.

[105] 李小建，李国平，曾刚，等. 经济地理学 [M]. 第2版. 北京：高等教育出版社，2006.

[106] 李雪梅，张小雷，杜宏茹. 新疆塔河流域城镇化空间格局演变及驱动因素 [J]. 地理研究，2011，30（2）：348 –358.

[107] 李郇. 中国城市化滞后的经济因素——基于面板数据的国际比较 [J]. 地理研究，2005，24（3）：421 –431.

[108] 梁浩，张峰，梁俊强. 绿色建筑产业新城助力新型城镇化 [J]. 城市发展研究，2013，20（7）：124 –132.

[109] 廖志豪，张光远. 我国非正规部门就业发展存在的障碍及对策探析 [J]. 昆明大学学报，2004，15（1）：19 –22.

[110] 林高瑞. 关中—天水经济区空间关联研究 [J]. 城市问题，2011（9）：56 –59.

[111] 刘驰，钟水映，李先玲. 武汉市城市化进程中的环境效应分析 [J]. 城市发展研究，2011，18（8）：37 –41.

[112] 刘海滨，刘振灵. 辽宁中部城市群城市职能结构及其转换研究 [J]. 经济地理，2009，29（8）：1293 –1297.

[113] 刘辉，段汉明，谢元礼，等. 区域城市化空间格局研究——兰州—西宁为例 [J]. 经济地理，2009，29（12）：1995 –2000.

[114] 刘辉，段汉明，薛亮，等. 基于DEM的水系对城市化空间格局机制研究——以兰州 – 西宁区域为例 [J]. 干旱区资源与环境，2011，25（9）：18 –24.

[115] 刘辉. 区域城市化空间格局及环境响应研究 [D]. 西安：西北大学，2011.

[116] 刘洁泓. 城市化内涵综述 [J]. 西北农林科技大学学报（社会科学版），2009，9（4）：58-62.

[117] 刘静玉，刘玉振，邵宁宁，等. 河南省新型城镇化的空间格局演变研究 [J]. 地域研究与开发，2012，31（5）：143-147.

[118] 刘科伟，尹怀庭. 陕西城市化发展战略探讨 [J]. 规划师，2000，16（3）：80-83.

[119] 刘荣增. 城镇密集区及其相关概念研究的回顾与再思考 [J]. 人文地理，2003，18（3）：13-17.

[120] 刘盛和，陈田，蔡建明. 中国非农化与城市化关系的省际差异 [J]. 地理学报，2003，58（6）：937-946.

[121] 刘西锋. 区域产业结构演变的城市化响应——以长春市为例 [D]. 长春：东北师范大学，2003.

[122] 刘彦随，杨忍. 中国县域城镇化的空间特征与形成机理 [J]. 地理学报，2012，67（8）：1011-1020.

[123] 刘艳军，李诚固，孙迪. 城市区域空间结构：系统演化及驱动机制 [J]. 城市规划学刊，2006（6）：73-78.

[124] 刘艳军，李诚固，孙迪. 区域中心城市城市化综合水平评价研究——以15个副省级城市为例 [J]. 经济地理，2006，26（2）：225-229.

[125] 刘艳军，李诚固. 东北地区产业结构演变的城市化响应机理与调控 [J]. 地理学报，2009，64（2）：153-166.

[126] 刘艳军. 东北地区产业结构演变的城市化响应强度研究 [J]. 城市规划，2011（3）：35-40.

[127] 刘艳军. 我国产业结构演变的城市化响应研究 [D]. 长春：东北师范大学，2009.

[128] 刘耀彬，李仁东，宋学锋. 城市化与城市生态环境关系研究综述与评价 [J]. 中国人口·资源与环境，2005，15（3）：55-60.

[129] 刘英群. 关于城市化的理性思考 [J]. 财经问题研究，2000（12）：54-59.

[130] 刘源. 中国传统园林空间防御特性分析 [D]. 郑州：河南农业大学，2013.

[131] 刘云刚，叶清露. 区域发展中的路径创造和尺度政治——对广东惠州发展历程的解读 [J]. 地理科学，2013，33（9）：1029-1036.

[132] 鲁凤，徐建华. 中国区域经济差异的空间统计分析 [J]. 华东师范大学学报（自然科学版），2007（2）：44-51.

[133] 陆大道. 关于"点-轴"空间结构系统的形成机理分析 [J]. 地理科学，2002，22（1）：1-6.

[134] 陆大道. 论区域的最佳结构与最佳发展——提出"点-轴系统"和"T"型结构以来的回顾与再分析 [J]. 地理学报，2001，56（2）：127-135.

[135] 罗震东，张京祥. 全球城市区域视角下的长江三角洲演化特征与趋势 [J]. 城市发展研究，2009，16（9）：65-72.

[136] 罗震东，朱查松，张京祥. 都市区域空间集聚—碎化趋势研究——江苏沿江都市区域的实证 [J]. 人文地理，2009，24（1）：22-27.

[137] 吕叔湘. 现代汉语词典 [M]. 北京：商务印书馆，1994.

[138] 吕园，刘科伟，牛俊蜻，等. 城市型社会内涵视角下城镇化发展问题及应对策略——以陕西省为例 [J]. 经济地理，2013，33（7）：59-66.

[139] 吕园，刘科伟，沈丽娜，等. 西部先发地区步入城市型社会面临的形势与应对策略——以陕西省城镇化发展为例 [J]. 干旱区资源与环境，2014，28（2）：7-13.

[140] 麻学锋，孙根年. 张家界旅游城市化响应强度与机制分析 [J]. 旅游学刊，2012，27（3）：36-42.

[141] 马红旗，陈仲常. 我国省际流动人口的特征——基于全国第六次人口普查数据 [J]. 人口研究，2012，36（6）：87-99.

[142] 马克思主义政治经济学概论编写组. 马克思主义政治经济学概论 [M]. 北京：人民出版社，高等教育出版社，2011.

[143] 马晓冬，马荣华，蒲英霞. 苏州地区城市化空间格局及演化分析 [J]. 城市问题，2007（9）：20-24.

[144] 马晓冬，马荣华，徐建刚. 基于 ESDA-GIS 的城镇群体空间结构

[J]．地理学报，2004，59（6）：1048－1057.

[145] 马晓冬．基于 ESDA 的城市化空间格局与过程比较研究 [M]．南京：东南大学出版社，2007.

[146] 马永欢，张丽君，徐卫华．科学理解新型城镇化推进城乡一体化发展 [J]．城市发展研究，2013，20（7）：98－103.

[147] 马约生．日本早期的城市化及其社会影响 [J]．日本研究，2003（4）：41－47.

[148] 马祖琦，尹怀庭．陕西劳动力转移与城镇化发展关系研究 [J]．人文地理，2001，16（1）：63－66.

[149] 毛蒋兴，欧阳东，严志强，等．基于多元统计分析的城市职能结构特征与分类研究——以广西为例 [J]．规划师，2008，24（2）：75－80.

[150] 孟斌，王劲峰，张文忠，等．基于空间分析方法的中国区域差异研究 [J]．地理科学，2005，25（4）：11－18.

[151] 宁越敏，李健．让城市化进程与经济社会发展相协调——国外的经验与启示 [J]．求是，2005（6）：61－63.

[152] 宁越敏．新城市化进程——90 年代中国城市化动力机制和特点探讨 [J]．地理学报，1998，50（5）：88－95.

[153] 牛晓春，杜忠潮，李同昇．基于新型城镇化视角的区域城镇化水平评价——以陕西省 10 个省辖市为例 [J]．干旱区地理，2013，36（2）：354－363.

[154] 彭际作．大都市圈人口空间格局与区域经济发展 [D]．上海：华东师范大学，2006.

[155] 彭立，刘邵权．川滇黔接壤地区城镇化空间特征及驱动力分析 [J]．地域研究与开发，2012，31（4）：75－78.

[156] 齐昕，王雅莉．城市化经济发展空间溢出效应的实证研究——基于"城"、"市"和"城市化"的视角 [J]．财经研究，2013（6）：84－92.

[157] 钱纳里 H，鲁宾逊 S，赛尔奎因 M．工业化和经济增长的比较研究 [M]．上海：上海三联书店，1989.

[158] 秦佳，李建民．中国人口城镇化的空间差异与影响因素 [J]．人口研究，2013，37（2）：25－40.

［159］任建兰，张伟，张晓青，等．基于"尺度"的区域环境管理的几点思考——以中观尺度区域（省域）环境管理为例［J］．地理科学，2013，33（6）：668－675．

［160］任瑞芳．发达地区"村改居"社区交往空间研究——以昆山市中华园街道群益社区为例［D］．南京：南京师范大学，2009．

［161］陕西省地方志编纂委员会．陕西省志·地理志［M］．西安：陕西人民出版社，2000．

［162］沈建国．世界城市化的基本规律［J］．城市发展研究，2000，7（1）：6－11．

［163］沈丽珍，顾朝林．区域流动空间整合与全球城市网络构建［J］．地理科学，2009，29（6）：787－793．

［164］师谦友，郭华．区域一体化背景下关中空间整合研究［J］．地理与地理信息科学，2007，23（5）：77－81．

［165］石崧，宁越敏．人文地理学"空间"内涵的演进［J］．地理科学，2005，25（3）：3340－3345．

［166］史育龙，周一星．戈特曼关于大都市带的学术思想评介［J］．经济地理，1996，16（3）：32－36．

［167］苏飞，张平宇．辽中南城市群城市规模分布演变特征［J］．地理科学，2010，30（3）：343－349．

［168］苏建忠，魏清泉，郭恒亮．广州市的蔓延机理与调控［J］．地理学报，2005，60（4）：626－636．

［169］孙德福．基于 ESDA 的延边地区城市化空间格局研究［D］．延吉：延边大学，2011．

［170］孙久文，叶裕民．区域经济学［M］．北京：中国人民大学出版社，2003．

［171］汤培源，周弱．基于新城市主义理念的新城规划与建设的反思［J］．现代城市研究，2007（12）：18－24．

［172］唐兵，安瓦尔·买买提明，张园园．石河子市城市化过程中城市用地扩张的特征研究［J］．水土保持通报，2013，33（2）：247－250．

［173］唐传志，王安民，张建军．基于层级增长极网络理论的陕西城市

化战略研究 [J]. 统计与决策, 2008 (24): 92 – 94.

[174] 田光进, 贾淑英. 中国城市职能结构的特征研究 [J]. 人文地理, 2004, 19 (4): 59 – 63.

[175] 田静, 黄崇福. 自然灾害风险分析的形态发生估计方法: 风险分析和危机反应的创新理论和方法 [C]. 江苏南京: 中国灾害防御协会风险分析专业委员会第五届年会, 2012: 2012 – 10 – 27.

[176] 王春光. 中国城市化与社会结构变迁 [J]. 中国农业大学学报 (社会科学版), 2008, 25 (3): 55 – 67.

[177] 王恩涌, 赵荣, 张小林, 等. 人文地理学 [M]. 第二版. 北京: 高等教育出版社, 2006.

[178] 王发曾, 程丽丽. 山东半岛、中原、关中城市群地区的城镇化状态与动力机制 [J]. 经济地理, 2010, 30 (6): 918 – 925.

[179] 王法辉. 基于 GIS 的数量方法与应用 [M]. 北京: 商务印书馆, 2009.

[180] 王放. 市镇设置标准及城镇人口统计口径对中国城市化发展的影响 [J]. 人口与发展, 2011, 17 (2): 82 – 87.

[181] 王国刚, 刘彦随, 刘玉. 城镇化进程中农村劳动力转移响应机理与调控——以东部沿海地区为例 [J]. 自然资源学报, 2013, 28 (1): 1 – 9.

[182] 王国霞, 秦志琴, 程丽琳. 20 世纪末中国迁移人口空间分布格局——基于城市的视角 [J]. 地理科学, 2012, 32 (3): 273 – 281.

[183] 王国志. 长春市城市化空间发展格局研究 [D]. 长春: 东北师范大学, 2007.

[184] 王家庭. 我国城市化泡沫测度: 基于 35 个大中城市的实证研究 [J]. 城市发展研究, 2011, 18 (11): 8 – 14.

[185] 王建. "城镇化" 还是 "城市化" [J]. 北京观察, 2010 (8): 47 – 51.

[186] 王建兵. 基于动力机制分析的甘肃省城镇化发展的对策与建议 [J]. 小城镇建设, 2011 (6): 55 – 57.

[187] 王建英, 李江风, 邹利林, 等. 中国城市空间影响势力范围研究 [J]. 城市发展研究, 2012, 19 (9): 27 – 31.

[188] 王磊, 李涛, 曹小曙. 基于 ESDA - GIS 的广东省城乡统筹发展空间分异 [J]. 经济地理, 2012, 32 (9): 44 - 50.

[189] 王莉, 宗跃光, 曲秀丽. 大都市双核廊道结构空间增长过程研究——以美国华盛顿—巴尔的摩地区为例 [J]. 人文地理, 2006, 21 (1): 11 - 16.

[190] 王立, 王兴中. 基于新人本主义理念的城市社区生活空间公正结构探讨 [J]. 人文地理, 2010, 25 (6): 30 - 35.

[191] 王利华. 基于产业集群的农村城镇化模式研究 [D]. 西安: 西北大学, 2004.

[192] 王美霞, 樊秀峰. 陕西服务业发展与城市化进程的互动关系研究 [J]. 陕西师范大学学报 (哲学社会科学版), 2012, 41 (1): 150 - 158.

[193] 王冉, 张婷. 行政区划调整的城市化响应研究——以江苏为例 [J]. 城市发展研究, 2008, 15 (6): 97 - 101.

[194] 王荣成, 赵玲. 东北地区哈大交通经济带的城市化响应研究 [J]. 地理科学, 2004, 30 (5): 535 - 541.

[195] 王尚银. 城镇化的社会影响——温州城镇化进程中的社会嬗变 [J]. 温州师范学院学报 (哲学社会科学版), 2003, 24 (6): 65 - 70.

[196] 王婷. 城市化进程中的适度人口: 一个文献综述及思考 [J]. 城市发展研究, 2013, 20 (11): 14 - 19.

[197] 王伟, 钟鸿雁. 中国城市化的时空演变及因素分析 [J]. 城市发展研究, 2012, 19 (4): 6 - 10.

[198] 王伟进, 陆杰华. 城市化水平的空间依赖研究 [J]. 中国人口科学, 2012 (5): 66 - 74.

[199] 王文博, 蔡运龙. 城镇化水平差异的模糊综合评价——以西安市临潼区为例 [J]. 人文地理, 2008, 23 (1): 48 - 51.

[200] 王兴中, 常芳. 空间公正思潮下的区域同步发展观——我的新区域主义思考 [J]. 地域研究与开发, 2013, 32 (6): 1 - 7.

[201] 王亚丰. 辽宁沿海经济带空间演变与城市化响应机制研究 [J]. 地域研究与开发, 2011, 30 (3): 13 - 18.

[202] 王洋, 方创琳, 王振波. 中国县域城镇化水平的综合评价及类型

区划分 [J]. 地理研究, 2012, 31 (7): 1305 - 1316.

[203] 王一鸣, 杨宜勇, 史育龙, 等. 关于加快城市化进程的若干问题研究 [J]. 宏观经济研究, 2000 (2): 3 - 11.

[204] 王兆峰, 余含. 基于交通改善的湘西旅游城镇化响应时空分异与机制研究 [J]. 经济地理, 2013, 33 (1): 187 - 192.

[205] 韦素琼, 张金前, 陈健飞. 基于空间自相关的闽台城镇建设用地分布研究 [J]. 地理科学进展, 2007, 26 (3): 11 - 17.

[206] 蔚芳. 城市化与现代化 [J]. 城市问题, 2001 (3): 16 - 19.

[207] 魏衡, 魏清泉, 曹天艳, 等. 城市化进程中行政区划调整的类型、问题与发展 [J]. 人文地理, 2009, 24 (6): 55 - 58.

[208] 吴传钧. 论地理学的研究核心——人地关系地域系统 [J]. 经济地理, 1991, 11 (3): 1 - 6.

[209] 吴莉娅. 全球化视角下城市化动力机制研究进展初探 [J]. 苏州大学学报 (哲学社会科学版), 2008 (3): 6 - 10.

[210] 吴文倩, 曹明明. 快速城市化条件下的西安市土地利用变化研究 [J]. 水土保持通报, 2008, 28 (4): 129 - 132.

[211] 吴友仁. 关于我国社会主义城市化问题 [J]. 城市规划, 1979, 3 (5): 13 - 25.

[212] 武晓艺. 依法科学规划推进新型城镇化发展 [J]. 城市发展研究, 2014, 21 (1): 14 - 17.

[213] 席广亮, 甄峰, 翟青, 等. 新型城镇化引导下的西部地区县域城乡空间重构研究——以青海省都兰县为例 [J]. 城市发展研究, 2012 (6): 12 - 17.

[214] 夏维力, 李博. 陕西关中地区城镇等级规模结构分形研究 [J]. 地域研究与开发, 2006, 25 (4): 58 - 61.

[215] 夏显力, 赵凯. 陕西关中经济空间组织的对比分析及城市经济区的划分 [J]. 科技导报, 2006, 24 (9): 80 - 83.

[216] 夏显力. 陕西关中城镇体系协调发展研究 [D]. 杨凌: 西北农林科技大学, 2004.

[217] 徐红梅, 李钒. 国内城市化发展区域水平差异研究综述 [J]. 城

市问题，2010（6）：29－34.

[218] 徐建华，鲁凤，苏方林，等. 中国区域经济差异的时空尺度分析 [J]. 地理研究，2005，24（1）：57－68.

[219] 徐萍. 陕西城市化进程的测算和分析 [J]. 商业时代，2006（32）：88－89.

[220] 徐祖荣. 论城市化在经济发展中的作用 [J]. 求实，2004（3）：50－52.

[221] 许成安，曾媛. 外部资本利用与我国的城市化发展 [J]. 经济学动态，2006（7）：59－62.

[222] 许成安，戴枫. 城市化本质及路径选择 [J]. 淮阴师范学院学报（哲学社会科学版），2002（4）：444－449.

[223] 许锋，周一星. 我国城市职能结构变化的动态特征及趋势 [J]. 城市发展研究，2008，15（6）：49－55.

[224] 许秋瑾，董雅文. 人群健康对城市化的响应 [J]. 城市问题，2002（6）：49－51，67.

[225] 许学强，叶嘉安. 我国城市化的省际差异 [J]. 地理学报，1986，41（1）：8－22.

[226] 许学强，周一星，宁越敏. 城市地理学 [M]. 第2版. 北京：高等教育出版社，2009.

[227] 许学强. 城市化空间过程与空间组织和空间结合 [J]. 城市问题，1986（3）：4－8.

[228] 许学强. 我国城镇体系的演变和预测 [J]. 中山大学学报（哲社版），1982，25（3）：40－49.

[229] 薛冰，张伟伟，陈兴鹏，等. 关于生态文明的若干基本问题研究 [J]. 生态经济，2012（11）：24－29.

[230] 薛莹. 地级以上城市的城市职能分类——以江浙沪地区为例 [J]. 长江流域资源与环境，2007，16（6）：695－699.

[231] 闫卫阳，郭庆胜，李圣权. Delaunay 三角网与 Voronoi 图在划分城市影响空间中的应用研究 [J]. 测绘信息与工程，2004，29（3）：1－3.

[232] 闫卫阳，刘静玉. 城市职能分类与职能调整的理论与方法探

讨——以河南省为例 [J]. 河南大学学报（自然科学版），2009，39（3）：265-270.

[233] 闫卫阳，王发曾，秦耀辰. 城市空间相互作用理论模型的演进与机理 [J]. 地理科学进展，2009，28（4）：511-518.

[234] 杨东峰. 全球复杂性视角下的中国快速城市化——空间逻辑与潜在风险 [J]. 城市规划，2012，36（11）：83-90.

[235] 杨君，郝晋珉，匡远配，等. 基于和谐思想的人地关系研究述评 [J]. 生态经济，2010（1）：186-190.

[236] 杨凯，袁雯，赵军，等. 感潮河网地区水系结构特征及城市化响应 [J]. 地理学报，2004，59（4）：557-564.

[237] 杨青山，尹相飞，梅林，等. 东北区人口城市化对非农产业发展水平的响应类型研究 [J]. 经济地理，2004，24（5）：704-706.

[238] 杨青生，黎夏. 珠三角中心镇城市化对区域城市空间结构的影响——基于CA的模拟和分析 [J]. 人文地理，2007，22（2）：87-91.

[239] 杨新宇. 县域农村城镇化发展的动力机制研究 [D]. 西安：西北大学，2003.

[240] 杨宗岳. 抓加速城镇化 促陕西工业化 [J]. 理论导刊，2002（7）：24-26.

[241] 姚东. 中国区域城镇化发展差异的解释——基于空间面板数据与夏普里值分解方法 [J]. 中南财经政法大学学报，2013（2）：40-47.

[242] 姚蓉. 关于加快推进陕西城镇化进程的几点思考 [J]. 理论导刊，2003（3）：57-59.

[243] 姚士谋. 中国城市群 [M]. 合肥：中国科学技术大学出版社，2011.

[244] 姚士谋. 中国的城市群 [M]. 合肥：中国科学技术大学出版社，1992.

[245] 叶玉瑶，张虹鸥. 城市规模分布模型的应用——以珠江三角洲城市群为例 [J]. 人文地理，2008，23（3）：40-44.

[246] 叶裕民. 中国城市化之路：经济支持与制度创新 [M]. 北京：商务印书馆，2001.

[247] 易鹏. 中国新路——新型城镇化路径 [M]. 成都：西南财经大学出版社，2014.

[248] 尹怀庭，刘科伟. 陕西城市化发展研究 [M]. 西安：西安地图出版社，1999.

[249] 英格拉姆 G K，卡伯内尔 A，康宇雄，等. 精明增长政策评估 [M]. 北京：科学出版社，2011.

[250] 于洪俊，宁越敏. 城市地理概论 [M]. 合肥：安徽科学技术出版社，1983.

[251] 俞孔坚，李迪华，刘海龙，等. 基于生态基础设施的城市空间发展格局——"反规划"之台州案例 [J]. 城市规划，2005，29（9）：76 - 80.

[252] 岳珑，王涛. 政府宏观规划与地方城市化——"一五"计划、"三线"建设与陕西城市化初探 [J]. 当代中国史研究，2001，18（1）：93 - 97.

[253] 曾菊新. 空间经济：系统与结构 [M]. 武汉：武汉出版社，1996.

[254] 曾志伟，汤放华，易纯，等. 新型城镇化新型度评价研究——以环长株潭城市群为例 [J]. 城市发展研究，2012（3）：125 - 128.

[255] 张东海，任志远，刘焱序，等. 基于人居自然适宜性的黄土高原地区人口空间分布格局分析 [J]. 经济地理，2012，31（11）：13 - 19.

[256] 张东升，柴宝贵，丁爱芳，等. 黄河三角洲城镇空间格局的发展历程及驱动力分析 [J]. 经济地理，2012，31（8）：50 - 56.

[257] 张京祥，邹军，吴启焰，等. 论都市圈的地域空间组织 [J]. 城市规划，2001，25（5）：19 - 23.

[258] 张京祥. 城镇群体空间组合 [M]. 南京：东南大学出版社，2000.

[259] 张京祥. 西方城镇群体空间研究之评述 [J]. 国际城市规划，2009（S1）：187 - 190.

[260] 张奎燕. 关于我国城市化与城镇化问题的思考 [J]. 城市问题，1995（1）：36 - 38.

[261] 张平宇，马延吉，刘文新，等. 振兴东北老工业基地的新型城市

化战略 [J]. 地理学报，2004，59（z1）：109 - 115.

[262] 张萍，杨蕊. 制度与空间：明清西北城镇体系的多元建构与经济中心的成长——以西安、三原、泾阳为中心的考察 [J]. 人文杂志，2013（8）：70 - 81.

[263] 张其仔. 产业蓝皮书：中国产业竞争力报告（2012）NO. 2 [M]. 北京：社会科学文献出版社，2011.

[264] 张涉. 陕西小城镇建设与发展研究 [D]. 杨凌：西北农林科技大学，2002.

[265] 张晓欢. 中国城镇化空间的核心—边缘结构 [J]. 中国市场，2013（16）：6 - 9.

[266] 张耀军. 人口空间合理分布与健康城镇化：问题及对策 [J]. 宁夏社会科学，2013（1）：35 - 38.

[267] 张有坤，樊杰. 城市化空间增长上限确定的研究综述 [J]. 人文地理，2012，27（4）：9 - 13.

[268] 张志斌，潘晶，达福文. 兰州城市人口空间结构演变格局及调控路径 [J]. 地理研究，2012，31（11）：2055 - 2068.

[269] 赵春音. 城市现代化：从城镇化到城市化 [J]. 城市问题，2003（1）：6 - 12.

[270] 赵海霞，段学军，Stewart B.，等. 城市化与河流水污染的空间关联性研究——以太湖流域重污染区为例（英文）[J]. Journal of Geographical Sciences，2013（4）：735 - 752.

[271] 赵金华，曹广忠，王志宝. 我国省（区）人口城镇化水平与速度的类型特征及影响因素 [J]. 城市发展研究，2009，16（9）：54 - 60.

[272] 赵军，单福征，杨凯，等. 平原河网地区河流曲度及城市化响应 [J]. 水科学进展，2011，22（5）：631 - 637.

[273] 赵培红，孙久文. 城市型社会背景下的城镇化：他国的经验与中国的选择 [J]. 城市发展研究，2011，18（9）：1 - 9.

[274] 赵西君. 基于集群创导的西部农村城镇化模式研究 [D]. 西安：西北大学，2005.

[275] 赵新平，周一星. 改革以来中国城市化道路及城市化理论研究述

评［J］. 中国社会科学，2002（2）：132－138.

［276］甄峰，顾朝林. 广东省区域空间结构及其调控研究［J］. 人文地理，2000，15（4）：10－15.

［277］郑艳婷，刘盛和，陈田. 试论半城市化现象及其特征——以广东省东莞市为例［J］. 地理研究，2003，22（6）：760－768.

［278］郑祚芳. 北京极端气温变化特征及其对城市化的响应［J］. 地理科学，2011，31（4）：459－463.

［279］中国大百科全书总编辑委员会地理学编辑委员会，中国大百科全书出版社编辑部. 中国大百科全书. 地理学［M］. 北京：中国大百科全书出版社，1992.

［280］中华人民共和国建设部. GB/T 50280 98 中华人民共和国国家标准城市规划基本术语标准［S］. 北京：中国建筑工业出版社，1999.

［281］周彬学，薛东前，贺伟光. 基于分形的关中城镇体系空间结构优化研究［J］. 陕西师范大学学报（自然科学版），2009，37（6）：93－97.

［282］周杜辉，李同昇，哈斯巴根，等. 陕西省县域综合发展水平空间分异及机理［J］. 地理科学进展，2011，30（2）：205－214.

［283］周葵，戴小文. 中国城市化进程与碳排放量关系的实证研究［J］. 中国人口·资源与环境，2013，23（4）：41－48.

［284］周一星，胡智勇. 从航空运输看中国城市体系的空间网络结构［J］. 地理研究，2002，21（3）：276－286.

［285］周一星，杨齐. 我国城镇等级体系变动的回顾及其省区地域类型［J］. 地理学报，1986，41（2）：97－111.

［286］周一星. 城市地理学［M］. 北京：商务印书馆，2003.

［287］周一星. 城市化与国民生产总值关系的规律性探讨［J］. 人口与经济，1982（1）：28－33.

［288］周一星. 中国城镇的概念和城镇人口的统计口径［J］. 人口与经济，1989（1）：9－13.

［289］周毅. 城市化理论的发展与演变［J］. 城市问题，2009（11）：27－30.

［290］朱传耿，孙姗姗，李志江. 中国人口城市化的影响要素与空间格

局 [J]. 地理研究, 2008, 27 (1): 13 - 22.

[291] 朱道才, 陆林, 晋秀龙, 等. 基于引力模型的安徽城市空间格局研究 [J]. 地理科学, 2011, 31 (5): 551 - 556.

[292] 朱东风, 吴立群. 半城市化中的农民工住房问题与对策思考——以江苏省为例 [J]. 现代城市研究, 2011 (8): 16 - 20.

[293] 朱甫芹. 基于 KPCA 的城镇化水平综合评价 [J]. 统计与决策, 2004 (1): 40 - 41.

[294] 朱政, 郑伯红, 贺清云. 珠三角城市群空间结构及影响研究 [J]. 经济地理, 2011, 26 (3): 404 - 408.

[295] 宗会明, 易峥, 钱紫华, 等. 北培与重庆主城核心区的空间联系——基于交通和居民出行调查数据的分析 [J]. 地理研究, 2013, 32 (8): 1439 - 1447.

[296] 邹彦林. 我国城市发展的宏观思考 [J]. 江淮论坛, 1999 (2): 6 - 11.

[297] Aitkin S, Mitchell D, Staeheli L. Urban Geograohy [M]. Oxford: Oxford University, 2003.

[298] Altieri L, Cocchi D, Pezzi G, et al. Urban sprawl scatterplots for Urban Morphological Zones data [J]. Ecological Indicators, 2014, 36: 315 - 323.

[299] Anselin L, Syabri I, Kho Y. GeoDa: An Introduction to Spatial Data Analysis [J]. Geographical Analysis, 2006, 38 (1): 5 - 22.

[300] Anselin L. Local indicators of spatial association - LISA [J]. Geographical Analysis, 1995, 27 (2): 93 - 115.

[301] Berry B J L. The geography of the United States in the year 2000 [J]. Transaction of the Institute of British Geography, 1970 (51): 252 - 263.

[302] Bhatta B, Saraswati S, Bandyopadhyay D. Urban sprawl measurement from remote sensing data [J]. Applied Geography, 2010, 30: 731 - 740.

[303] Burak S, et al. Impact of urbanization and tourism on coastal environment [J]. Ocean & Coastal Management, 2004, 47 (9 - 10): 515 - 527.

[304] Cui L, Shi J. Urbanization and its environmental effects in Shanghai, China [J]. Urban Climate, 2012 (2): 1 - 15.

[305] Davis C, Schaub T. A transboundary study of urban sprawl in the Pacific Coast region of North America: The benefits of multiple measurement methods [J]. International Journal of Applied Earth Observation and Geoinformation, 2005 (7): 268 – 283.

[306] Deosthali V. Assessment of impact of urbanization on climate: an application of bio-climatic index [J]. Atmospheric Environment, 1999, 33 (24 – 25): 4125 – 4133.

[307] Deplazes P, Hegglin D, Gloor S, et al. Wilderness in the city: the urbanization of Echinococcus multilocularis [J]. Trends Parasitol, 2004, 20 (2): 77 – 84.

[308] Friedmann J R. Regional development policy: a case study of Venezuela [M]. Cambridge: MIT Press, 1966.

[309] Gabriel S A, Faria J A, Moglen G E. A multiobjective optimization approach to smart growth in land development [J]. Socio – Economic Planning Sciences, 2006, 40: 212 – 248.

[310] Getis A, Ord J K. The analysis of spatial association by use of distance statistic [J]. Geographical Analysis, 1992, 24 (3): 189 – 206.

[311] Goldblum C, Wong T. Growth, Crisis and Spatial Change: A Study of Haphazard Urbanisation in Jakarta, Indonesia [J]. Land Use Policy, 2000, 17 (1): 29 – 37.

[312] Moran P. Notes on continuous stochastic phenomena [J]. Biometrika, 1950, 37 (1): 17 – 23.

[313] Moran P. The interpretation of statistical maps [J]. Journal of the Royal Statistical Society, 1948, 37: 243 – 251.

[314] Muscará L. Gottmann, J. [J]. International Encyclopedia of Human Geography, 2009: 590 – 592.

[315] O'Neill B C, Ren X, Jiang L, et al. The effect of urbanization on energy use in India and China in the iPETS model [J]. Energy Economics, 2012, 34: S339 – S345.

[316] Preuss I, Vemuri A W. "Smart growth" and dynamic modeling-impli-

cations for quality of life in Montgomery County, Maryland [J]. Ecological Modelling, 2004, 171: 415 – 432.

[317] Wang Q. Effects of urbanisation on energy consumption in China [J]. Energy Policy, 2013, 65: 332 – 339.

[318] Weber C, Puissant A. Urbanization pressure and modeling of urban growth: example of the Tunis Metropolitan Area [J]. Remote Sensing of Environment, 2003, 86 (3): 341 – 352.

[319] Weng Q. Modeling urban growth effects on surface runoff with the integration of remote sensing and GIS [J]. Environmental Management, 2001, 28 (6): 737 – 748.

[320] Wirth L. Urbanism as a Way of Life [J]. American journal of sociology, 1938, 44 (1): 320 – 335.

[321] Zanette L R S, Martins R P, Ribeiro S P. Effects of urbanization on Neotropical wasp and bee assemblages in a Brazilian metropolis [J]. Landscape and Urban Planning, 2005, 71 (2 – 4): 105 – 121.